北京生态沟域生态产品价值实现机制研究

何忠伟　刘芳◎等著

中国商务出版社
·北京·

图书在版编目（CIP）数据

北京生态沟域生态产品价值实现机制研究 / 何忠伟等著. -- 北京 : 中国商务出版社, 2025. 1. -- ISBN 978-7-5103-5573-8

Ⅰ. F127.1

中国国家版本馆CIP数据核字第2025L1B847号

北京生态沟域生态产品价值实现机制研究

BEIJING SHENGTAI GOUYU SHENGTAI CHANPIN JIAZHI SHIXIAN JIZHI YANJIU

何忠伟　刘芳　等著

出版发行：中国商务出版社有限公司
地　　址：北京市东城区安定门外大街东后巷 28 号　　邮编：100710
网　　址：http://www.cctpress.com
联系电话：010-64515150（发行部）　010-64212247（总编室）
　　　　　010-64243016（事业部）　010-64248236（印制部）
策划编辑：刘文捷
责任编辑：刘　豪
排　　版：德州华朔广告有限公司
印　　刷：北京建宏印刷有限公司
开　　本：710 毫米 × 1000 毫米　1/16
印　　张：16.75　　字　　数：239 千字
版　　次：2025 年 1 月第 1 版　　印　　次：2025 年 1 月第 1 次印刷
书　　号：ISBN 978-7-5103-5573-8
定　　价：88.00 元

本书作者团队

何忠伟　刘芳　王蕾　王聪　王琛

前言

实现北京生态沟域生态产品价值是搭建“绿水青山”向“金山银山”有效转化的桥梁，是深入推进沟域内生态保护与经济发展共生的重要举措，从而使生态沟域不再“只有绿色”。在生态产品相关理论研究的基础上，搭建生态产品价值实现的理论框架；以北京生态沟域为研究对象，通过定性与定量研究生态沟域，提出生态沟域生态产品价值实现的可行性机制。

首先对实现生态产品价值涉及的相关概念、理论进行辨析和梳理，明确了将生态产品分为三类：生态物质产品、生态调节产品和生态文化产品，并在理论研究层面提出了各类生态产品价值实现的路径，明确了生态产品价值实现的过程路线。其次，以北京生态沟域涵盖的七个山区和一个浅山区为研究对象，系统性地阐述了沟域生态产品的基本概况、绿色发展水平分析、产品价值的基本定位和价值实现困境，明确了当下沟域内生态产品经济价值转化急需解决的问题及未来发展方向。再次，运用生态产品价值核算方法——服务功能价值法，结合沟域各类自然资源分布情况构建了生态产品价值核算体系，对2017—2021年生态沟域的生态产品进行价值核算。具体结果如下：依据生态产品价值核算指标，收集数据资料进行相关计算，将生态沟域涉及的山区分别进行计算并汇总，最终得出2017—2021年北京市生态沟域生态产品总值分别为1 272.8亿元、1 387.1亿元、1 348.9亿元、

1 259.4亿元、1 683.2亿元。近五年中生态沟域生态产品价值量总体呈现曲折上升趋势；在沟域各区中调节产品价值量占据重要位置，仍存在较大的开发潜力。最后，选取三个北京生态沟域案例进行核算分析，并因地制宜地提出符合各沟域生态产品价值实现的研究思路，同时选取沟域内在生态产品价值实现上有成功经验的案例，梳理其典型做法与思路，为提出整个生态沟域生态产品价值实现机制提供可行性支撑。

沟域生态产品价值具备较大的发展潜力，在价值实现方面也存在可借鉴的经验和可行性的探索。依据产品类型提出了生态沟域生态产品价值实现的路径：生态物质产品主要围绕“产业生态化、生态产业化”等展开，生态调节产品主要以政府为主体开展生态补偿，生态文化产品主要是开发文化资源发展潜力等。构建与实现路径一致的机制：监测确权交易机制、生态保护补偿机制、经营开发机制和价值实现保障机制。

本书是北京社科基金重点项目（编号23JCB027）的成果之一，研究过程中得到了北京市哲学社会科学规划办公室、北京农业农村局、北京乡村振兴研究基地等单位的大力支持，撰写过程中参考与借鉴许多同行的研究成果，在此一并感谢，书中还存在一些不足，敬请广大读者批评指正！

作者

2024年8月

目录

1　绪论 …… 1
1.1　研究背景与意义 …… 2
1.2　国内外研究综述 …… 4
1.3　研究目标、内容及技术路线 …… 10
1.4　研究方法与数据来源 …… 13
2　生态产品价值实现理论框架 …… 15
2.1　相关概念及界定 …… 16
2.2　生态产品价值实现的理论基础 …… 19
2.3　基于生态产品分类的价值实现路径研究 …… 21
2.4　生态产品价值实现过程构建 …… 24
2.5　本章小结 …… 28
3　北京生态沟域生态产品现状分析 …… 29
3.1　生态沟域自然环境概况 …… 30
3.2　生态沟域社会经济状况 …… 31
3.3　生态沟域生态产品分类 …… 33
3.4　生态沟域生态产品价值实现的基础定位 …… 43
3.5　生态沟域生态产品价值实现困境 …… 45
3.6　本章小结 …… 49
4　北京生态沟域绿色发展水平分析 …… 51
4.1　研究设计 …… 53
4.2　结果及分析 …… 58

4.3 本章小结 ……65

5 北京生态沟域生态产品价值核算分析 …… 67
5.1 生态沟域生态产品价值核算模型构建 ……68
5.2 生态沟域生态物质产品价值核算分析 ……70
5.3 生态沟域生态调节产品价值核算分析 ……77
5.4 生态沟域生态文化产品价值核算分析 ……97
5.5 生态沟域生态产品总值核算分析 …… 100
5.6 典型生态沟域生态产品价值核算案例分析 …… 104
5.7 本章小结 …… 131

6 北京生态沟域生态产品价值实现的成功案例研究 …… 133
6.1 门头沟区——以开发古村古道项目产品实现“生态溢价”…… 134
6.2 平谷区——农文旅融合发展助力生态产品价值实现 …… 137
6.3 延庆区——打造多功能于一体的生态休闲度假区 …… 141
6.4 密云区——厚植绿色基底实现生态富民 …… 146
6.5 房山区——开展废弃矿山生态修复 …… 151
6.6 延庆区——特色园艺引领生态旅游 …… 156
6.7 昌平区——创新集体林场经营模式 …… 162
6.8 本章小结 …… 166

7 生态产品价值实现的国际经验 …… 167
7.1 政府主导型生态产品价值实现模式 …… 168
7.2 市场驱动型生态产品价值实现模式 …… 180
7.3 社会共治型生态产品价值实现模式 …… 190
7.4 案例启示与经验借鉴 …… 203

8 北京生态沟域产品价值空间分布及影响因素分析 …… 207
8.1 数据来源及变量选取 …… 208

8.2 研究方法与模型设定 …… 213
8.3 实证结果分析 …… 214
8.4 研究结论及启示 …… 217

9 北京生态沟域生态产品价值实现机制 …… 221
9.1 建立沟域生态产品监测确权交易机制 …… 223
9.2 完善沟域生态产品生态保护补偿机制 …… 225
9.3 完善沟域生态产品经营开发机制 …… 226
9.4 完善沟域生态产品价值实现保障机制 …… 227

10 北京生态沟域生态产品价值实现路径 …… 229
10.1 生态沟域生态物质产品价值实现路径 …… 230
10.2 生态沟域生态调节产品价值实现路径 …… 235
10.3 生态沟域生态文化产品价值实现路径 …… 240
10.4 本章小结 …… 243

11 政策建议 …… 245
11.1 加强生态沟域间协同保护和共建共享 …… 246
11.2 推进生态沟域生态补偿提标扩面 …… 247
11.3 建立健全生态沟域生态产品价值实现制度保障 …… 247
11.4 构建生态产品价值实现的人才和资金保障体系 …… 248

参考文献 …… 250

1　绪论

1.1 研究背景与意义

1.1.1 研究背景

自然生态系统是由生物及环境相互作用形成的生态环境，拥有自我调节能力，维持着动物、植物、微生物等生态系统的平衡性。它不仅为人类的生存提供了居住环境、空气、食物和水源等，还为人类生产生活提供了原材料，对人类社会经济发展起着重要的作用。

过去，为了社会经济的快速发展，我们从自然界大量地获取原材料，工业化的发展等也带来一定的环境污染问题，这些行为破坏了自然生态系统的内部平衡。一心追求经济价值的人们，忽视了自然生态系统为我们生产生活带来的生态价值、社会价值，这样的观念逐渐导致了资源环境的减少与恶化，也制约了经济的发展。然而现在，人们生活水平的提高，基础的物质需求不断被满足，经济发展方式的逐步转型升级，促使人们将目光抛向绿色健康高品质的生活。因此，探索绿色型经济发展方式具有重要的现实背景。

生态沟域是北京山区绿色发展的重要着力点，是促进北京山区转型发展一种有效的载体。北京市生态沟域涉及范围很大，包括7个山区和1个浅山区，沟道总长度2 056.7公里，总面积9 346.9平方公里，沟域内拥有丰富的自然资源，有着较大的开发潜力。对于沟域这一词，从自然因素上说，顾名思义是以山间沟谷线状区域为中心向两侧延伸，形成的一种“V”型区域，相对于山区蜿蜒起伏的特征，沟域的地形平坦很多，地势基本低洼，资源相对丰富，这些有利条件有助于降低山区基础设施的建设难度、资源的开发难度。从社会因素来说，沟域是山区物流、能流、人流和信息流的聚集区，具有生态系统功能优良、交通相对便利等适合居民生产生活的优势。因此，从自然因素与社会因素来说，生态沟域具备一定的资源基础，是探索北京山区绿色发展的重要突破口。

近年来，北京市集中资金和优势力量，推动生态沟域建设取得了一定的成果，但是也存在一些现实问题。一是生态沟域的经济发展仍然远远落后北京市整体发展水平，二是人们对生态产品的供给与需求存在不平衡问题，三是对生态沟域的生态价值挖掘不足。因此，本着保护生态沟域绿色基底的原则，为了实现生态沟域的经济价值、生态价值和社会价值的目标，探索生态沟域生态产品价值实现机制具有重要意义。生态产品价值的实现不仅有助于打造绿色高质量生态产品供给平台，实现供给与需求的平衡，满足人们对绿色生活的追求；也有助于提高山区人民经济收入、改善居民生产生活环境，助推北京生态沟域生态建设的绿色发展，实现北京生态沟域生态与经济的和谐共生。

1.1.2 研究意义

探索生态沟域中各类生态产品价值的实现机制，是对生态环境保护理念的积极践行，是推进沟域生态环境保护提效增质的重大举措，更对北京乃至全国推进生态文明建设、实现生态与经济的和谐发展，打造生态沟域生态文明建设高地起到了重要的作用。

本研究的理论意义：一是丰富了北京生态沟域内生态产品概念和相关理论的研究。生态产品作为新型概念，由于其涉及环境学、物理学和化学等多门学科领域，因此在学术界对其概念的界定有所不同。本书将相关学者的理论研究与沟域特色生态产品相结合，对北京生态沟域生态产品的概念、分类和属性进行了简单的概括，为实现沟域生态产品价值提供了理论基础。二是实践了生态沟域生态产品价值实现研究方法。本书构建了沟域内生态产品价值实现的理论框架，采用服务功能价值法核算出生态产品价值，同时借鉴成功经验，提出沟域生态产品价值实现的机制。三是丰富了生态沟域的人地关系和可持续发展理论的研究。在生态保护的前提下，研究生态与经济建设和谐发展的理论路径，讲求人与自然的共生发展、自然资源的可持续利用，为沟域指明了可持续发展的新路径。

本研究的现实意义：一是生态沟域是北京市生态屏障和水源保护地，沟域经济的蓬勃发展要以生态保护为基础，要走沟域的绿色健康发展道路。开展生态沟域生态产品价值实现的探索与研究，就是开发沟域生态绿色产品和挖掘沟域经济可持续发展潜力，为首都经济发展提供绿色新动能，有助于更好地保护生态沟域的资源基底。二是有助于增强生态沟域在生态文明建设方面的力度。生态沟域囊括区域广，且生态环境条件基础好，是北京开展生态文明建设的重要区域，但同样具有难度高、任务重的特点。沟域生态产品价值的有效实现，在促进当地生态经济建设之外，也有助于更好地反哺生态环境，扎实且长久地推进生态文明建设进程。三是有助于满足沟域内外人民群众对美好生活的需求。沟域内涉及森林、水域、农田等多种生态系统，具有优良的生态环境和自然资源，深入挖掘和开发沟域的生态产品，打造沟域绿色产品供给基地，多产业融合发展为生态产业提速升级，这一系列举措将有助于为山区人民寻到长久的经济致富之路；同时也为城市居民的休闲游憩提供了好去处，沟域内清新的空气、绿色的森林、适宜的气候、洁净的水源和优美的风景，满足了人们对高品质健康生活的需求。

1.2 国内外研究综述

1.2.1 国外研究综述

1.2.1.1 关于生态系统服务价值理论的研究

国外在生态系统服务价值理论方面研究较早，且研究成果较为丰富，很早便提出了自然生态系统为人们提供服务的观点，为“生态产品”这一概念的产生提供了理论基础。Fairfield Osborn（1948）认为生态系统的存在对于社会发展具有支持作用[1]。Aldo leopold（1949）指出，自然生态系统提供的服务功能是无可替代的[2]。Ehrlich和Cleary（1981）对自然、环境服务等相关概念进行了辨析与研究，提出了“生态系统服务”这一概念[3]。Segerson和Tietenberg（1992）将相关生态系统概念进行整合，明确了对生态系统服务价值的分类，从使用价值和非使用价值两个角度来讨论，其中，使用价值包括直接和间接的，非使用价值主要包括遗产价值、存在价值[4]。Daily（1997）对生态系统服务定义进行了说明，自然生态系统是一个复杂、稳定性的系统环境，具有自净能力、生产能力等，为人们的生存发展提供了优良和稳定的环境[5]。Costanza等（1997）提出了生态系统的服务是一种流的定义，同时建立了生态系统价值估算模型[6]。生态系统评估报告总结了人类从生态系统中享受到的服务主要包括调节、支持、文化和产品4大类。Wallace（2007）提出生态系统服务是人类从生态环境系统中获得的有益服务[7]。Tengberg（2012）建议将景观文化遗产的评估方法纳入生态系统服务评估中[8]。可见，国外对于生态系统服务的研究从其为人类提供生存的重要资源扩展到文化、调节等服务领域，明确了生态系统服务价值范围的广泛及其存在的重要价值。

1.2.1.2 关于生态补偿和市场交易的研究

国外在市场交易方面的研究，主要是提出了生态系统服务付费的概念，主张有关生态系统服务的受益者为生产者支付相应的费用。Alix Garcia（2006）等指出PES的风险付费的效率高于均摊付费，Pfaffa-Robalino（2008）研究PES的效应与评估。

国外在生态补偿方面的理论研究和实践都比国内早一些，具体体现在生态补偿与市场交易相结合，对其实践最早应用于流域管理，为了保护水源，美国电力公司将规划专项资金用于支持流域综合开发与管理。融资为实现生态补偿机制奠定了重要的基础。Smith和Scherr（2003）提出，政府购买模式是建立自然保护区的重要方法[9]；Mayrand和Paquin（2004）提出了生态补偿机制融资来源的观点，并指出其包括两者：政府财政、组织捐赠，要处理好公平与效率的关系[10]。国外相关学者指出，对于生态补偿机制要同时利用政府和市场两个主体，注重对生态环境的保护。而关于生态产品供给市场化，国外比较成熟的主要有排污权和碳汇交易。排污权交易上，在生态环境保护方面，要求企业均从实现经济利益和社会效益出发，做出购买和售出排污权的决定，以形成良好的内在激励，实现资源优化，促进自然生态产品的市场供给。爱尔兰政府比较注重林业保护和激励，经过多方研究实行了林业补贴和激励计划，增强社会公众积极造林的动力。

综上所述，国外很早便在生态产品的保护与开发方面研究，比国内开始得早，且其在生态产品的生态补偿方面已形成较为完善的机制，较为成熟的有排污权与碳汇交易。

1.2.1.3 关于生态价值核算的研究

国外在生态价值核算方面研究成果很丰富，生态系统为人类提供了很多可利用的资源，而自然价值核算就是对其价值进行评估。Gretchen Daily和Robert Costanza（1997）认为生态系统服务价值是量化生态系统为人类提供服务价值量的有效手段。Turner等（2000）在湿地的生态系统服务价值评估方面进行了很多探索。Pattanayak等（2004）核算出印度尼西亚Mangaral河流在减轻洪涝灾害方面发挥了重要的价值。MacDonald和Brauman等（2015）利用模拟土地利用变化的方式，分析土地对供水含水层的影响，提出了自然环境和社会环境的质量高低会影响到生态服务价值的大小[11]。Sinare等（2016）指出乡村自然景观会影响到生态系统服务价值[12]。综上所述，国外从研究方法、核算内容两方面都进行了大量的研究工作，且形成了较为系统化的核算体系。

1.2.2 国内研究综述

1.2.2.1 关于生态产品相关理论的研究

国内最早提出生态产品的概念是在20世纪80年代，杨再和洪子燕（1986）提出黄土高原生态系统遭受破坏，影响各类生态产品价值量的转化，只有将黄土高原的生态保护与经济发展相结合才能提高生态产品价值[13]。20世纪90年代，人们经济收入不断提高，生活水平大幅提升，但是我国的经济资源紧张问题也进一步突出，人们越来越意识到生态环境对人类生存发展的重要性，对人地关系的认识也逐渐上升到和谐共生的阶段，对自然要保护和顺应，杜绝竭泽而渔式的经济发展方式。任耀武和袁国宝（1992）指出，生态工农业生产出的生态产品，是人与自然和谐发展孕育出的产物，具有一定的天然性、限量性质、时效性、安全性，没有生态滞竭等特点[14]；王寿兵等（2000）对生态产品的定义进行了延伸，指出生态产品涉及从生产领域到消费端领域整个过程，而且对环境的影响非常小[15]。

生态产品本身就涉及环境学、化学和物理学等多个学科领域，因此在生态产品概念的理解上有着不同的观点。杨筠（2005）提出生态产品是自然生态环境与人类劳动的结合，同时指出将生态产品的定义范围限制在生态公共产品[16]。曹清尧（2006）提出将洁净的水资源、清新的空气和舒适的生态环境纳入生态产品的范围[17]。《全国主体功能区规划》提出生态产品有维系生态安全、保障生态调节功能，包含为人类提供良好居住环境的自然要素，其中包括空气、水源和土壤等产品。刘慧娟等（2024）认为生态产品的特性是强调人与自然和谐的生态关系[18]。杨庆育（2014）从马克思劳动价值理论出发，提出生态产品由纯自然要素构成和经过人类劳动加工后形成两种方式[19]。黄如良（2015）将生态产品的概念界定为包含融入产品设计、经过生态认证、贴上生态标签、维系生态安全、提供良好人居环境等要素的一个连续统一体模型[20]。2017年唐潜宁参照《全国主体功能区规划》对生态产品概念的界定开展相关研究。李庆（2018）在梳理生态产品概念内涵的基础上，提出生态产品分为自然生态产品和人工生态产品两类[21]。张林波等（2019）对生态产品定义为生态系统在自然环境活动与人类生产活动共同作用后产出为人类发展提供福祉的最终服务或产品[22]。李芳芳和杨赫（2022）提出要从三个方面对生态产品的内涵进行解读：相较于物质产品、文化产品，第一，生态产品为人类生命的支持与延续提供了重要的资源基础；第二，生态产品是人与自然共同作用的产物，凝结了人类辛苦的劳动；第三，生态产品可以在市场中交易，具有被消费、使用的功能[23]。综上所述，对于生态产品的概念标准，国内学者并没有统一，对于生态产品概念认可较为广泛的是《全国主体功能区规划》。同时较多对生态产品的属性、分类、特点、供给和市场化等方面的研究，为生态产品价值实现机制的研究奠定了重要的理论基础。

1.2.2.2 关于生态产品价值核算的研究

我国在生态价值核算方面的探索主要经历了如下变化，从关注生态系统的破坏损失到研究生态系统产生的服务价值上。周宏春（2016）提出要基于现有的重要自然资源进行生态价值核算，基本有土地资源、水资源和矿产资源等[24]。一是考虑开展生态价值核算对推动城市化建设具有重要作用，衡量资源的合理化利用程度，将影响城市中社会经济各方面的发展；二是从数据获取和价格核算的难易程度方面考虑，先核算简单容易的，再核算难的。陶健等（2019）将评估生态资源安全情况与核算资源价值进行联系与整合，基于长时间序列存量结果对自然资源资产在经济发展过程中的流量进行核算[25]。李周（2022）指出现如今GEP核算存在一些可以克服的缺陷，例如现有GEP核算方法造成不重视经济数据的倾向等，并提出改进生态价值核算的方法，例如GEP核算从长期看，必须构建生态监测体系等[26]。

综上所述，由于各地生态环境复杂多样、涉及的生态产品数量众多、部分产品更是存在难以计量等问题，加上国内对于生态价值核算的研究尚不多，因此国内对于生态价值的核算标准和核算方法尚未统一，但是已有的各地实践基本上是从生态系统的物质产品、调节产品和文化产品三类下手，分别进行生态产品价值的核算。最后国内有关学者指出，现如今GEP核算仍然存在可以克服的缺陷，因此对于生态价值的研究任重道远。

1.2.2.3 关于生态产品价值实现的研究

国内“生态产品价值实现”这一词在学术领域、实践领域等应用比较广泛。廖福霖（2017）提出政府和市场要互相配合，共同致力于实现生态产品价值，使其外部经济性内部化[27]。徐泉斌等（2009）指出，生态资源价值实现的重要形式是生态资本化[28]；朱颖和吕洁华（2015）运用劳动价值论、均衡价值论等经济学原理，科学准确地分析和衡量了森林生态产品价值补偿的标准和必要性，提出了森林生态产品价值补偿标准测算模型[29]。苏爱菊（2018）指出乡村休闲类生态产品的价值主要涉及经济、生态和社会三个方面，提出了有效开发有关生态产品价值的现实路径，并探索了相关的公私合作模式和区域补偿机制的实现[30]。季凯文（2020）从绿水青山量化、确权、抵押等方面出发，分析总结出生态资源—生态资产—金融资产的生态产品价值实现的丽水经验路径[31]。丘水林和靳乐山（2019）基于对我国森林、流域和重点生态功能区的实践研究[32]，提出我国目前初步形成了新的生态产品价值实现机制——政府主导型区域，这是个良好的势头，但也存在一些亟须解决的问题，比如在生态产品价值实现方面，依托的市场运行机制仍在一定程度上存在不健全的状况、长效激励机制得不到持续的保障等。李忠和刘峥延（2019）指出三江源地区是我国重要的生态安全保护屏障，但是经济发展相对处于落后水平，开展地区生态保护与经济发展容易产生矛盾对立，因此只有开展生态产品价值实现研究才是推动当地可持续发展的有效路径，也是提高当地群众收入水平的重要手段[33]。

综上所述，生态产品价值实现这一主体在我国已经有不少的研究，在生态补偿、生态资源资本化、财政转移支付和生态修复等领域有了很多研究成果，但是对于生态产品价值实现仍然存在一些现实问题需要解决。结合当前我国对于生态价值实现探索的多项案例经验总结出生态产品价值实现面临一系列问题：一是生态产品产权的明确，“生态资源”向“生态资产”转化的前提是产权的明确，因此要建立生态产品的产权制度体系；二是生态产品的价值实现需要发挥政府的主导作用，辅以市场有效调节资源要素的作用，运用条件价值法、直接价值法、替代成本法等核算生态产品价值，由政府带领搭建生态产品市场交易平台，通过市场交易公平公正地实现生态产品的价值。

1.3 研究目标、内容及技术路线

1.3.1 研究目标

本书以生态沟域“绿水青山的生态价值向经济价值”转化为最终目标，通过开展一系列理论与案例研究来实现阶段性的目标，最终助力沟域绿色经济繁荣发展。一是在理论上，搭建起沟域生态产品价值实现的理论路径与研究基础，为沟域开展生态经济建设提供理论支撑。二是在数据核算上，明确生态沟域内各区生态产品的价值总量，生态物质产品、调节产品以及文化产品的储量及发展潜力。三是在完成上述目标的基础上，为沟域内生态产品价值实现指明具体方向。

1.3.2 研究内容

本书研究内容主要围绕“构建生态产品价值实现机制”这一目标展开，具体如下：

一是搭建生态沟域生态产品价值实现的理论框架。在研究生态产品相关理论的基础上，通过界定自然资源、生态资产和生态产品等相关概念，研究不同类型生态产品实现路径，搭建了沟域生态产品价值实现的过程路线和理论框架。二是核算并分析生态沟域生态产品价值。结合生态沟域生态产品的多方面属性，对沟域生态各类产品价值进行核算并汇总，分析出沟域内不同生态产品的价值分布情况以及挖掘潜力。三是提出沟域生态产品价值实现的机制、路径及政策建议。依据生态沟域生态产品价值核算的数据，同时结合沟域案例核算和成功经验借鉴，明确沟域不同生态产品价值实现的路径方向以及保障机制。

1.3.3 技术路线

本书的研究框架从以下四方面展开：提出问题、理论分析、问题分析、解决问题。一是以实现北京生态沟域生态与经济的共同发展为背景的情况下，提出了探索生态沟域生态产品价值实现机制的问题。二是首先进行理论基础的研究与理论框架的搭建，对涉及生态产品价值实现的相关概念进行了界定，明确了生态产品价值实现的各个阶段所应用的理论依据；其次从经济学角度将生态产品进行分类以及价值实现的思路研究；最后构建了生态产品的价值实现过程，在明确实现目标以及遵循基础原则的前提下，提出各方参与主体，搭建出生态产品价值实现的理论路线图。三是对本书的研究问题进行剖析，涉及北京生态沟域生态产品的基本情况、沟域绿色发展水平分析、沟域内生态产品价值的核算分析以及当前沟域内生态产品价值实现的成功案例。四是针对以上研究基础，提出生态沟域生态产品价值实现机制，同时提出可操作性的路径及政策建议，保障好机制的落实。

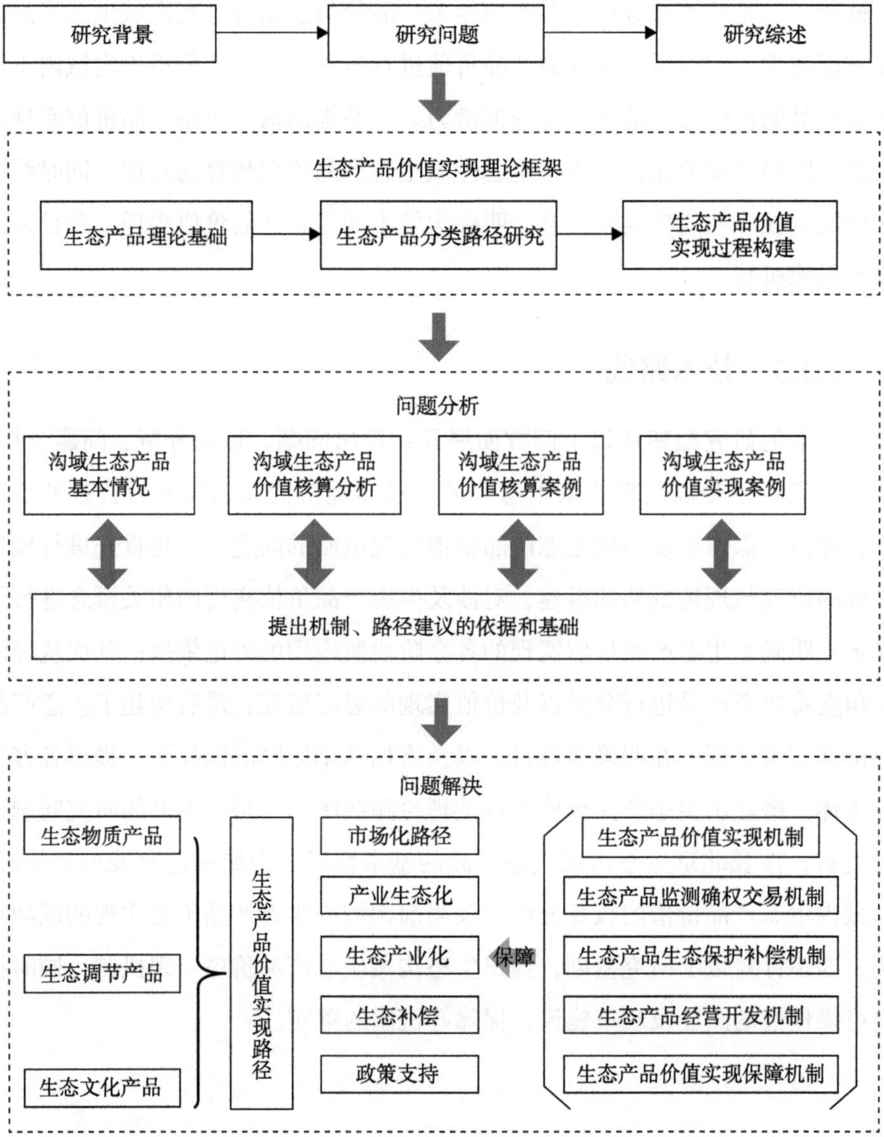

图 1–1　技术路线图

Figure 1–1　Technology roadmap

1.4 研究方法与数据来源

1.4.1 研究方法

1. 文献研究法与定性研究方法

本书采用中国知网、Google scholar、Web of science、首都之窗网等网站，查阅大量山区发展、生态经济、区域经济等相关文献资料和支持政策，多角度、多方面地进行文献阅读与归纳整理。一是研究相关学者的理论观点，梳理出可支撑本书研究的理论，同时梳理出生态产品价值转化的过程路线，对不同类型的生态产品价值实现路径进行定性研究，为后续提出针对性的建议奠定理论基础。二是通过书籍著作、新闻报道、官网文件查阅等，明确生态沟域的基本情况，包括社会和自然情况，同时明确出沟域生态产品的类型。

2. 功能价值法

本书从数据的可获得性和服务功能价格具有的特点来考量，采用了服务功能价值法。运用市场价值法、替代价值法等对生态产品的功能量和价值量进行核算，从而衡量出沟域内整体的生态产品价值。这是一种基于消费者角度量化生态产品价值的方法。替代价值法通过替代产品或服务的价格对生态产品价值进行核算，将非价值的资产进行资产化。生态物质产品价值核算方法主要是计算农林牧渔产品的价值，可以结合资料调研和《北京市统计年鉴》获得数据。生态调节产品价值核算方法：依据不同产品类型采用适宜的方法核算。

1.4.2 数据来源

基础数据收集是本书生态沟域生态产品价值核算章节最重要的工作，基础数据的有效性、准确性以及科学性将直接影响结果的呈现，因此，为了保证数据来源的准确性，利用多种渠道收集生态沟域生态产品价值核算中的基础数据。具体如下：本书从生态物质产品、生态调节产品和生态文化产品三方面收集相关数据，其中北京市土地调查统计年鉴中有关湿地类型面积的变动情况对缺失数据进行折算，填补空缺年的面积数据。

表 1–1　北京生态沟域生态产品价值核算数据来源

Table 1–1　Data sources for the value accounting of ecological products in the Beijing ecological ditch area

生态产品类型	评估产品指标	数据来源
生态物质产品	农林牧渔产品	《北京统计年鉴》、《北京区域统计年鉴》
	水资源产品	《北京统计年鉴》、《北京区域统计年鉴》、《水资源公报》、《水务统计年鉴》
生态调节产品	保持土壤	全国第三次国土调查主要数据、北京各区官网、《水土保持公报》、2020 年《森林生态系统服务功能评估规范》等
	释氧固碳	《中国物价年鉴》、《北京市森林资源情况》等
	涵养水源	《北京区域统计年鉴》、气象局、《中国物价年鉴》等
	净化大气	《北京区域统计年鉴》、《北京市森林资源情况》、《北京市生态环境状况公报》等
	水质净化	《全国湿地资源调查技术规范（试行）》、《中国物价年鉴》等
	水文调节	《水务统计年鉴》、《水资源公报》公布的大中型水库情况等
	气候调节	北京市气象局、北京市生态环境局公布的数据等
生态文化产品	景观游憩	《北京统计年鉴》、各区旅游官网等

2　生态产品价值实现理论框架

2.1 相关概念及界定

2.1.1 生态产品相关概念辨析

2.1.1.1 生态产品

生态产品的生产基于相关自然因素与人类社会行为，是为人们提供重要资源和福祉的产品。沈辉和李宁（2021）将生态产品分为生态物质产品、生态调节产品和生态文化产品[34]。

生态物质产品包括为人类提供能量的食物、供人们生产生活的能源、人们离不开的水资源等；生态调节产品主要包括涵养水源、调节气候、释氧固碳等；生态文化产品包括自然资源产品、民俗休闲文化产品等。生态产品的特征主要有四个方面。其一，由各类自然生态系统组成；其二，在经济学角度，其多属于公共产品，具有非排他性、非竞争性的特点；其三，为人类生存生产提供了重要的物质支持；其四，大多数可用经济价值来衡量，参与市场交易。

2.1.1.2 生态系统服务

生态系统服务可分为供给、调节、支持和文化服务，为人们生产生活提供了福祉。具体表现在向人类提供食物、氧气及其他生产原料的同时，还提供舒适的气候和湿度等环境条件。

1.供给服务

供给服务是为人类提供维持生命活动的物质，包括食物、水源等，如北京生态沟域为市民提供的纯天然绿色蔬菜、水果、粮食、木材和水资源等。

2. 调节服务

调节服务是一种生态系统基于自身规律性的运行体系，通过对自然生态系统中出现的突发性环境情况所发挥的维持生态系统可持续性、稳定性的修复服务功能。例如，对水体污染物的净化、异常气候的调节等。当然，与人类生活生命最为密切、最为常见的调节服务，就是释氧固碳服务，它是一种对气体的调节服务，主要通过生态系统中动植物共同的呼吸作用、森林和草地的释放氧气功能，维持空气中氧气与二氧化碳的正常比例状态，从而促进各类动植物的健康有效生长。还有一种是人类较为容易感知的气候调节服务，是指通过绿色植物的蒸腾、河流海洋的蒸发、区域的降雨以及海陆的水汽输送等方式，使全球不同纬度的地区之间具有不同的气候类型，并保持一定区域气候、水汽、温度的稳定不变。净化环境中的有害污染物以及气体，也是生态系统中重要的一种调节服务，具体是指吸收或者分解环境中的污染物。例如，对河流海洋中污染物的净化、对空气中有害气体的吸收和转化、对土壤中重金属等污染物的分解。水文调节是指对水体空间分布格局的调整。例如，生态系统对水体的截取和阻留，水库和湖泊对洪水的调蓄作用。

3. 支持服务

支持服务对其他三种服务起一定的支持保障作用，帮助其他服务更好地实现自己的价值。例如，在土壤调节服务中，离不开土壤的保持，具体是指土壤肥力以及水土保持，还有各种其他物质养分的存在，才能发挥吸收或者降解污染物的作用；土壤养分的持续性维持，是指养分元素在植物—动物—环境之间往复的过程，才能使土壤发挥对植被的养护作用。因此支持服务为其他服务做好基础工作，维持其他服务正常的运转。

4. 文化服务

文化服务是由生态系统中具有观赏性的景观所带来的服务，具体包括审美服务、游憩娱乐服务、精神服务、教育价值。当然，文化服务不会因为人类与日俱增的消费而损耗，因此本身具有一定的非消耗性。要充分发挥文化服务为人类带来的精神满足，丰富其精神世界。

2.1.1.3 自然资源和生态资产

自然资源一般是指产权明确，同时可给人类带来福利、以自然资源形式存在的稀缺性物质资产。生态资产是拥有者凭借控制和支配生态系统中生物与非生物元素及其环境和系统，可为人们带来一定的生态福祉。总之，自然资源涉及的范围最广，包括生态资产和非生态资产，而生态系统服务和生态产品是生态资产存量的增值，是它们产生的基础。

2.1.2 生态系统生产总值

生态系统生产总值（GEP）是人们为实现生存和社会经济发展，从生态环境系统中获取各类资源、服务和所需品价值的总和，其中包括生态物质产品价值、生态调节产品价值与生态文化产品价值。GEP是在国内生产总值与生态系统价值评估基础上组成的用以衡量生态盈亏的指标。本研究生态产品价值等同于GEP。GEP核算有助于衡量生态环境改善对生态文明建设成果的贡献度；有助于引导人们进行绿色生活生产方式；有助于推进区域绿色、协调发展。

2.1.3 生态产品价值

生态产品价值是人类通过生态环境系统修复和维护来提高生产力所投入的用于生产生态产品的劳动价值的总和，按照马克思劳动价值理论，生态产品价值体现在生态产品凝结了人类劳动，需要通过交换实现其经济价值。生态产品为人类带来公共福利与民生福祉。

2.1.4 生态产品价值实现

生态产品价值实现需要个人、组织或地区通过市场化或非市场化手段，对生态产品供给个人、组织或地区提供生态产品形成过程凝结的等量劳动价值，从而获得一定的福祉。一般通过市场化、生态补偿等手段来实现。政府与市场在生态产品价值实现中要积极发挥作用，各就其位，同时实现二元深度融合，借助市场博弈和政府引导实现生态产品的交换价值，从而最终实现生态产品的价值。

2.2 生态产品价值实现的理论基础

2.2.1 生态产品的理论基础

2.2.1.1 可持续发展理论

可持续发展理论是人类在面对已有的各种生态环境问题，在反思过去忽视生态环境的过程中提出的持续发展理念。核心思想是用合理、协调的发展方式处理“人—地”关系。一是讲求整体性、公平性、稳定性原则。人类的发展是一个整体，脱离整体单独发展是不可能的；地球资源的有限性，只有保证其他地区发展，一起推进共同发展，才能实现自身的发展；持续稳定地推进人类的发展与生态环境的保护。二是要平衡好经济发展与生态保护的关系。

2.2.1.2 人地关系理论

人地关系理论是指人类社会经济活动与地理自然环境之间的互动关系。地理自然环境不仅为人类提供了物质支持基础，也制约着人类的生产生活。人们要注重社会经济发展与地理自然环境的和谐共生，及时解决与弥补产生的生态问题，而生态产品则是人们可利用的、能够缓解人地矛盾的重要手段。

2.2.1.3 生态经济理论

生态经济理论主要涉及生态经济系统、生态经济平衡和生态经济收益三个基本概念，旨在通过发展生态经济，来解决与弥补过去在经济社会发展中出现的生态破坏等问题。生态产品的出现符合了生态经济理论的发展要求。

2.2.2 生态产品价值形成及实现的理论基础

2.2.2.1 马克思劳动价值理论

马克思的劳动价值理论指出，商品具有三个特征：其价值由无差别的人类劳动形成，价值量由社会必要劳动时间决定，并且商品是可交换的劳动产品。当前，生态产品的供给尚无法完全满足人类需求。因此，需要通过投入人类劳动来保护生态环境并实现生态产品的再生产。生态产品的价值形成不仅依赖于供需关系，还体现在其社会效益、经济效益和生态效益的综合体现。通过合理的劳动投入，可以促进生态产品的可持续供给和价值增长，为社会发展提供更全面的支持。

2.2.2.2 产权理论与公共物品

产权理论是研究经济运行制度基础的重要理论，明确的产权是实现资源高效配置和社会总产品最大化的前提。这一理论为生态产品的交易和价值实现提供了基础和指导。清洁空气、淡水、森林等生态服务产品通常具有典型的公共物品特征，即非竞争性和非排他性。这些特性导致市场机制在生态产品价值形成过程中存在局限，公共物品理论在此背景下为其价值实现提供了重要依据。

2.2.2.3 公共物品理论

公共物品的非竞争性和非排他性使得生态产品难以通过市场交易完全实现价值，并易引发“搭便车”困境。例如，生态系统服务如空气净化和水源涵养的受益者往往无法被明确界定，从而导致部分人群享受服务却不承担成本。因此，在生态产品价值实现过程中，应结合产权理论和公共物品理论，通过明确惠泽空间范围和受益群体规模设计科学合理的机制。

2.2.2.4 外部性理论

外部性理论认为，经济活动中常产生无法通过市场价格反映的社会成本或收益，分别表现为负外部性和正外部性。清洁空气、涵养水源、碳汇等生态服务产品通常具有显著的正外部性，其社会效益远超市场价格所能覆盖。因此，在生态产品价值形成中，外部性理论强调通过补贴、税收、碳交易等手段将正外部性内部化，使生态产品的真实价值被准确衡量。在价值实现中，外部性理论提供了政府干预与市场机制相结合的路径，推动资源的合理配置，促进生态效益、经济效益和社会效益的协同发展，从而实现生态产品的可持续利用。

2.3 基于生态产品分类的价值实现路径研究

生态产品的价值实现在一定程度上是平衡好供给与需求的关系，因此，从经济学角度探究不同生态产品类型、产品各自的属性与特征，本书划分依据为生态产品在排他性和竞争性方面的特点，将生态产品划分为私人产品、俱乐部产品、公共资源、公共产品。本书通过探讨四种产品类型的消费供给方式，明确不同产品价值的实现路径。

2.3.1 私人产品生态产品价值实现研究

私人产品生态产品具有消费的排他性和竞争性。前者指对物品的占有，主体拥有所有权，包括使用权和承包经营权等；竞争性以物体的有限性为基础。

私人产品生态产品交易的实质是所有权的有偿归属问题，需要发挥市场的调节作用，但也离不开政府的适度干预。主要涉及产品的生产、分配、交换和消费等环节，私人产品生态产品生产在社会再生产过程中起着决定性作用，其性质决定了其他环节的性质。对于私人生态产品要保证量的供给，也要关注自然生态系统的保护问题，在不破坏生态环境基底的前提下，科学合理地获取生态物质产品；对于私人生态物质产品的分配、交换环节，要明晰生态物质产品的产权，建立供给者与消费者的长久对应关系；要保证产品的质量达标，严格遵守产品生产许可制度，同时也要保证生态物质产品的顺利流通，涉及生态物质产品的保存期限、新鲜度和交通便利性等问题。对于私人生态物质产品的消费，则涉及商品的溢价问题，此时需要政府建立生态高质量产品认证制度和质检平台，检查生态物质产品的品质和定价问题，同时对于天然生态产品可以采取生态溢价的方式，充分实现私人生态物质产品价值。江西省上犹县发展生态养鱼之路，高质量的流域水质养出的鱼肉质鲜嫩、口感香甜，打造生态产品品牌，实现了生态物质产品价值最大化。碳汇产品是典型的私人生态产品，其经济价值的实现需要在产权明确的前提下开展市场交易。

2.3.2 俱乐部产品生态产品价值实现研究

俱乐部产品生态产品具有非竞争性和排他性，其受益范围较小或有特定的规定，主要指生态系统的休憩和文化服务。例如，经过生态修复后开发再利用的废旧矿山、收费的生态公园和旅游景区等。供给者可以通过拥有的排他性形成生态产品市场，同时可以控制生态产品消费的不拥挤性；但是其主要是指非物质产品，具有不易量化的特点，因此其供给性较低。

此类生态产品价值实现有赖于政府和市场两个主体。政府承担着生态修复、生态保护、生态产品的确权明责等工作，在这方面需要发挥政府的作用，利用税收优惠等手段实现生态资源要素的整合，调动供给市场的积极性；同时也要发挥市场的经营运作，从而承担生态产品的保护修复和受益反哺工作。政府在市场运营中需要发挥监管的职能，来确保生态环境的可持续发展。例如，公园景区的开发，首先需要政府向个体授权，设立监管约束目标，其次个体通过开发经营获得盈利，将部分经营性受益用于公园内部生态产品的保护修复，来满足政府的约束目标。对于部分生态产品的生态修复保护，政府通常利用招标，引入特定企业对生态产品进行修复保护，同时获得生态产品项目修复后的经营开发权。企业在生态修复过程中，开展“生态修复+林下经济、休闲观光”等模式，通过获得持续性的经营性收入来弥补生态修复所投入的资金。

此类生态产品价值实现的有效方式是对产品产权进行界定明晰，明确具体的管理部门或者经营组织；进行产业链条的结合，以产业联盟为抓手延伸产业链条；激活绿色金融的全链条支持，落实生态资产权益抵押的工作，促进多元化的生态产品权益抵押标准。例如，以生态农产品保底销售收益为抵押标准，促进生态资金的到位与盘活。

2.3.3 公共资源生态产品价值实现研究

这类产品在消费方面具有非排他性，在使用方面具有竞争性，因此人们都会以自身利益为主，尽可能多地利用该类生态产品，竞争性导致公共资源被过度使用，例如，茂盛森林里的树木、潺潺河流里的鲜鱼。

要先明确公共资源生态产品的产权界定，否则会影响公共资源生态产品的服务效用。政府可以通过将产权模糊、资源边界不清、资源使用者不确定的公共资源产权承包给个人、组织或者集中国有化。例如，划分风景名胜区，由政府相关管理部门进行经营管理，通过收取合理的门票费用建立产品的排他性，从而有效地保证公共资源生态产品投入与产出的平衡；通过控制景区人数，保障付费者的享受效用和自然生态系统的维护。将集体林权承包给个人，要求其满足自身经济生态产品供给的同时，实现区域生态系统内部的平衡。

2.3.4 公共产品生态产品价值实现研究

公共产品生态产品价值实现在消费上具有非竞争性，在受益上具有非排他性的特点。典型的代表产品有涵养水源等，但是其具有价值评估困难、市场交易难的缺点。需要积极发挥政府的作用来解决该类产品在核算方面的困难，同时引入市场平台辅助交易实现。例如，城市工业排放的废气废水、汽车的尾气和灰尘等，污染了河流和空气，而与此同时，湖泊、森林等发挥着水质净化和空气净化的作用，存在优质生态环境的提供者与享受者之间利益分配不均衡的问题，在这方面需要发挥政府的职能作用，对水资源和大气等生态系统的破坏者进行惩罚性收费，让造成污染的人买单，同时将收益反哺给自然生态系统，对其进行修复维护。

促进公共生态产品供需平衡的路径有两种，第一种是正外部性的内部化，政府来为公共生态产品买单。典型的手段就是进行生态补偿，具体是指政府对开展森林培育、保护水源、环境修复的提供方给予经济补偿，有自然保护区生态补偿、资源开发生态补偿等多种类型。第二种是负外部性的内部化，一方面利用税收或权益购买机制，使消费者为公共生态产品买单，让造成污染的人买单。另一方面建立排放权交易市场，有相关文件规范了生态产权有偿使用和交易制度。生态许可交易可以将不可交易化的土壤、空气等公共资源转化为可交易的排污权等，通过市场交易实现产品价值。

2.4 生态产品价值实现过程构建

自然资源为孕育生态产品提供重要的生产环境与物质基础，而生态资产是在资源产权明确的基础上产生的，进而具有可以提供生态产品的能力。因此，生态产品价值实现的过程就是“资源—资产—产品—价值实现”的一个递进过程。

2.4.1 生态产品价值实现应遵循的原则

2.4.1.1 生态保护为主的原则

沟域的生态保护是第一位的。因此，在生态产品价值挖掘、开发和实现的过程中，要统筹沟域内部生态系统保护、修复和治理的关系，以山水林草为实施主体，一体化统筹推进，保障沟域生态产品的供给水平，为价值实现奠定物质基础。

2.4.1.2 政府主导市场运作原则

要发挥政府的主导作用。一是开展顶层设计，鉴于部分生态产品的特性，政府要统筹管理，搭建平台，制定产品质量和交易标准，培育买方与卖方市场。二是加快生态产品产权确立，建立试点先行、摸着石头过河的思路，逐步推进部分生态产品产权交易工作。三是政府对正外部性问题进行干预，可以利用好税收和补偿等手段，市场可以整合零散资源，凭借市场交易、生态产业化等手段实现生态产品价值。

2.4.1.3 坚持"谁受益谁补偿、谁保护谁受益"的原则

按照权力、责任、利益相统一的原则，由生态受益地区支付费用。同时，对参与生态保护的主体产生的成本费用，应给予补偿和奖励。

2.4.2 生态产品价值实现的参与主体

从产业链主体的角度来划分生态产品价值实现过程中的参与主体。

产品供给方包括生态系统、政府、企业、社会公众。生态系统是保障生态产品的核心供给方，政府是参与制度供给的关键主导方，企业是重要的市场供给者，社会公众在生态保护的参与行为也可以作为供给方。要维持好四者的平衡关系，发挥好各自作用。

产品需求方包括社会公众和自然生态系统，其中社会公众是对生态产业

的主导需求方，自然生态系统自身也要满足可持续发展的要求，因此也是重要需求方。

产业服务方包括保障生态产品交易、资金供给、技术支持等主体支持者，主要有生态产品交易中心平台、技术支持保障单位等。

2.4.3 生态产品价值实现的过程路线

自然资源和非劳动产品逐渐进入市场产品交换领域，对于商品的定义也逐渐发展为“用于交换的使用价值”。因此，生态产品价值的实现要满足商品的属性。第一，具有使用价值的生态产品，即人们对其有所需求；第二，可用于交换，表示其价值具有可衡量性。同时，需要明确生态产品价值核算的标准与方法。一是在生态物质产品方面，人们对于自然生态系统中的食物生产、原材料等有所需求，因此其具有使用价值，由于其价值具有市场的可参照性与可衡量性，因此可以直接进行市场交易；二是在生态调节产品方面，人们对于干净的水源、新鲜的空气等有所需求，但是由于其价值的衡量具有一定难度，因此往往由政府作为公众代理人，由政府付费对生态调节产品的供给者给予一定的环境保护成本直接补偿或者税费减免等，来达成生态调节产品的交换条件；三是在生态文化产品方面，人们在繁忙的工作之后，天然优质环境为人们提供了放松的休闲场所，但是单一的自然景观欣赏，无法满足消费者的持续性需求，无法弥补供给方的成本费用，因此往往通过生态产业化和产业生态化，打造一体化的产业链条。

不同类型的生态产品在价值实现路径上有所差异，但总体来说，都是由“资源—资产—资本—资金”的转化过程，逐步实现“绿水青山”的经济价值可量化。在“资源转化为资产”的过程中，资源的合理分配和生态资源的价值可计量是转化的动因；在“生态资产”走向“生态资本”的过程中，国家和市场供给的平衡，这两者是转化的动因，国家层面是满足人们高质量的生活需求，市场是追逐利益最大化、满足市场需求两个方面。

具体的转化过程如下：一是用资金将生态资源进行整合，打造成满足人民需求的生态产品；二是依托政府和市场运作将以生态资产形态存在的生态产品，实现生态资产价值的重组运作和增值，从而获得现金流。如此，生态资产便具备了资本的属性，若与资本市场对接，便可实现生态要素的高运转，实现生态产品的价值变现与增值。具体的操作手段：林权的赎买政策，它是指给予参与居民一次性赎买金，同时居民也可通过植树、抚育等获取收入；农村闲置房连片出租做成民宿等，这一系列过程实现了“资源的统一整合、资产的统一营运、资本的统一融通”。

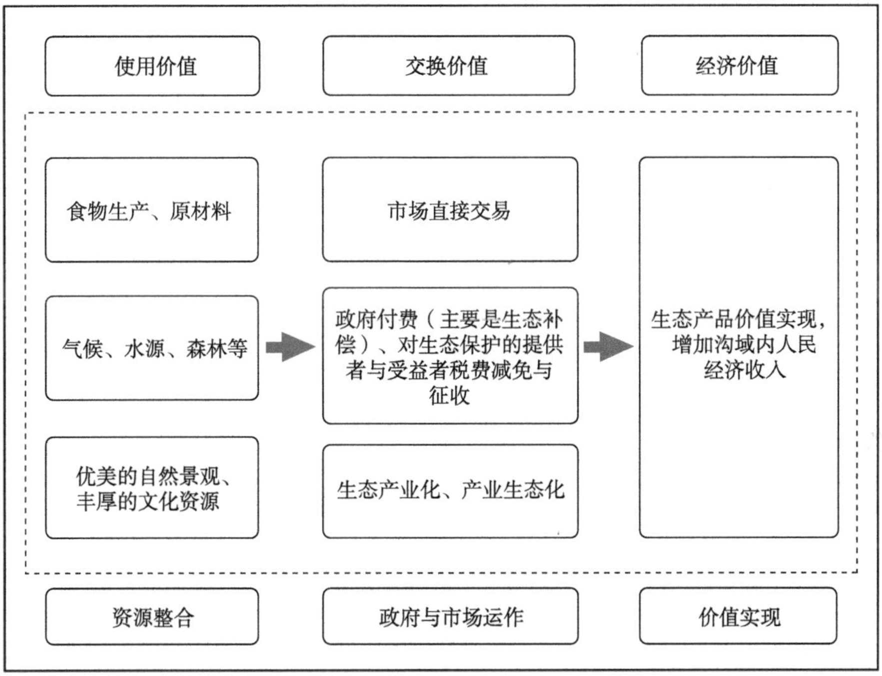

图2-1 生态产品价值实现的过程

Figure 2-1 The process of realizing the value of ecological products

2.5 本章小结

本章基于定性研究，对北京生态沟域生态产品价值实现研究的理论过程进行了架构。一是提供理论基础，辨析了涉及生态产品价值实现过程中的相关概念以及研究理论；二是从经济学角度对生态产品进行分类并提出实现路径；三是构建了沟域内生态产品价值实现的过程路线，涉及主体、原则和路线。

3　北京生态沟域生态产品现状分析

北京生态沟域是以山区自然形成的沟域为组成单元，在对沟域内现存的自然景观、人文文化资源及产业情况调查和利用的条件下，对生态沟域内的山水林田路等进行系统的科学规划，布局多产业融合发展道路，通过发展乡村旅游、生态种植采摘和特色民宿等产业，实现沟域经济的繁荣富强。经过多年的摸索与实践已经发展了几十条具备发展前景的生态沟域，并产生了良好的效果，北京现在已经建成了高效发展、生态绿色、多产业融合发展、特色鲜明的沟域产业经济带，有效地带动了沟域内人民走上致富的道路。当前探索生态沟域的深入发展已经成为京郊山区发展的亮点。

3.1 生态沟域自然环境概况

北京生态沟域主要分布在北京北部的延庆区、密云区、怀柔区、平谷区等和西南部的门头沟区，基本囊括了所有的山区面积，地貌类型较为复杂，但是基本以中山、低山丘陵和平原为主，土壤类型也多种多样，因此有着丰富的植物、动物和矿藏等资源，多彩的自然资源使生态沟域别有一番韵味，因此具备了天然的发展优势[35]。2021年在全市18座大中型水库可利用的情况下，有17座水库分布在生态沟域，承担了北京市调节和涵养水源的重任。平谷区、延庆区等区政府也不断地投入资金，支持生态沟域进行生态文明建设，开展造林工程，积极提高生态沟域森林储备率。据调研，2019年平谷区金海湖镇造林3 758亩、熊儿寨乡683亩，每亩造林费用2万元，投资达8 882万元。

3.2 生态沟域社会经济状况

3.2.1 沟域面积和人口情况

北京生态沟域的面积高达10 072平方公里，占据了北京市总面积的61.4%，沟域涉及门头沟、怀柔、平谷、密云、延庆、房山、昌平7个山区和顺义1个浅山区，所涉行政区域为45个乡镇、398个行政村。1公里以上的沟域2 300条，具备发展条件的沟域229条，纳入规划发展项目库117条。生态沟域所涉8个区的常住人口为239.67万人，占全市总人口的11.29%，可见生态沟域担负着山区人口经济振兴的重任。

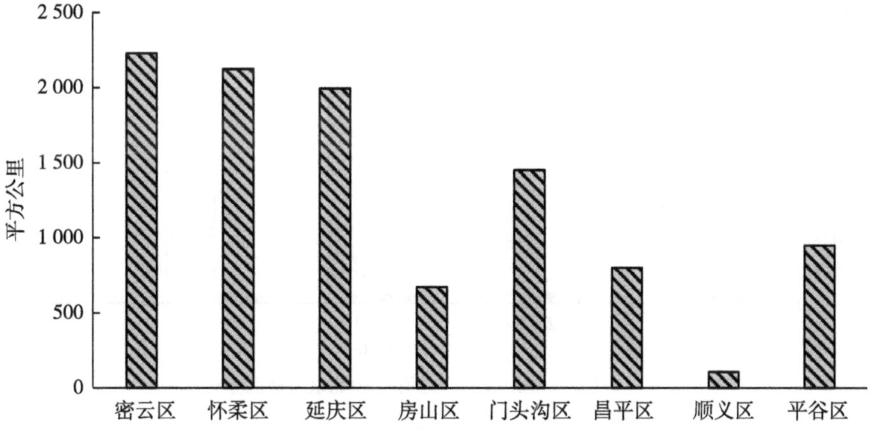

图3-1 2021年生态沟域各区面积统计

Figure 3-1 Area statistics of each area of the ecological ditch area in 2021

3.2.2 综合经济情况

在“十三五”时期，整个生态沟域地区的经济连续迈上新台阶，经济总量不断扩大，综合实力显著增强。2021年北京市地区生产总值为40 269.6亿元，生态沟域涉及5个区的地区生产总值和3个区的林业生产总值总和为1 657.8亿元，占据整个北京地区生产总值的4.17%，其中，在5个生态涵养区中，怀柔区最高，延庆区最低；北京市的农林牧渔总产值为113.4亿元，生态沟域农林牧渔总产值为85.92亿元，占整个北京市的75.77%，可见生态沟域占据着整个北京市农林牧渔业的大半江山。

由图3-2可知，自2017—2021年以来，北京市地区生产总值整体呈上升趋势，而生态沟域的地区生产总值也在逐年提高，但是整体上升幅度小于北京市。整个北京市包括16个区，其中生态沟域涉及5个生态涵养区和3个区域的山区，沟域面积占据北京市的2/3，但是经济状况却远远落后于北京市整体的发展水平。因此需要探索提高沟域经济发展水平的路径，将与生俱来的生态优势转变为实实在在的经济优势，是提高沟域经济发展水平的重要举措。

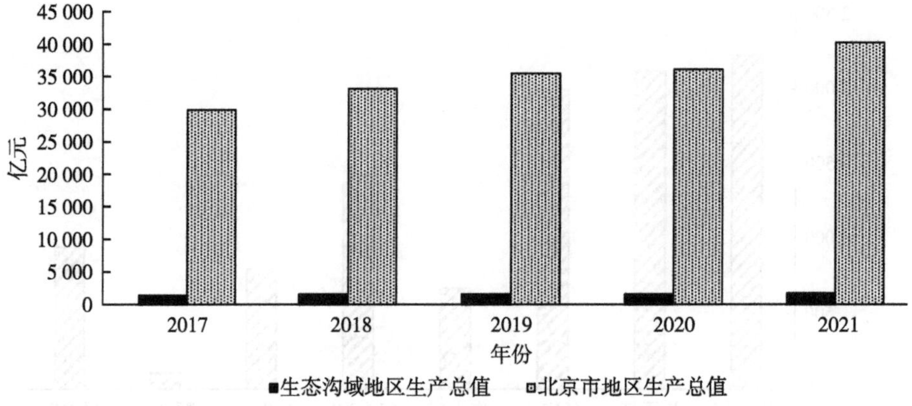

图3-2　2017—2021年生态沟域与整个北京市地区生产总值比较

Figure 3-2　Comparison of the ecological gully and the GDP of the whole of Beijing from 2017 to 2021

沟域内居民可支配收入主要以经营净收入和转移净收入构成，收入来源较为单一化。2021年生态沟域涉及的8个区平均居民人均可支配收入为46 202.4元，沟域内部的平均居民人均消费支出为31 509.4元，生态沟域内部的居民人均可支配收入和消费支出均低于整个北京市的平均水平。其中昌平区居民人均消费支出最高；门头沟区以年均收入55 102元居于8区之首，其次是昌平区的51 587元，最低的是延庆区的37 385元。总之，近年来沟域居民可支配收入实现增长，消费支出也有所提升，居民生活水平在稳步提升。

由图3-3可知，总体来说，门头沟在2019—2021年这三年人均可支配收入一直处于最高水平，延庆区则处于靠后水平，且三年间可支配收入总体均处于上升水平，可见虽然有疫情影响的客观原因存在，但是总体经济发展良好，且2021年增速较2020年有所提高。

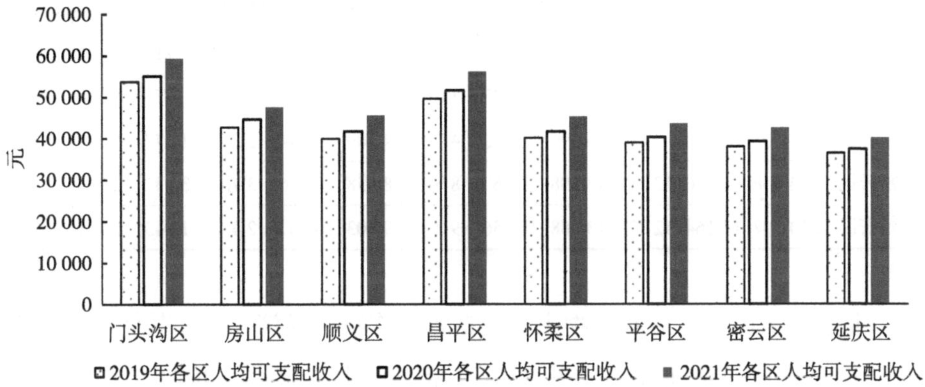

图3-3　2019—2021年生态沟域各区人均可支配收入情况

Figure 3-3　Per capita disposable income of each district in the ecological valley from 2019 to 2021

3.3　生态沟域生态产品分类

3.3.1　生态沟域物质产品分类

3.3.1.1　农林牧渔产品

1. 主要农作物产品

2021年北京生态沟域所涉各区农作物播种面积总计44 376公顷，粮食作物和蔬菜及食用菌的生产占据大部分。其中，粮食作物30 514公顷，占总播种面积的68.76%；蔬菜及食用菌播种面积为9 507公顷，占比21.42%。2018—2021年生态沟域主要区域播种面积情况见表3–1。

表3–1　2018—2021年北京沟域各区农作物播种面积

Table 3–1　Sown area of crops in each area of the Beijing ditch area from 2018 to 2021

单位：公顷

区域	农作物播种面积				粮食作物				蔬菜及食用菌			
	2021年	2020年	2019年	2018年	2021年	2020年	2019年	2018年	2021年	2020年	2019年	2018年
门头沟区	1 286	1 360	1 355	1 433	450	435	427	495	243	217	171	65
怀柔区	6 354	5 190	4 777	5 467	4 527	3 072	2 766	3 612	901	775	646	652
平谷区	8 401	7 058	5 880	6 990	5 912	4 398	4 109	4 994	2 118	1 777	1 239	1 558
密云区	14 038	13 176	12 511	13 798	9 469	8 911	8 658	9 516	3 765	3 431	2 996	3 253
延庆区	14 297	13 164	12 727	13 288	10 156	9 245	9 003	10 107	2 480	1 943	1 921	1 735

北京沟域所涉各区农作物主要包括粮食作物、经济作物和其他作物三大类，其中粮食作物主要有冬小麦、玉米、豆类、薯类。2021年沟域所涉各区粮食总产量为195 010吨；蔬菜及食用菌产量为340 341吨；干鲜果品产量为213 126吨；瓜类及草莓为9 093吨；鲜切花为126 108百枝。具体各区情况见图3–4和表3–2。

生态沟域所涉各区地理位置不同，拥有的自然资源禀赋不一样，所涉及的农产品品种多样，但由于沟域所涉各区整体地势、海拔都相对较高，各区粮食作物的生产均不及平原辽阔的顺义；但是沟域所涉各区果品、花卉的种植占有一定的优势。生态沟域丰富的区域资源孕育了多种广受大众喜爱的农产品，如昌平草莓、妙峰山玫瑰、茅山后佛见喜梨、上方山香椿，真正打造出了区域特色名牌果品。

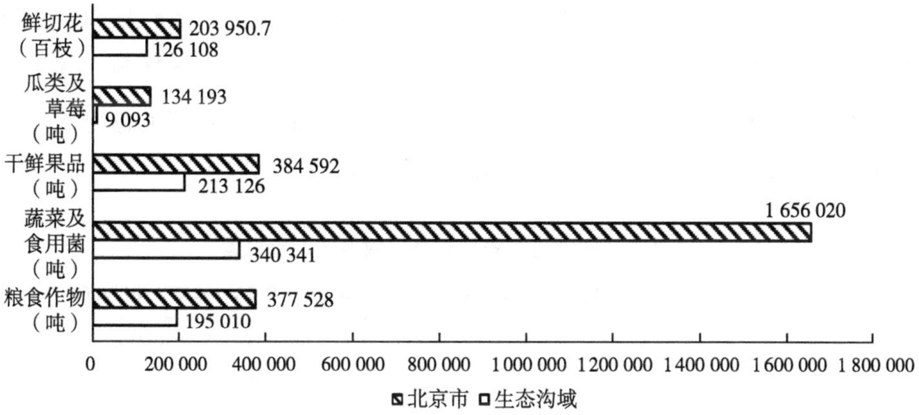

图3-4　2021年生态沟域与北京市整体农产品产量比较情况

Figure 3-4　Comparison of the output of agricultural products in the ecological gully and the overall agricultural products in Beijing in 2021

表3-2　2021年生态沟域所涉区域农产品情况

Table 3-2　Agricultural products in the ecological gully area in 2021

门头沟区	平谷区	延庆区	密云区	怀柔区
农作物：玉米、大豆、薯类、药材、蔬菜（食用菌）、花卉； 干鲜果品：坚果（核桃、杏核）、园林水果（苹果、梨、桃、葡萄、樱桃等）	粮食作物：冬小麦、玉米、谷子、豆类、薯类； 经济作物：棉花、油料作物（花生）、中草药材； 蔬菜：食用菌； 其他主要作物：桃、西瓜、草莓、柿子、鲜杏、红果、鲜枣、花卉	粮食作物：冬小麦、春小麦、玉米、谷子、水稻、高粱、豆类、薯类； 经济作物：油料、药材； 其他农作物：饲料（青饲料、牧草）、蔬菜、花卉、草坪、苹果、梨、葡萄、桃、核桃、板栗等	粮食作物：冬小麦、玉米、谷子、高粱、白薯、豆类； 经济作物：油料作物（花生、芝麻、向日葵）、药材； 蔬菜：叶菜类（芹菜、油菜、菠菜、白菜）、瓜菜类（黄瓜、南瓜、冬瓜）、甘蓝类、根茎类、茄果菜类、葱蒜类、蘑菇等； 其他农作物：瓜类	粮食作物：玉米、冬小麦、豆类、薯类； 经济作物：油料作物、中草药材； 其他作物：蔬菜及食用菌、瓜果类、花卉、干鲜果品

2. 主要畜牧产品

生态沟域内部的畜牧业主要是生猪、牛、羊和家禽的养殖。2021年，生态沟域生猪出栏量为154 894头，牛出栏量为7 978头，羊出栏量为49 531只，出栏家禽共449.74万只；2021年，生态沟域肉类产出18 836吨，其中猪牛羊肉12 754.3吨，牛奶88 809.7吨，禽蛋83 063.6吨。北京生态沟域各区牧业生产出栏量和畜禽产品产量见表3-3和表3-4。

表3-3 2021年生态沟域各区牧业生产出栏量

Table 3-3 Animal husbandry production in each area of the ecological gully in 2021

区域	猪（头）	牛（头）	羊（只）	出栏家禽（万只）
延庆区	53 503	2 425	15 360	35.03
平谷区	30 742	1 157	17 238	351.2
密云区	50 795	4 210	16 311	61.18
门头沟区	—	—	—	0.08
怀柔区	19 854	186	622	2.25
合计	154 894	7 978	49 531	449.74

表3-4 2021年生态沟域各区畜禽产品产量

Table 3-4 Output of livestock and poultry products in each area of the Beijing ecological ditch in 2021

单位：吨

区域	肉类	猪牛羊肉	牛奶	禽蛋
门头沟区	2.3	1.3	24.5	36.6
怀柔区	147.4	119	2.2	155
平谷区	8 817.7	4 342	1 681	66 635
密云区	6 248.9	5 267	55 821	6 724
延庆区	3 619.7	3 025	31 281	9 513
合计	18 836	12 754.3	88 809.7	83 063.6

由表3-4和图3-5可知，生态沟域所涉各区在肉类、牛奶、禽蛋三种主要畜禽产品的供给上发挥着重要的作用，尤其是禽蛋上，几乎占据北京市整体水平的一半。其中，全是山区的门头沟在畜禽产品供给上最少，平谷、密云和延庆区在畜禽产品供给上较为突出，为北京市居民在畜禽产品消费保障上做出了很大的贡献。

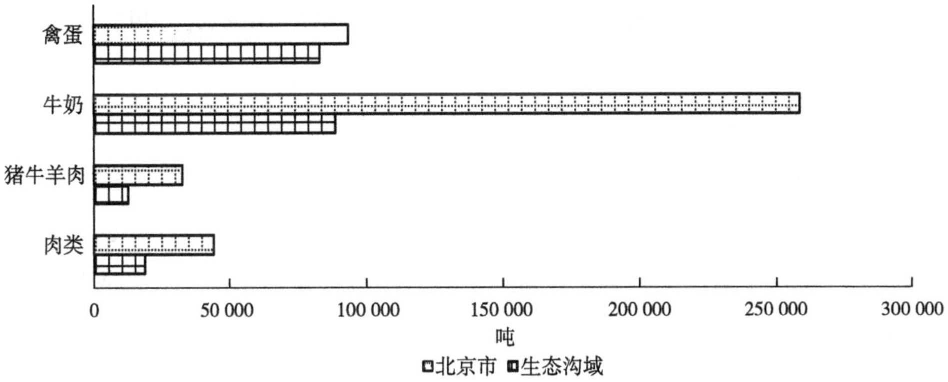

图3-5　2021年生态沟域与北京市整体畜禽产品情况

Figure 3-5　Overall livestock and poultry products in each district of the ecological gully and Beijing in 2021

3.3.1.2　水资源产品

北京的水资源相对于北京市庞大的常住人口总量来说，处于短缺状态，生态沟域处于暖温带半湿润半干旱气候区内，北京市平均年降水量低于800毫米，并且随不同季节和年份的变化有所差异。对于水资源的提供与涵养主要依靠山区内河流的调节，虽然境内有五大水系，但是西高东低的地势使大江大河难以储水，均自西向东缓缓流入海洋，因此地表水资源量欠缺，再加上北京市庞大人口数量的用水需求，最终导致北京成为严重缺乏水资源的城市。

1. 主要河流干系

生态沟域所涉区域有潮白河、永定河和北运河流经，是北京市淡水资源的主要来源。其中，潮白河流域内有密云水库和怀柔水库，控制着山区的洪水，在北京市内流域面积5 510平方公里，水资源总量高达6.3亿立方米，地表水资源量是2.93亿立方米。

永定河河网密度较大，河流流经面积广阔，全长170公里，涉及5个行政区，其中最主要的是门头沟区域，其中门头沟区内永定河长度101公里，流域面积3 168平方公里，水资源总量3.44亿立方米。北运河水系先后流经昌平区、朝阳区等，长度高达238公里，流域面积4 250平方公里，水资源总量10.48亿立方米。

2.沟域内水库情况

北京市五大水库均在生态沟域所在区域，分别是密云水库、官厅水库、怀柔水库、海子水库和十三陵水库，密云水库是北京最大的水库，也是华北地区最大的人工湖泊，是北京最重要地表饮用水水源地。官厅水库是海河水系永定河上历史最久的大型水库，主要涉及河北省张家口市怀来县和北京市延庆区，截至2019年底，官厅水库累计向北京、河北、天津供水416亿立方米。怀柔水库是京郊主要水利工程之一，蓄水面积达12平方公里。海子水库位于平谷区，流域面积443平方公里。

表3–5　2021年生态沟域水库情况

Table 3–5　Reservoirs in the ecological ditch area in 2021

水库名称	库容（亿立方米）	流域面积（平方公里）	区域
密云水库	40	90 ~ 183.6	密云区
官厅水库	41.6	47 000	延庆区
怀柔水库	1	12	怀柔区
海子水库	1.21	443	平谷区

3.沟域内用水情况

生态沟域所在区域用水主要是农业用水、生活用水、工业用水和生态环境补水。如表3–6所示，2021年生态沟域全年用水量71 886.24万立方米，其中生活用水最多，高达35 720.01万立方米，其次是生产用水12 547.6万立方米，生态环境用水9 869.58万立方米。

表 3–6 2021 年北京生态沟域所在区用水量

Table 3–6 Water consumption in the area where the Beijing ecological ditch is located in 2021

单位：万立方米

行政区	全年用水总量	生产用水（农业、工业、第三产业、公共服务用水）	生活用水	生态环境用水
密云区	6 950.24	1 457.3	3 544.86	1 948.08
延庆区	4 303.9	1 981	2 322.9	—
平谷区	11 764.7	6 992.8	2 047.65	2 725.4
门头沟区	5 536.9	201.5	3 070.3	2 145.1
怀柔区	8 106	1 915	1 493	3 051
房山区（山区人口比例）	18 224.5	—	9 241.3	—
昌平区	17 000	—	14 000	—
总计	71 886.24	12 547.6	35 720.01	9 869.58

3.3.2 生态沟域调节产品分类

3.3.2.1 生态沟域释氧固碳产品

森林是陆地中最大的释氧固碳系统，主要吸收空气中的二氧化碳和释放出维持人类生存的氧气，在净化空气、调节气候等方面发挥着重要的作用。森林生态系统的释氧固碳功能是指森林利用光合作用，将二氧化碳和水分转化成生物质并释放出氧气。森林的年龄、降水、地形、坡度、氮沉降等因素都是影响森林释氧固碳能力的重要因素。

生态沟域所在区植被类型主要是暖温带落叶阔叶林、温性针叶林，根据北京市第九次森林资源连续清查数据得知，具体树种分别有柏木、落叶松、油松、桦木、栎树、杨树，以及硬阔类、软阔类。硬阔类包括榆树等，软阔类包括刺槐、柳树等。不同数目类型下释氧固碳水平不一致。

3.3.2.2 生态沟域土壤保持产品

北京山区土壤形成因素较为复杂，不同季节的气候、不同高度的海拔、复杂的地形条件等因素均影响土壤的类型。土壤保持是生态沟域地区重要的生态调节产品之一，其生态价值体现在土壤肥力保持和减轻泥沙淤积。当今国内学者对土壤保持情况的计算一般采用通用土壤流失方程（RUSLE），RUSLE 方程能够综合考虑植被、气候和土壤等因素对土壤保持的影响。沟域内温度较高、植被覆盖率高的地区土壤保持功能较高，裸地的土壤保持功能则较低。

3.3.2.3 生态沟域水文调节产品

生态水文调节产品主要包括洪水调蓄和涵养水源两部分，水域具有洪水调蓄的功能，主要是洪水期储水、枯水期放水。水源涵养是对自然降水进行截留、渗透、蓄积，并通过蒸发实现对水流、水循环的调控，沟域内森林和水域有效地调节、改善了水源流量和水质，对于维护北京市水生态系统平衡发挥着有效作用。

3.3.2.4 生态沟域气候调节产品

气候调节产品主要包括降低温度和增加湿度两部分。沟域中的森林发挥着重要的调节作用，光合作用的吸收与排放过程，延缓着气候变暖的进程，同时可以涵养水源以及增加大气中的水含量。

3.3.2.5 生态沟域净化大气产品

净化大气产品主要包括吸收二氧化硫和降低粉尘两类，沟域内的森林植被扮演着空气天然过滤器角色，发挥着吸收大气中的二氧化硫和降低粉尘的作用，可以减少大气中的污染物。

3.3.2.6 生态沟域水质净化产品

水质净化产品主要包括净化水中的化学需氧量（COD），沟域中的天然水域生态系统蕴含着丰富的动植物等，这些生物的新陈代谢活动促使水域具备净化污染物的能力，从而促进水体的健康发展。

3.3.3 生态沟域文化产品分类

北京山区位于华北大平原北端，外部一圈由房山区十渡镇到平谷区金海湖镇，全长710公里。经过上亿年的地质演变，形成了中山、低山、丘陵、台岗地等地形多样的沟域。为北京市居民观光旅游、娱乐休闲提供了优良的场所。

北京生态沟域文化产品主要有旅游资源和文化资源两大类，其具有旅游、科研、美学等重要功能。梳理沟域内生态文化产品类别为其价值转化探索奠定了基础。

3.3.3.1 生态沟域旅游资源

1.独特的景观优势

山川秀美，清泉溪流潺潺。北京生态沟域内有灵山、云蒙山、妙峰山等高山，青龙峡、龙门涧、京东大峡谷等峻峡，石花洞、十渡、天梯等喀斯特溶洞地貌，白龙潭、珍珠泉、潮河白河湿地等水域，这些多样的地形共同塑造了沟域的自然景观。沟域内拥有丰富的森林资源，空气清新，山场广阔，且随着季节的变换，景观也随之改变，春夏观绿景、秋天赏红叶、冬天银装素裹，为北京市居民观光游览提供了“休闲胜地”。沟域四季有花，花海遍地。早春时节，北部山下路边、河边、村边的二月兰开得正艳，此时山上的杜鹃花也踏春而来，其漫长的花季令人们过足了眼瘾，当然山腰的野山杏也不甘落后；初夏，平谷的漫山桃花、怀柔的栗花沟、门头沟的“金顶玫瑰”都笑开了颜；初秋的薰衣草、鼠尾草蓝色诱人；冬季银装素裹，冰花满地。

2.典型自然景区沟域

（1）延庆区百里山水画廊

千家店镇所在区域内自然资源丰富，环境优质，位于延庆生态涵养区的核心区，也是国家AAAA级景区。景区内有白河谷地、黑河峡谷、大滩原始次生林等景观；四季景色优美、变幻如画。

（2）平谷区十八弯沟域

十八弯生态景区内有京东大溶洞、国家地质公园等，且景区以休闲为主题、乡村旅游为主导、村民经营为主体，打造农旅相结合的休闲旅游胜地。十八弯九连环，串起峡谷、溶洞、新村。

3.3.3.2 生态沟域文化资源

1.文化资源概况

在多种文化的相互交融过程中，北京山区形成了丰富的非物质文化遗产，至今沟域内很多村镇都有遗产传承。遗产主要有民间文学、传统戏曲等6个门类，以庙会、花会和香会的方式呈现，具体的活动有踩高跷、耍中幡、太狮和少狮等。

沟域内人文遗迹众多。北京拥有世界文化遗产6处。房山、延庆两大世界地质公园保留了恐龙的印记、溶洞等地质文化符号。此外，还有万里长城和潭柘寺、红螺寺等寺庙道观。山区现有人文景观景点景区87处，占全市46.3%。

2.典型文化景区沟域

（1）爨柏沟沟域

爨柏沟沟域所在行政区域是门头沟斋堂镇，有5个古村落，具有多年历史文化积淀的传统。最深厚的是京西古商道历史，始终秉承着传承优秀文化的原则，坚持保留古风格局、古风习俗的做法，村里的历史文化遗迹，成为游客访古、探幽、猎奇的胜地。

（2）马栏革命历史遗迹旅游沟

马栏革命历史遗迹旅游沟位于门头沟斋堂镇，沟域面积26.16平方公里，是北京市百家博物馆和北京市青少年爱国主义教育基地。该沟域主要目标是建设革命旅游基地，打造红色革命教育基地。

3.4 生态沟域生态产品价值实现的基础定位

3.4.1 生态物质产品要保质增量

北京生态沟域所涉各区是生态物质产品的直接贡献者，因此要提升各区生态产品的可持续供给能力。沟域内生态物质产品主要涉及农林牧渔业，且其有着明确的产权归属、交易市场和交易价格，因此对其价值实现问题不大。目前北京市场对于生态产品消费的需求也较为广泛，因此在生态沟域各区内，生态物质产品的价值实现有着得天独厚的优势，且其价值的有效实现将会是带动当地经济发展的重要力量[37]。

一是市场供需调研要跟上，物质产品的供给与需求之间的关系要厘清。明确人们各阶段对不同类型生态物质产品的供需情况，一定要做到有需求市场，供给水平就要跟上，或者利用推陈出新的供给推销方式，创造更多的消费力量[38]。二是要辨析和明确普通农产品和生态农产品的特点及定位问题，不能混淆，通过打造品牌等方式提升生态农产品知名度和影响力，要充分发挥沟域内优质生态产品的价值，将优质环境作为附加值，提高生态物质产品进入市场的筹码，要将产品做到区域特色、无可替代[39]。

总而言之，沟域内生态物质产品的实现将破解沟域经济发展水平相对滞后的难题，是找到经济发展的新支撑点，也是沟域内未来经济高质量发展的必然选择。

3.4.2 生态调节产品要保护资源基底

生态沟域位于生态涵养区内，区域内的森林、草地水域等生态系统，为北京市高质量生态环境提供了重要基础，对于提升人们的生活质量非常重要[40]。但是气候调节、涵养水源、释氧固碳等生态调节产品具有缺乏价值衡量标准、缺少交易市场的困境，因此要做好沟域内生态环境内修复和保护，要高瞻远瞩，不断增强生态环境保护意识，保障好生态调节服务依存的自然资源环境，提高沟域的生态竞争优势[41]74。

在生态沟域内，要统筹山水林田湖草沙多系统，联合整治并修复生态系统、优化生态结构，提高生态沟域内环境承载力。良好的生态环境是生态调节服务产品高质量发展的重要基础，不仅可以提升沟域生态系统服务功能，也可以为沟域内绿色、健康的人居环境提供保障。生态调节服务也可作为附加值和吸引力，成为实现生态物质产品、生态文化产品价值的推动器，最终提升沟域内生态环境的潜在经济价值。

3.4.3 生态文化产品要激发发展潜力

沟域内各区乡村文化是实现生态产品价值的重要突破口，优质的生态文化产品不仅具有天然的生态条件，还具有历史文化意义的人文价值。因此，发展生态文化产业要以优质的自然环境为依托，源源不断地引入精彩有趣的文化创意，提高沟域内文化产品的差异性和竞争力。文化产品的提供要以生态环境为基础，集中各区优势资源，进行生态环境、人文资源、地理优势的三要素整合，将沟域内生态环境的正外部性转化为可以用货币衡量的经济价值。

生态沟域内所涉各区文化种类繁多，资源丰富，具有面向多种消费群体开展服务的条件，有着强大的吸引力，因此对于生态文化产品的开发主要在创新表现形式上。

经济水平的提高促使人们将消费倾向转向了追求精神满足、文化享受，市民的精神文化需求为生态文化产品提供了广阔的消费市场，为沟域内居民带来了可观的经济收入，也为沟域内乡土文化传承搭建了平台。沟域内各区传统文化资源各具特色，例如门头沟区的山间文化，独特的自然和人文资源造就了独具魅力的“古村落文化”。

3.4.4 要充分应用市场交易平台

对于生态物质类产品，一般可以通过市场进行直接交易，对于生态服务产品，则要加大产品确权力度和搭建市场交易平台，例如沟域内林权、水权、碳排放权和农地流转交易等，需要在政府引导的基础上，充分发挥市场的交易功能，将生态调节产品转变为让人们握在手里的经济收入。对于生态文化产品，则要侧重对于各项资源的挖掘与整合，积极引进资金，加大对文化产品的开发和经营力度，为当地居民提供就业岗位的同时，实现文化产品的溢价收益。

市场交易成功的关键是供需平衡，要保证沟域内生态产品的有效供给，适度适量，做到资源利用充分化、客户消费群体定位化、产品发展模式多样化等，在供需两侧持续发力，做到生态产品的供给达到市场需求。加大第三方机构组织和商业部门的有效协调，具体手段有政府购买调节服务、企业参与生态产品生产、鼓励社会绿色消费，做到生态产品的交易充分实现自身经济价值的同时，符合政府设立的生态保护目标，培育健康的生态产品消费市场，开展商品定期交流会，为供需双方进行交易提供机会，激活沟域内各类生态资源。在市场供给者方面，则要考虑乡村治理的调节关系，积极促进政府部门与村民的交流，最为直接的是村委会。村委会作为与村民直接沟通的平台，承担着帮助村民了解先进文化思想、经济建设理念的重要工作，要充分发挥好村委会的宣传引导作用，调动村民参与供给生态产品的积极性，同时村委会也可以作为村民的发言代表，与外界各类主体进行交流，争取引入投资，用资金激活乡村生态产业的发展。

3.5 生态沟域生态产品价值实现困境

要推动生态沟域生态产品价值的深层次转化，就要结合实际情况，剖析在价值实现过程中存在的困境。北京生态沟域所涉各区生态产品价值实现有着前所未有的机遇，但沟域内生态调节产品本身具有复杂性，这是生态产品价值实现面临的困境。经过调查研究得知，沟域内生态产品价值的实现主要存在思想认知与技术攻关两大类难题，因此存在“难衡量、难变现、难交易”等困境。

3.5.1 生态产品管理主体缺失，易造成权责缺位问题

生态沟域中存在部分生态产品管理主体缺失，权利和责任存在不明确且缺席的现状，导致生态产品的供给方得不到应有的利益导向，需求方没有对影响生态环境行为的主体付出应有的成本。

第一，在部分生态产品的空间利用上存在交叉、重叠，产品所有权归属和界限划分不清的困境。沟域内存在复杂的生态空间结构和多种产品，同时产品开发主体为了追求经济利益对环境资源进行过度开发，且当生态资源出现危机之后缺乏责任主体。第二，山水林田湖的管理规划缺乏系统性。沟域内的水域、林田都由不同主体管理负责，各类生态产品缺乏统一筹划，各类生态调节产品的供给被逐一割裂，例如森林和水域生态系统带来的气候调节、森林和草地的生态系统对土壤的保持。各类生态调节产品带来的公益性容易引发“搭便车”行为，甚至出现“公地悲剧”现象，最终导致沟域内生态产品供给主动性、积极性不足。例如对于公益林的划分，存在着看管维护的任务不公平的问题。河流上游、中游、下游地区水质保护任务存在纠纷，村民存在着依靠他人的心理或放任的态度，进而形成利益矛盾，制约了生态产品生产及价值实现。

3.5.2 生态产品价值的核算有所欠缺，价值难以衡量

沟域内生态产品大多数属于公共产品，其产权难以界定，受益主体也不易辨识，因此难以对其进行及时有效的开发与生产，以致生态产品价值以数据衡量的想法也难以落实。

第一，生态产品核算涉及的区域广泛，因此对于不同范围的基础数据获取难度要求较高，在这一方面均存在一定的技术核算问题。第二，目前北京市生态产品价值的核算体系虽然出台统一标准，但是不同类型的生态系统仍

存在不同程度的价值评估难度，是否符合实际的价值量尚存在争议，对生态产品价值核算的结果也存在一些争议，加剧了生态价值实现的难度。

3.5.3　多方位的生态补偿难以实现，供给主体收益不足

在沟域内存在生态补偿范围相对较小、补偿方式单一等问题。北京虽已有不少成功经验，但是常见的集中生态补偿类型的补偿标准基本无法反映沟域内生态建设、保护及机会成本等因素。各区对沟域内生态保护活动的补偿基本呈现短期性、间歇性，同时村级切实得到的财政补偿不多，村民得到的补偿较少，且由于各种因素无法统筹持续性地发挥补偿资金应有的作用。

3.5.4　公众对生态产品的认知和利他观念，存在缺失问题

改革开放以来，中国不断推进现代化建设，我们要以生态环境高水平保护来推进沟域经济高质量发展。虽然公众对生态文明建设的重要性有一定的意识与认知，但是对于生态产品的生产、开发与交易及其所带来的持续稳定的经济效益仍然存在认知不足的问题。但是对于现如今沟域中的农村，存在人口老龄化的问题，留村的农民年龄较大、文化程度较低，对沟域内生态产品价值量的大小也不清楚，对优质生态环境为社会带来的生态价值和社会价值均不清楚。同时，由于受文化和生活背景的影响，部分村民存在只谋取眼前利益的狭隘思维，只看到眼前的物质利益，看不到长远的生存利益，因此难免会做出损坏生态环境的行为，在这方面，单纯依靠政府外界强制力的管控远远不足，要真正激发村民内在的公德心认知，树立起保护生态环境的意识。

3.5.5　沟域内金融杠杆，作用发挥依然欠缺

北京绿色金融发展居于全国前列，例如在绿色保险、绿色证券、绿色担保、绿色基金等方面发展势头良好，但生态沟域内金融发展水平仍相对滞后。一是由于山区地理、社会发展基础等因素，导致外来资本进驻沟域内

开发存在成本较高的门槛，与此同时沟域内市场容量小等问题，导致对于生态产品的开发存在一定的资金欠缺。二是生态产品的抵押缺乏金融机构的支持，从而难以实现生态产品的资产权益。营利性的商业银行往往会直接忽略山区农村发展市场，常见的农村信用社等主体又鉴于沟域内地广人稀的特征，往往分布密度较小，且目前市面上由于逐利性思维，对支持农村发展的金融产品较为缺乏，因此沟域内部生产和经营主体面临融资难和融资贵，缺乏足够的资金进行发展。三是沟域内生态保护和生态产品开发均需要持续的投入，周期长、见效慢、资金量大的特点使得很多金融机构对山区的支持望而却步。由于农村金融机构本身的收益率和收入并不高，其融资路径单一，缺乏市场化、多元化融资方式，在生态产品价值实现过程中发放贷款的积极性不高。四是协作意识不强。绿色金融机构、政府监管机构等缺乏统一的标准规则，同时在绿色生态产品质量数据、风险管控等方面缺乏共享与协作意识，因此在一定程度上制约了生态沟域的经济转型，以及生态产品在经济价值方面的转化。

3.5.6 沟域内生态文化产品开发，多存在同质化现象

目前北京生态沟域内发展较为广泛的生态文化产业便是乡村旅游，各区景区开发均是“各自为政”，缺乏顶层设计与统筹规划，以致各区域存在盲目的复制粘贴现象，使得沟域的整体文化产品缺乏竞争力与吸引力。由于人才的欠缺、地理因素的相似性、文化创意的活力不足等，导致对于景区的开发缺乏持续的有效内容供给与吸引力，易使游客观感不佳和兴趣乏味，无法形成产品宣传。很多开发主体以逐利性为首要原则，盲目追求“网红景点”，急于将投资开发的项目获得资金变现，导致项目开发中存在复制、粗制滥造等问题，使得景观缺乏自身特色与吸引力，再加上年年一成不变的模式，导致大多数景观千篇一律，游客游览过一遍便不会再来。多数景区缺少自身独特的文化内涵，难以吸引外地游客前来。

3.6 本章小结

本章对生态沟域建设基本情况从自然和社会经济环境、产品分类、产品价值实现基础定位和困境五个方面来概述。首先，通过文献查阅与资料分析的方法，摸清了北京生态沟域的自然和社会经济情况；其次，依据理论基础和实际情况明确沟域内部生态产品类型；再次，结合生态沟域本身的生态保护重任，提出各类生态产品的基础定位，从而为后来生态产品价值实现路径的提出做了铺垫；最后，从核算技术、村民认知及资金支持等方面概述了沟域生态产品价值的实现困境，基于以上情况，摸清了沟域的生态产品概况。

4 北京生态沟域绿色发展水平分析

生态沟域为北京整个地区的生产生活提供了生态保障，其绿色发展水平的高低体现了当地资源环境与经济社会的可持续发展能力，绿色发展水平的高效发展是推动绿水青山真正成为可持续的经济社会发展动力。基于相关文献阅读研究，确定了一套北京市生态沟域绿色发展水平评估体系，运用熵权法计算出各绿色发展指标的权重，再运用线性加权法计算出2018—2020年各区的绿色发展指数，得出生态沟域绿色发展水平呈逐年上升趋势，环境治理水平提高是推进绿色发展的主要方面。最后运用灰色关联度分析法探究影响绿色发展水平的主要因素——政府干预与绿色发展水平关联度最高。因此要逐步引导社会经济发展对绿色发展水平的提升作用，从而推动绿水青山向金山银山切实转变。

近年来，国家明确提出要推进生态文明建设，坚持绿水青山就是金山银山的发展理念，协调推进生态保护与经济社会的相互融合，从而促进区域的健康协调发展，为此北京市也积极响应并贯彻落实习近平的生态文明思想。北京市生态沟域所涉区域占据北京市的三分之二，具体包括门头沟区、平谷区、怀柔区、密云区、延庆区，以及房山区和昌平区的山区，是北京整个地区的生态屏障和重要资源保障地，其绿色发展水平的高低直接影响着北京市生态产品价值实现情况，因此将生态沟域作为推进北京市绿色发展水平的重要突破点，采用科学的绿色发展指标评价体系衡量并评价其绿色发展水平，以及分析其影响因素具有重大的发展意义。

当然，生态沟域不能只注重保护生态环境，同时也要谋求经济的发展，将绿水青山转化为金山银山，才能为生态沟域人民的生产生活提供更好的基础设施和生活环境。近年来，生态沟域结合自身生态优势和北京市区这一巨大市场的需求，逐渐转变产业发展结构，发展种植业、休闲旅游业和高科技产业，不断提高第三产业在国民经济生产总值中的比重，同时尽可能地减少对生态环境的破坏，现如今生态沟域已经发展了集文化、旅游、美食和娱乐于一体的产业链条，有效地提高了当地的收入水平。各生态沟域积极创新，加快构建科技产业园区，促进智慧物流、数字经济、医药健康、能源互联网等新兴业态集聚，延庆区利用筹办举办冬奥会的重大机遇，积极布局冰雪体育领域，建成了北京市唯一一座以冰雪体育为主题的科技园区。综上所述，生态沟域的绿色发展要从生态可持续发展、环境友好型的绿色发展和资源可持续型三个层次展开，创建一种高效可持续的发展模式，解决经济增长、社会进步和生态平衡之间的矛盾关系。

国内学者从很多角度、运用很多方法进行了绿色发展指标体系的研究。早期的绿色发展指标研究主要服务于国家层面，而在区域和地方层面很匮乏，随着研究的深入，我国对于北京、福建、上海等区域性的地方展开了绿色发展指数研究，有利于明确我国各地绿色发展情况，从而更好地改进和提高。由于对具体区域的绿色发展相关研究较少，因此本研究在借鉴前人研究成果的基础上，确定了北京市沟域绿色发展的指标研究体系，明确了生态沟域绿色发展水平的状况，同时运用灰色关联度分析影响其影响因素，以期更好地推进生态沟域绿色经济发展，从而最终实现绿水青山向金山银山的转化。

4.1 研究设计

4.1.1 研究方法

4.1.1.1 熵权法

对于绿色发展指标赋权的方法主要包括主观赋权法和客观赋权法，主观赋权法是决策者主观上对各指标的重要性程度给予权重大小，容易受到人为的主观因素影响，所以本研究采用了客观赋权法中的熵权法，熵是一种热力学概念，按照信息论基本原理，熵是对系统无序程度的一种度量。在具体的应用中，熵权法根据各指标的变异程度，利用信息熵计算出各指标的熵权，再通过熵权对各指标的权重进行修正。如果某个指标的熵值越小，说明其指标值的变异程度越大，提供的信息量越多，在综合评价中该指标起的作用越大，其权重也应该最大，反之亦然。本章的熵权法赋值以2020年的基础数据为参考。

第一步，数据标准化处理。

$$r_{ij}=\frac{x_{ij}-\min(x_{ij})}{\max(x_{ij})-\min(x_{ij})} \qquad (4\text{–}1)$$

$$r_{ij}=\frac{\max(x_{ij})-x_{ij}}{\max(x_{ij})-\min(x_{ij})} \qquad (4\text{–}2)$$

式（4–1）用于处理正向指标，式（4–2）用于处理逆向指标；假设有m个待评项目，n个评价指标，则x_{ij}是第i个评价对象的第j个指标，其中$1\leqslant i\leqslant m$，$1\leqslant j\leqslant n$；min（x_{ij}）是各区内第i个评价对象的第j个指标的最小值，max（x_{ij}）是各区内第i个评价对象的第j个指标的最大值，r_{ij}是标准化值，数据标准化处理后会得到一个矩阵R_{ij}。

第二步，归一化处理。

$$p_{ij}=\frac{r_{ij}}{\sum_{i=1}^{m}r_{ij}} \qquad (4\text{–}3)$$

该项归一化处理也称比重变换，在处理完成后会得到绿色发展水平各项指标，由各项归一化值构成了矩阵P_{ij}。

第三步，计算熵值与熵权。

$$e_j=-k\sum_{i=1}^{m}p_{ij}\cdot\ln p_{ij}，j=1，2，3，\cdots n，其中k=1/\ln m \qquad (4\text{–}4)$$

$$w_j=\frac{1-h_j}{n\sum_{j=1}^{n}h_j}，1\leqslant j\leqslant n \qquad (4\text{–}5)$$

在式（4–4）和式（4–5）中，e_j为熵权，w_j为熵值；在计算对数的过程中，由于对数要有意义，将标准化处理过程中产生的0值改成0.000 001，便于处理，在最后的矩阵中，又换回0值。

4.1.1.2 线性加权法

（1）本研究在熵权法得出指标权重的基础上，再采用线性加权法计算各区绿色发展水平，具体方法如下：

$$S_i = \sum W_{ij} \times P_{ij} \quad (1 \leqslant i \leqslant m,\ 1 \leqslant j \leqslant n) \qquad (4\text{–}6)$$

在式（4–6）中，S_i为区域最终绿色发展水平得分，W_j为第j项指标的权重，P_{ij}为指标的归一化值。

（2）为了将结果控制在60 ~ 100，将原来得分的绝对数转化为相对数，对线性加权法得到的绿色发展指数值进行了处理。如果某个地区个体指数值为100，代表该地区排序第一，水平最高；如果某个地区个体指数值为60，代表该地区排序最末。具体方法如下：

$$Z = \left(\frac{Q_{ij}}{\max Q_{ij}}\right) \times 40 + 60 \quad (i=1, 2, 3, 4, 5, 6;\ 1 \leqslant j \leqslant n) \qquad (4\text{–}7)$$

在式（4–7）中，Q_{ij}为生态涵养区的二级指标的指数或者最终的绿色发展指数，$\max Q_{ij}$为生态涵养区的二级指标的最大指数或者最终的最大绿色发展指数，Z即为各区绿色发展水平的最终得分。

4.1.1.3 灰色关联度分析

灰色关联度分析是指对一个系统发展变化态势的定量描述和比较的方法，基本思想是通过确定参考数列和若干个比较数列的几何形状相似程度来判断其联系是否紧密。简而言之，灰色关联度分析就是研究某个项目受其他的因素影响的相对强弱。

（1）设定行为序列，然后确定特征序列和母序列

$$
\begin{aligned}
&X_0=(x_0(1),\ x_0(2),\ x_0(3)\cdots x_0(n))\\
&X_1=(x_1(1),\ x_1(2),\ x_1(3)\cdots x_1(n))\\
&X_2=(x_2(1),\ x_2(2),\ x_3(3)\ \cdots\ x_3(n))\\
&\cdots\cdots\\
&X_m=(x_m(1),\ x_m(2),\ x_m(3)\ \cdots\ x_m(n))
\end{aligned}
\quad（4\text{-}8）
$$

其中，X_0为母序列，能反映系统行为特征的数据序列。

（2）对指标数据进行无量纲化处理（初值化或者均值化）

初值化：$f(x(n))=\dfrac{x(n)}{x(1)}=y(n),\ n=1,2,3,4\cdots$ （4–9）

均值化：$f(x(n))=\dfrac{x(n)}{\overline{x}}=y(n),\ n=1,2,3,4\cdots$ （4–10）

（3）计算关联系数

逐个计算每个评价对象比较序列与母序列的绝对差值。

$$\Delta_{mn}=\left|x_0(n)-x_m(n)\right| \quad（4\text{-}11）$$

确定两级最小差：$\Delta\min=\min\limits_{m}\min\limits_{n}\left|x_0(n)-x_i(n)\right|$ （4–12）

确定两级最大差：$\Delta\max=\max\limits_{m}\max\limits_{n}\left|x_0(n)-x_i(n)\right|$ （4–13）

分别计算每个比较序列与母序列对应元素的关联系数：

$$\gamma(x_0(n),x_m(n))=\frac{\Delta\min+\rho\Delta\max}{\Delta_{mn}+\rho\Delta\max} \quad（4\text{-}14）$$

ρ为分辨系数，在[0, 1]内取值，分辨系数越小，关联系数间差异越大，区分能力越强，通常取0.5。

（4）计算关联度

分别计算其各个指标和参与序列对应元素的关联系数的加权平均值，以反映各操纵装置对象和参与序列间的关联关系，并称其为关联度。

$$r_{0m}=\frac{1}{n}\sum_{k=1}^{n}W_k\zeta_i(k) \quad（4\text{-}15）$$

（5）分析计算结果

根据灰色加权关联度的大小，建立各评价对象的关联序。关联度越大，

表明评价对象对评价标准的重要程度越大。

4.1.2 生态沟域绿色发展评价指标体系及数据来源

在国家提出的《绿色发展指标体系》和《北京市绿色发展指标体系》的基础上，以绿色发展内涵为研究基础，结合生态沟域社会经济和自然环境概况，坚持科学性、代表性和可操作性的原则，构建了北京市沟域的绿色发展指标体系。绿色发展指标体系由资源利用指标、环境治理指标、环境质量指标、生态保护指标、社会经济指标和政府支持指标六个部分组成。

绿色发展离不开资源利用率的提高，资源利用指标主要是对能源、水资源的利用，反映出生态沟域资源利用水平和平均变化水平，促进资源利用与经济社会的可持续发展。环境治理指标反映的是环境治理方面的问题，涉及空气、水和固体废弃物等领域，多方位地衡量生态沟域各区环境治理程度。环境质量指标主要反映的是空气质量，这个指标也是人们在生产生活中可以最直接感受到的。生态保护指标主要是森林资源方面，森林是城市天然的氧气制造机和保护屏障，对于净化空气、保持土壤和防风固沙等具有重要的意义。社会经济指标主要用来反映生态沟域各区的经济发展结构和居民收入水平等，要重视绿水青山与金山银山的相互转化，从而更好地促进绿色发展。政府支持指标则是反映北京市政府在支持生态涵养区绿色发展的资金支出情况。

本研究各项数据来源于《北京市统计年鉴》《北京市水资源公报》《北京市泥沙公报》《北京市园林绿化情况》《门头沟区统计年鉴》《平谷区统计年鉴》《怀柔区统计年鉴》《密云区统计年鉴》《延庆区统计年鉴》以及北京各区域统计局官方网站的统计数据。

4.2 结果及分析

4.2.1 生态沟域绿色发展指标权重分析

运用熵权法计算的绿色发展指标体系见表4-1。在北京沟域绿色发展水平过程中，影响最大的是环境治理情况（0.35），其中生活垃圾无害化处理率（0.13）和危险废弃物处置利用（0.13）；其次是社会经济（0.17）、生态保护（0.15）和资源利用（0.15）等，具体有单位地区生产总值二氧化碳排放降低（0.06）、节能环保支出占一般公共预算支出比重（0.06）、城市绿化覆盖率（0.05）、居民人均可支配收入（0.05）、人均GDP增长率（0.04）、污水再生利用率（0.04）、建成区绿化率（0.04）等。说明在推进生态沟域绿色发展水平的过程中，政府高度重视环境的治理，环境规制和技术进步发挥了主要的作用。环境规制可以迫使企业进行技术开发、引进设备，承担一定的环境治理成本，虽然初期会在一定程度上抑制经济的发展，但是从长期来看，环境规制推动了生产生活的绿色发展，提高了当地的绿色发展水平，从侧面反映出北京生态沟域健康绿色的经济产业结构对绿色发展的促进作用，技术为提高绿色发展效率提供支持。同时也反映出社会经济的发展和政府的资金支持力度均起到了有效的作用，但是要高效促进生态沟域绿色发展，要继续扩大社会经济对环境的可持续作用，鼓励生态沟域发展高质量绿色产业，积极探索绿色发展新出路，向精细化、高质量方向发展。

表4-1 生态沟域绿色发展指标体系的构建与赋权结果

Table 4-1 Construction and weighting results of green development index system in ecological gully area

指标类型	指标名称	指标性质	熵权
资源利用 0.15	万元地区生产总值能耗（吨标准煤）	逆向指标	0.03
	万元地区生产总值水耗（立方米）	逆向指标	0.02
	污水再生利用率（%）	正向指标	0.04
	单位地区生产总值二氧化碳排放降低（%）	正向指标	0.06

续 表

指标类型	指标名称	指标性质	熵权
环境治理 0.35	二氧化硫排放总量减少（%）	正向指标	0.03
	生活垃圾无害化处理率（%）	正向指标	0.13
	污水集中处理率（%）	正向指标	0.02
	危险废弃物处置利用（%）	正向指标	0.13
	建成区绿化率	正向指标	0.04
环境质量 0.08	二氧化硫年均浓度（$\mu g/m^3$）	逆向指标	0.02
	二氧化氮年均浓度（$\mu g/m^3$）	逆向指标	0.02
	细颗粒物年均浓度值（$\mu g/m^3$）	逆向指标	0.02
	可吸入颗粒物年均浓度值（$\mu g/m^3$）	逆向指标	0.02
生态保护 0.15	森林覆盖率（%）	正向指标	0.02
	本年人均人工造林面积（公顷）	正向指标	0.02
	城市绿化覆盖率（%）	正向指标	0.05
	湿地保护率（%）	正向指标	0.02
	水土流失面积（公顷）	逆向指标	0.04
社会经济 0.17	人均 GDP 增长率（%）	正向指标	0.04
	居民人均可支配收入（元）	正向指标	0.05
	第二产业增加值占 GDP 比重（%）	逆向指标	0.02
	第三产业增加值占 GDP 比重（%）	正向指标	0.02
	全社会固定资产投资额（元）	正向指标	0.04
政府支持 0.09	科学技术支出 / 一般公共预算支出	正向指标	0.03
	节能环保支出 / 一般公共预算支出	正向指标	0.06

4.2.2 绿色发展水平时序特征

4.2.2.1 生态沟域绿色发展整体水平分析

按照本研究遵循的绿色发展指标体系和方法进行生态沟域绿色发展指数测评，结果由图4–1可知，2018—2020年生态沟域各区绿色发展水平总体来说呈现逐步上升趋势。近年来，北京市积极践行绿水青山就是金山银山的发展理念，不断推进污染防治攻坚任务，推动产业结构绿色转型、能源结构绿色低碳，提升水生态建设水平。截至2020年，生态沟域生态环境质量明显改善，2018—2020年间空气主要污染物平均浓度继续下降，地表水质改善明显，生态沟域作为北京市重要的生态屏障，在有效地维护居民生产生活方面发挥了重要的作用。

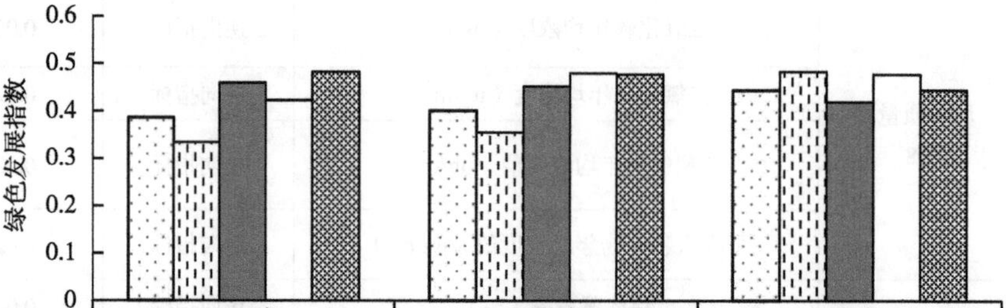

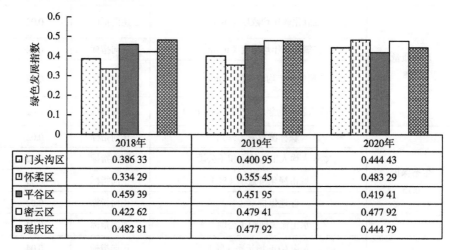

	2018年	2019年	2020年
门头沟区	0.386 33	0.400 95	0.444 43
怀柔区	0.334 29	0.355 45	0.483 29
平谷区	0.459 39	0.451 95	0.419 41
密云区	0.422 62	0.479 41	0.477 92
延庆区	0.482 81	0.477 92	0.444 79

图4-1 2018—2020年生态沟域各区绿色发展水平

Figure 4-1 Green Development Level of Ecological Gully from 2018 to 2020

数据来源：政府官方网站数据整理得出。

2018—2019年，平谷区、密云区和延庆区处于第一梯队的领先水平，说明其生态环境治理总体水平较高，且区域环境保护与经济发展统筹协调度高；门头沟区和怀柔区处于第二梯队。2020年，怀柔区和密云区处于领先水平，且生态沟域各区总体绿色发展水平差异减小，说明各区在改善生态环境质量方面持续发力，生活垃圾无害化处理率、危险废弃物处置率均达到100%，且污水处理率、建成区绿化覆盖率等均显著提升。各区不断补齐短板，绿色发展水平总体呈现均衡发展。

4.2.2.2 生态沟域各项绿色发展指标指数分析

图4-2和图4-3反映了2018—2020年北京生态沟域资源利用、环境治理、环境质量、生态保护、社会经济和政府支持的均值变化情况。

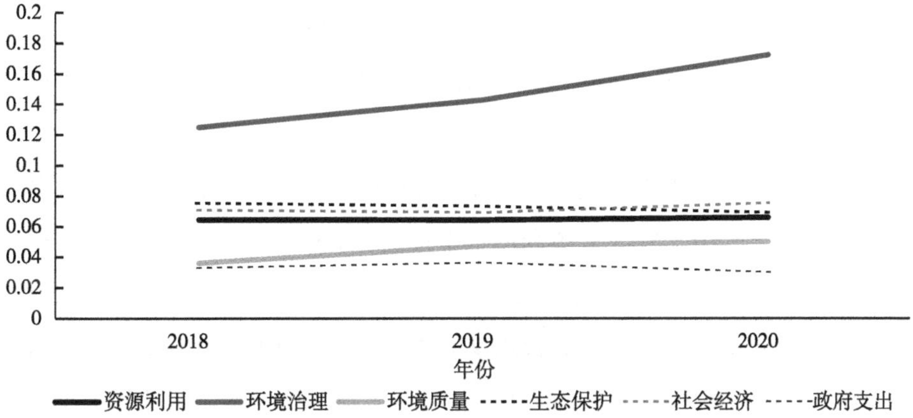

图4-2 2018—2020年生态沟域各项绿色发展指标指数变化趋势

Figure 4-2 Trends of Green Development Index Changes in Ecological Gully Areas from 2018 to 2020

数据来源：政府官方网站数据整理得出。

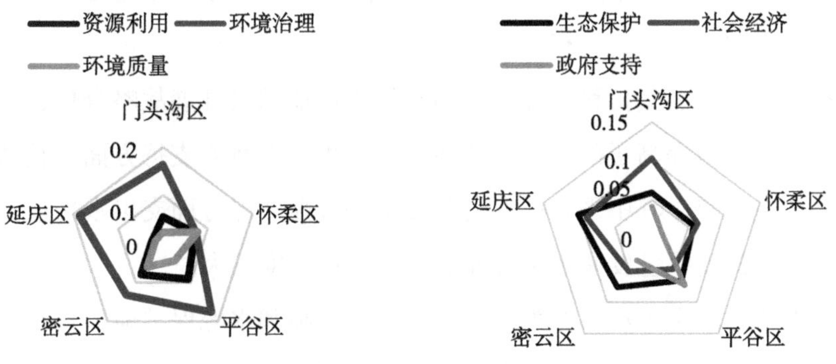

图4-3 2018—2020年生态沟域各区绿色发展指标指数

Figure 4-3 Green Development Index of Ecological Gully Regions from 2018 to 2020

数据来源：政府官方网站数据整理得出。

（1）2018—2020年，生态沟域环境治理和环境质量是改善较为明显的指标层，分别由0.124 9增加至0.172 21、由0.036增加至0.050 1。其中，延庆区环境治理水平最高（0.186 7），怀柔区环境质量水平最高（0.077 9）。怀柔区（0.074 3）、密云区（0.132 7）的生态环境治理水平较低，这与两区域生活垃圾无害化处理率和污水集中处理率有关，所以两区应该加大对废弃物的处理力度，继续推进区域产业结构优化升级，从源头提高生态环境治理水平。

（2）2018—2020年，生态沟域资源利用、生态保护和社会经济水平整体变化不大。其中平谷区资源利用水平最高（0.092 1），延庆区资源利用水平最低（0.024 5）。在生态保护方面，三年来各区较为稳定，这与森林种植、湿地保护等需要一定的时间成长周期有关，其中延庆区（0.102 2）、密云区（0.076 2）资源利用水平位于前列，这与两区森林覆盖率、湿地保护率和减少水土流失面积水平较高有关。2019年以来，密云、怀柔和延庆三区开展植树造林工作，进行生态修复，涵养水源；2020年，密云区全区森林覆盖率达68.5%，怀柔区全区森林覆盖率高达77.4%，大大提高了北京市生态空间容量。在社会经济方面，门头沟区居民人均收入、人均GDP增长率都位于前列。2020年受疫情的影响，生态沟域中只有门头沟是实现唯一正增长的地区，体现出门头沟经济相对较强的恢复能力和抗压韧性，可见近年来门头沟坚持文化兴区、坚持科技强区，与高精尖产业积极开展战略合作，推动产业转型，有效地提高了门头沟产业核心竞争力。在政府支持方面，整体呈现出波动曲折趋势，其中平谷区在科学技术和节能环保方面支出水平最高，可见区政府在提高绿色发展水平方面的资金支持力度较大。

综上所述，生态沟域作为北京市的生态屏障和水源保护地，自然资源丰富且生态环境优良，为北京市提供了天然的绿色发展生产力，涉及的平谷、怀柔、密云和延庆四区均处于绿色发展较高水平，是支撑北京市经济绿色可持续发展的重要区域，也为北京市居民居住、休闲游憩提供了理想的场所空间。但是经过对生态沟域2020年绿色发展指数的研究分析，得出北京生态沟域的绿色发展仍然存在一定的问题。第一，各区之间各项绿色发展指数存在不均衡的现象，对于生态环境薄弱、生态保护不到位的区域，应当提高环境治理水平，提高资源利用效率；第二，在经济增长质量方面处于普遍偏低的水平，这个是生态沟域共同面对的问题，对于经济结构与增长速度的落后，要求各个区域结合自身特色探索产业链条，逐步提高经济增长水平。

4.2.3 生态沟域绿色发展水平影响因素研究

本章在借鉴相关研究成果基础上，遵循科学性、可获取性原则，从以下三个方面分析其影响因素：①经济发展水平。经济发展涵盖经济质量的改善与提高，这是促进绿色发展可循环性的主导动力，同时也在增加经济效益、优化经济产业结构、促进生态平衡方面发挥着重要作用。②政府干预水平。政府干预为经济绿色发展提供坚实的支撑，是实现经济转型升级强有力的推手。③环境治理水平。环境治理对实现经济可持续发展有重大理论和实践意义，提高环境治理整体化水平能有效促进绿色发展水平提升。运用灰色关联度分析法对2018—2020年绿色发展水平值与各影响因素指标的关联度进行计算，结果见表4-2。

表4-2 2018—2020年绿色发展水平值与各影响因素指标的关联度

Table 4-2 The correlation between the value of green development level and the indicators of various influencing factors from 2018 to 2020

<table>
<tr><th rowspan="2">一级指标
（主要层次）</th><th rowspan="2">二级指标因素
（主要因素）</th><th colspan="2">2020年</th><th colspan="2">2018—2020年</th></tr>
<tr><th>关联度</th><th>均值</th><th>关联度</th><th>均值</th></tr>
<tr><td rowspan="3">经济发展水平</td><td>人均 GDP</td><td>0.773</td><td rowspan="3">0.682</td><td>0.810</td><td rowspan="3">0.839</td></tr>
<tr><td>居民人均可支配收入</td><td>0.606</td><td>0.861</td></tr>
<tr><td>第三产业增加值占 GDP 比重</td><td>0.667</td><td>0.845</td></tr>
<tr><td rowspan="2">政府干预水平</td><td>科技支出 / 财政支出</td><td>0.785</td><td rowspan="2">0.795</td><td>0.902</td><td rowspan="2">0.878</td></tr>
<tr><td>环保支出 / 财政支出</td><td>0.804</td><td>0.854</td></tr>
</table>

续 表

一级指标（主要层次）	二级指标因素（主要因素）	2020年		2018—2020年	
		关联度	均值	关联度	均值
环境治理水平	二氧化硫排放总量减少	0.663	0.624	0.787	0.819
	污水集中处理率	0.532		0.771	
	建成区绿地率	0.464		0.764	
	森林覆盖率	0.785		0.910	
	本年人均人工造林面积	0.333		0.673	
	城市绿化覆盖率	0.810		0.917	
	湿地保护率	0.707		0.863	
	水土流失面积	0.701		0.864	

整体上，生态沟域绿色发展水平与区域经济发展水平、政府干预水平和环境治理水平之间存在强关联性（关联度大于0.7）。研究期内，绿色发展水平和政府干预水平关联度最高（0.878），其次是经济发展水平（0.839），关联度最低的是环境治理水平（0.819）。具体因素上，城市绿化覆盖率（0.917）对绿色发展水平的影响作用最强。各区政府通过在科学技术和节能环保方面的支出，优化了资金配置，促进了基础设施建设和科技创新加速发展，有效地加大了环保力度，且通过政策导向逐步引导环境治理方式，有效地促进了企业进行绿色技术创新，为环境治理提供了资金和技术保障。但是政府的干预程度要适当，要逐步加强经济发展水平对生态涵养区绿色发展水平的影响，从而在产业结构优化和人均GDP增加等方面，促进各区产业结构升级，发展绿色经济产业，进而在源头上提高绿色经济发展水平。

4.3 本章小结

本章运用熵权法对生态沟域2018—2020年的绿色发展水平进行测算评价，分析其时空分异特征，进一步采用灰色关联分析法探讨绿色发展水平的主要影响因素，结论如下：①生态沟域绿色发展仍依赖政府的财政干预，各区自身绿色发展内生动力不足。②2018—2020年生态沟域绿色发展水平呈逐年上升趋势，年均增长率为4%左右。从一级指标水平看，环境治理上升趋势最为明显。③生态沟域绿色发展水平在空间上，密云和延庆为第一梯队，怀柔、门头沟和平谷为第二梯队，且各区绿色发展差距逐渐缩小，呈现出均衡发展的趋势。④近三年，政府干预对绿色发展水平的关联度最大，因此生态沟域各区应该探索绿色经济发展内生动力，通过调整经济结构、优化产业升级等措施，促进生态沟域经济发展与绿色质量的协调发展，搭建起绿水青山与金山银山相互转化的桥梁。

5　北京生态沟域生态产品价值核算分析

5.1 生态沟域生态产品价值核算模型构建

关于北京市各区生态产品价值的核算已有不少研究。本章以相关政府文件、核算规范为参考构建评价核算指标体系，构建了北京生态沟域生态产品价值核算的量化指标，以数据方式一目了然地呈现了生态产品的价值存量情况，把抽象的、不可量化的生态产品具体化，提高了生态产品价值实现的可操作性；搜寻北京市沟域各区相关基础数据，科学地核算出沟域内各类生态产品的价值总量。从而为提出生态产品价值实现机制提供数据支撑。

5.1.1 选取核算指标遵循的原则

第一，指标的时效性和代表性原则。指标的选取要尽量选取最新、最近和最具有代表性的指标，尽可能核算出现有的生态沟域生态产品价值量[41]26。第二，注重指标的区域性、特色化原则。指标的选取要充分体现沟域生态产品的独特性和代表性。第三，指标的可量化原则。指标的选取要考虑其可定量性，采取量化指标利于衡量评价，而且更加直观可行，减少判断误差。第四，注重公众的理解度和参与度原则[42]。指标的选取要充分注重公众的参与度和理解度，尽量选取普适化指标，充分体现全民参与原则。

5.1.2 核算指标模型构建

本章将生态沟域生态产品价值分为生态物质产品价值、生态调节产品价值和生态文化产品价值三大类[43]。生态物质产品价值包括农林牧渔产品供给和水资源产品供给；生态调节产品价值从土壤保持、净化大气、水质净化、气候调节、生态水文调节、释氧固碳六方面进行核算；生态文化产品价值是从景观游憩中获得的经济价值[44]。生态沟域生态产品价值核算体系大致涉及九个一级指标和十四个二级指标，涉及的生态系统类型主要为森林、草地、耕地、水域四种类型[45]，见表5-1。

表5-1 生态沟域生态产品价值核算体系

Table 5-1 Value accounting system of ecological products in the ecological gully area

功能类别	核算对象表征			核算生态系统类型			
	一级指标	二级指标	实物指标	耕地	森林	草地	水域
生态物质产品	农林牧渔产品供给	农林牧渔产品供给	农林牧渔产量	√	√	√	√
	水资源产品供给	水资源产品供给	淡水资源供应量				√
生态调节产品	土壤保持	土壤肥力保持	减少碳氮磷钾流失量		√	√	
		减轻泥沙淤积	减少泥沙淤积量		√	√	
		土壤侵蚀控制	减少土壤侵蚀量		√	√	
	净化大气	吸收二氧化硫	吸收二氧化硫量		√		
		阻滞粉尘	阻滞粉尘量		√		
	水质净化	减少水中污染物	减少水中COD				√
	气候调节	调节气候	降低空气温度、增加大气湿度		√		
	生态水文调节	洪水调蓄	洪水调蓄量				√
		涵养水源	水源涵养		√		
	释氧固碳	释氧服务	释氧量		√		
		固碳服务	固碳量		√		
生态文化产品	景观游憩	景观游憩	景观游憩人次		√	√	√

5.1.3 核算方法的选择

本章的价值核算基于生态产品实物量的有效统计和价值量的科学计算[46]。

为了保障生态产品价值核算结果的科学准确性，查阅了相关文献、文件和数据资料后，结合北京沟域实际的生态系统情况，确定了生态沟域生态产品价值核算方法。本章中生态物质产品和生态文化产品价值核算运用市场价值法，生态调节产品价值运用影子工程法、替代成本法、替代市场法、机会成本法等进行核算，在生态文化产品方面主要是市场交易法和替代法等[47]。

5.2 生态沟域生态物质产品价值核算分析

在核算北京生态沟域生态产品价值量时，选取的数据源均来自我国权威机构，具体数据涉及2017—2021年北京市各行政区域统计年鉴、水资源公报和水务年鉴、园林绿化资源情况等文件。在物质量向价值量转换过程中用到的参数主要是北京市公共价格数据，本章参照全国第八次森林生态系统评估规范、2021年全国森林生态系统评估规范及北京市水务局水价文件，主要数据列举如下：参照2020年森林生态系统评估规范，单位水库建设成本取值8.87元/立方米；根据北京市价格市场折算的土壤有机氮、磷、钾的单价分别为3 110元/吨、4 100元/吨、12 840元/吨。根据北京市水务局提供的2017—2021年水价价格标准，结合市场用水情况，选择居民用水价格3.07元/吨，非居民用水价格3.2元/吨。

5.2.1 生态物质产品价值核算方法

北京生态沟域内主要有四大生态系统，分别是森林、草地、耕地、水域，这四大生态系统提供了丰富的水资源、粮食、水果、畜禽肉类等物质产品，保障着人们生产生活所需的物质基础[48]。因此，对于生态物质产品价值量的核算主要围绕农产品价值、林业产品价值、牧业产品价值、渔产品价值和水资源价值展开。由于本章核算系统涉及的不是单一的生态系统，而是涉及四大生态系统，因此产品种类繁多，且产品价格存在差异性，逐个采用“产量乘以价格”计算难以实现；同时统计年鉴中所涉及的“农林牧渔产值”采用产品法计算，符合本章核算的要求，因此本章生态物质产品价值核算主要运用统计年鉴的数据。

北京市统计年鉴对于主要农林牧渔产品的产量均有公布；水资源的实物量核算采用沟域内居民生产生活用水量进行代替，价值量核算根据不同类型用水的价格。对于沟域生态系统提供产品实物量核算采用的是统计调查法，价值量核算是实物量与单位产品价格的乘积，采用的是市场价值法。核算方法具体如下：

（1）农林牧渔产品价值

$$V_m = \sum_{i=1}^{4} E_i \times P_i \tag{5-1}$$

式（5-1）中，V_m表示沟域生态系统提供的物质产品价值（元/a）；E_i表示第i类生态系统提供的物质产品产量（根据产品的计量单位确定）；P_i表示第i类生态系统提供的物质产品的价格（根据产品的计量单位确定）。

（2）水资源产品价值

$$V_n = \sum_{j=1}^{n} E_j \times P_j \tag{5-2}$$

式（5-2）中，V_n表示沟域所涉各行政区内居民生产生活用水总价值（元/年）；E_j表示沟域所涉各行政区第j类型的用水量（万立方米）；p_j表示北京市各类用水量的单位价格（元/立方米）。

（3）生态物质产品总价值

$$V_{总} = V_m + V_n \tag{5-3}$$

5.2.2 生态物质产品价值核算及时空演变分析

沟域生态系统供给物质产品的价值核算分为四部分，在门头沟、延庆、密云、平谷和怀柔核算其直接或者间接供给的农业产品、林业产品、牧业产品、渔业产品，房山区和昌平区的山区由于地形陡峭、地势较高，因此粮食的种植和牧业的养殖主要在两区的平原地区。为了保证核算的相对准确性，只对两区的林产品进行核算，主要包括木材产品等。

经过核算得出，北京生态沟域2017年、2018年、2019年、2020年、2021年生态物质供给产品价值量分别为141.37亿元、152.2亿元、153.44亿元、138.51亿元、140.53亿元。其中农业产品价值分别为45.95亿元、42.31亿元、40.21亿元、42.67亿元、45.10亿元；林业产品价值分别为28.89亿元、54.82亿元、69.33亿元、52.66亿元、27.01亿元；畜牧业产品价值分别为42.67亿元、30.23亿元、20.8亿元、19.06亿元、22亿元；渔业产品价值分别为3.34亿元、2.58亿元、1.98亿元、1.56亿元、1.53亿元；水资源产品价值分别为20.51亿元、22.25亿元、21.11亿元、22.59亿元、22.5亿元。

由图5-1可知，2017—2019年生态供给产品连续上涨，价值量增加了13.24亿元；且2019年供给产品价值量为五年中最高；2019—2021年价值量又下降了12.91亿元，2020年供给产品价值量为五年中最低。水资源产品基本较为稳定，变化不大。总之，2017—2021年生态供给产品价值量随着农林牧渔产品价值上下浮动，整体变化幅度不大，不过由于受到新冠疫情等因素的影响，2020年生态供给产品价值量最低。

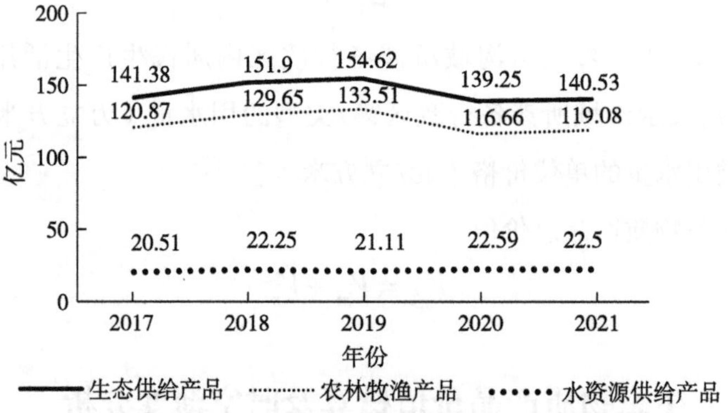

图5-1　2017—2021年生态供给产品价值变化趋势

Figure 5-1　The trend of the value of ecologically supplied products from 2017 to2021

由表5-2可知，2017—2021年各类主要供给产品（除了林业产品）产量总体呈现出下降状态，主要农业产品中，粮食在经历了2017—2019年不同幅度下降的状态后，在2020—2021年均出现了正增长的状态，这与近年来北京市农业生产结构调整政策，扎实推进“米袋子”等稳产保供活动有关，但是2021年粮食产量并未回到2017年的巅峰期。而蔬菜和鲜果产量基本是曲折下降的状态，2021年相较于2017年分别下降了27.6%和32.8%。在林业产品价值量中，在2017—2019年处于连续上涨的状态，且几乎实现翻倍增加，这在很大程度上得益于此期间实施的百万亩造林工程。在畜牧产品中，禽蛋产量除了2020年外均呈现连续下降状态，2021年较2017年下降了34.9%；肉类产量在2017—2020年连续四年下降，虽然在2021年有所回升，但是大幅减少的态势显而易见，肉类产量2021年较2017年下降了79.6%。这与近年来北京生态环境建设的背景有关，养殖业被列为限制发展的产业，很多畜禽养殖产业外迁。当然牛奶也必不可少地会受到影响，2021年较2017年下降了21%。水产品产量的变化趋势与肉类、牛奶相同，均连续四年下降，在2021年出现了回升，且2021年相较于2017年下降了33.4%。在水资源用水方面，生活用水量基本是五年间呈现先上升后下降的状态，但是整体变化幅度不大；生产用水和生态用水呈现大幅下降的状态，且2021年相较于2017年分别下降了63.8%和27.1%。

表5-2　2017—2021年北京生态沟域主要生态供给产品总量与变化率

Table 5-2　Total amount and change rate of main ecological supply products in the Beijing ecological ditch area from 2017 to 2021

核算指标		2017年功能量	2018年功能量及变化率	2019年功能量及变化率	2020年功能量及变化率	2021年功能量及变化率	2017—2021年变化率
农业产品	粮食（吨）	221 289	169 910	145 396	171 564.2	204 005	−7.8%
			−23.22%	−14.43%	18%	18.9%	
	蔬菜（吨）	325 962	278 415	261 229	306 386.9	236 046	−27.6%
			−14.59%	−6.17%	17.29%	−22.9%	
	鲜果（吨）	356 148	288 435	291 972	266 291.7	239 416	−32.8%
			−19.01%	1.23%	−8.8%	−10%	

续 表

核算指标		2017年功能量	2018年功能量及变化率	2019年功能量及变化率	2020年功能量及变化率	2021年功能量及变化率	2017—2021年变化率
畜牧产品	禽蛋（吨）	127 591	96 159	83 469	85 561.1	83 064	−34.9%
			−24.63%	−12.3%	2.51%	−2.9%	
	肉类（吨）	97 235	62 390	19 672	12 000.8	19 838.4	−79.6%
			−35.8%	−68.5%	−39%	65.3%	
	牛奶（吨）	112 463	104 857	85 672	79 019.5	88 840	−21%
			−6.8%	−18.3%	−7.8%	12.4%	
渔业产品	水产品(吨)	18 252	14 462	12 621	9 093	12 152.8	−33.4%
			−21%	−12.7%	−28%	33.7%	
水资源	生活用水（万立方米）	14 235.066	14 962.72	14 872.53	14 770.08	12 457	−12.5%
	生产用水（万立方米）	34 534.36	25 079.43	34 614.92	28 591.7	12 468.4	−63.8%
	生态用水（万立方米）	13 645.84	20 297.76	15 693.4	22 709.17	9 942.4	−27.1%
林业产品价值量	木产品（亿元）	28.89	54.82	69.33	52.66	26.78	7.3%

从近五年北京生态沟域各区生态物质产品价值分析结果来看，农业产品的占比最大，这与北京地区的气候、降雨量等相关。农业产品的服务价值充分发挥其资源优势和区位优势，各具特色，例如密云区作为北京重要的水源地和生态涵养区，拥有“八山一水一分田”的自然地貌，不适宜开展大规模农业种植，因此密云区利用山区优势，发展特色蔬菜和果品，蔬菜及食用菌产量居于沟域各区首位；延庆区的粮食作物产量一直居于生态沟域各区首位。林业产品的核算以木材为主，怀柔区、密云区、平谷区和延庆区价值量居于前列，其中密云区的林业产值最高。畜牧业产品在沟域各区均有涉及，平谷区、密云区和延庆区产品功能量相对较高，其中平谷区的禽蛋、肉类产量居于沟域各区首位。水资源功能量核算方面，沟域内各区生产用水占据较

大比例，其次是生态用水和生活用水，这与生态沟域作为生态涵养区的重要环境地位有关。

由表5-3总结得出，2017—2021年沟域整体供给产品价值量整体减少了0.60%。从各区域的角度分析：2017年供给产品价值量为平谷>密云>延庆>怀柔>房山>昌平>门头沟，2018年供给产品价值量为平谷>密云>延庆>房山>怀柔>昌平>门头沟，2019年供给产品价值量为平谷>密云>房山>延庆>怀柔>昌平>门头沟，2020年供给产品价值量为平谷>密云>房山>延庆>昌平>怀柔>门头沟，2021年供给产品价值量为平谷>密云>房山>延庆>昌平>怀柔>门头沟。

其中，2017—2021年供给产品增加率较高的是房山区、昌平区。且房山区和昌平区核算的供给产品价值量仅仅是林业产值和水资源，增加率分别是61.37%、69.95%，一直处于逐步上升的状态；其他区域整体供给产品价值量均为下降状态，且近五年一直处于下降的状态，幅度不大，均在10%以内。

表5-3 2017—2021年北京生态沟域各区生态物质供给产品价值量及其变化率

Table 5-3 Value and change rate of ecological material supply products in each area of Beijing ecological ditch from 2017 to 2021

区域	2017年供给产品价值量（万元）	2018年供给产品价值量（万元）	2019年供给产品价值量（万元）	2020年供给产品价值量（万元）	2021年供给产品价值量（万元）	2017—2021年价值量变化量（%）
门头沟	41 808.7	90 689.1	81 729.5	61 701.3	43 402	−3.81
延庆	186 186.2	207 851.8	196 042.5	163 834.8	169 074.6	−9.19
平谷	425 373.7	421 517.6	362 948	356 288.2	382 775.5	−10
怀柔	180 889.2	177 047.4	167 632.8	124 344.2	124 309.4	−31.28
密云	374 997.1	342 988.8	348 365.9	318 965.5	349 352.2	−6.84
昌平（仅林业、水资源）	75 083.4	101 462.6	133 396.6	131 086.8	127 607	69.95
房山（仅林业、水资源）	129 394.7	180 381.1	244 249.2	229 286.8	208 800	61.37
汇总	1 413 733	1 521 938.4	1 534 364.5	1 385 507.6	1 405 320.7	−0.60

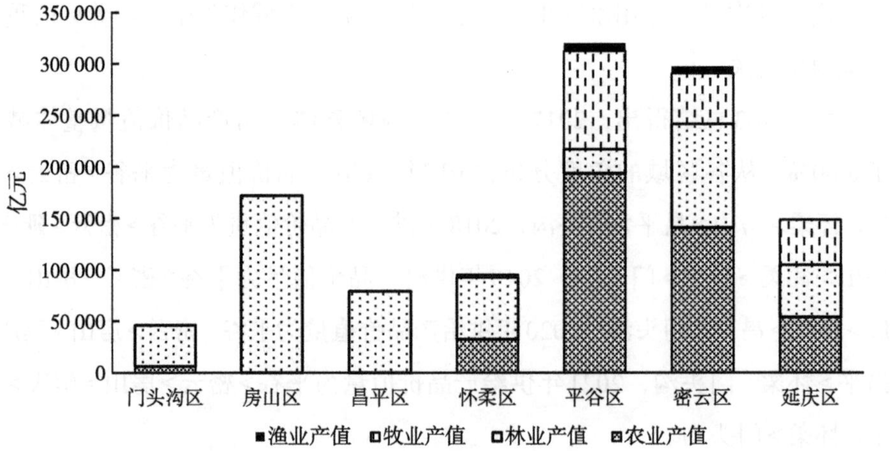

图5-2 2021年各区农林牧渔业产品产值占比

Figure 5-2 Proportion of output value of agriculture, forestry, animal husbandry and fishery products in each region in 2021

在农林牧渔产值方面，见表5-4，2017年农林牧渔价值量均为平谷>密云>延庆>怀柔>房山>昌平>门头沟，2018年、2019年、2020年、2021年农林牧渔价值量均为平谷>密云>房山>延庆>怀柔>昌平>门头沟。其中，门头沟区2021年较2017年增长了40%，房山区和昌平区林业产值增长率分别为153.22%、42.08%，其余各区均是负增长状态。近几年下降状态的出现与北京市推进农业结构调整，同时受新冠疫情的影响有关。

表5-4 2017—2021年北京生态沟域各区农林牧渔产品价值量变化情况

Table 5-4 Changes in the value of agricultural, forestry, animal husbandry and fishery products in each area of the ecological ditch area of Beijing from 2017 to2021

区域	2017年农林牧渔产品价值量（万元）	2018年农林牧渔产品价值量（万元）	2019年农林牧渔产品价值量（万元）	2020年农林牧渔产品价值量（万元）	2021年农林牧渔产品价值量（万元）	2017—2021年价值量变化量（%）
门头沟	26 104.7	75 045.4	66 432.7	46 392	36 546.2	40
房山	59 906.7	113 252.2	182 653.8	171 747.3	151 700	153.22
昌平	52 787.4	58 078.7	91 392.8	79 083.2	75 000	42.08
怀柔	153 377.6	148 572	142 556.7	95 868.8	99 208.4	-35.75
平谷	396 072.9	392 136.3	333 390.8	319 943.3	345 175.5	-12.85

续 表

区域	2017年农林牧渔产品价值量（万元）	2018年农林牧渔产品价值量（万元）	2019年农林牧渔产品价值量（万元）	2020年农林牧渔产品价值量（万元）	2021年农林牧渔产品价值量（万元）	2017—2021年价值量变化量（%）
密云	349 120.7	318 289.2	325 472.6	297 259.2	327 546.2	−6.18
延庆	171 288.6	194 102.4	181 343.5	149 297.3	155 604.6	−9.16
汇总	1 208 658.6	1 299 476.2	1 323 242.9	1 159 591.1	1 190 780.9	−1.48

表5-5 2017—2021年北京生态沟域各区（除昌平、房山）各类生态产品价值量情况

Table 5-5 Value of various ecological products in each area of the ecological ditch area of Beijing (except Changping and Fangshan) from 2017 to 2021

单位：亿元

年份	农业产品	林业产品	牧业产品	渔业产品	水资源
2017	45.95	17.62	42.67	3.34	11.34
2018	42.31	37.69	30.23	2.58	11.2
2019	40.21	41.93	20.8	1.98	10.75
2020	42.67	27.58	19.06	1.56	11.64
2021	45.10	27.01	22.00	1.53	11.53

5.3 生态沟域生态调节产品价值核算分析

近年来，北京生态沟域着力实施生态环境改造工程，采取了修复废弃矿山、百万亩造林绿化、京津冀风沙源治理等一系列措施，逐步改善了沟域内部的生态环境。沟域经济就是通过将所在区域内的生态旅游集中在一起，发展生态旅游产业和绿色产业，因此生态环境质量是生态沟域绿色发展的重要一环，而生态调节产品与生态环境质量息息相关。生态调节产品包括土壤保持、释氧固碳、水质净化、气候调节等产品，为北京市居民高质量的生产生活提供了条件，但是由于生态调节产品本身具有的公共产品的属性，表现出一定的非排他性和非竞争性，加之本身价值量难以计量，因此未来对于生态

调节产品价值的衡量及其转化将是政府和市场工作的重点。

5.3.1 生态调节产品核算方法

1.保持土壤

本章对于沟域内土壤保持量的核算对象是森林。土壤保持涉及土壤侵蚀控制、减少泥沙淤积量和保持土壤肥力三个方面。Invest模型土壤保持模块采用改造的土壤流失方程，考虑到了地块本身有拦截沉积物的能力，为了更准确地计算出土壤侵蚀量、潜在土壤侵蚀量、土壤保持量，本章选用了Invest模型来核算土壤保持量。

（1）土壤侵蚀控制

G_s为沟域内的森林每年所能减少的土壤侵蚀总量（吨/年）；M_0指沟域内的森林类型的土壤在没有森林覆盖情况下的侵蚀模数［吨/（公顷·年）］；M_i指该沟域内的森林类型的土壤在有森林覆盖情况下的侵蚀模数［吨/（公顷·年）］；A_{ij}为沟域内不同区域不同类型森林的面积数值（公顷）。V_{si}表示森林每年能减少的废弃土地所蕴藏的价值（元/年）；B指的是土壤的容重（吨/立方米）；β_4指挖取单位土方所需支付的费用（元）。

$$G_s = \sum_{i=1}^{n} \sum_{j=1}^{m} A_{ij} \times (M_0 - M_i)$$
$$V_{si} = (G_s / B) \times \beta_4 \quad (5\text{–}4)$$

（2）减轻泥沙淤积

V_{s2}指森林每年所能减少的泥沙淤积所带来的实际价值（元）；β_5指的是单位库容所需支付的工程费用；γ指的是因土壤受到侵蚀而流失的泥沙，淤积、沉积于水库、江河以及湖泊中的百分比，γ的取值为0.24。

$$V_{s2} = (G_s / \rho) \times \gamma \times \beta_5 \quad (5\text{–}5)$$

（3）保持土壤肥力

G_{oi}指沟域内森林每年的保肥总量（吨/年）；C_i指土壤中氮（N）、磷（P）及其他有机质的含量（%）；i=1（N），2（P），3（有机质）。V_{s3}指草原每年所减少的土壤肥力损失价值（元/年）；β_6指化肥及其他有机质的价值（元/吨）。

$$V_{总}=V_{s1}+V_{s2}+V_{s3} \tag{5-6}$$

2. 净化大气

生态沟域内部景色优美、空气清新，吸引了很多市区的人在节假日来休憩游玩，尽情地在森林这一天然氧吧里畅游，这要得益于森林这一天然空气过滤装置，森林承载着除污吐新、净化大气的超强本领，对于提高北京市空气质量发挥了重要的作用。其中森林和草地在吸收二氧化硫、降低城市粉尘方面具有重要的生态价值和经济价值，因此本章仅核算较为重要的两方面。

（1）吸收二氧化硫

G_k代表生态沟域森林吸收二氧化硫的数量（吨）；V_k指吸收二氧化硫所节省的治理费用；C_k指沟域内森林吸收二氧化硫的能力；β_7指处理单位二氧化硫所需支付的费用（元/千克）。

$$G_k=\sum_{i=1}^{n}\sum_{j=1}^{m}A_{ij}\times C_k$$

$$V_k=G_k\times\beta_7 \tag{5-7}$$

（2）阻滞粉尘价值

G_z代表生态沟域森林阻滞粉尘的数量（吨）；V_z指降低粉尘所节省的治理费用；C_z指沟域内森林（草地）阻滞粉尘的能力；β_8指降低单位粉尘所需支付的费用（元/千克）。

$$G_z=A\times C_z$$

$$V_z=G_z\times\beta_8/1000 \tag{5-8}$$

综上所述，$V_{总}=V_k+V_z$是治理二氧化硫和降低粉尘所节省的费用，是沟域内部森林（草地）创造的经济价值。

3. 水质净化

水质净化功能采用替代工程法进行核算，主要通过评估沟域内湿地面积及其对水体污染物的净化作用进行量化。具体而言，核算湿地对化学需氧量（COD）等污染物的削减效果，并将其转化为相应的治理成本节约量。

$$Q_{wp} = \sum_{i=1}^{n} Q_i \times A \tag{5-9}$$

Q_{wp}为水体污染物净化总量（吨）；Q_i为第i类水质污染物（COD）的单位面积净化量（吨·公顷$^{-1}$·年$^{-1}$）；A为湿地生态系统的面积（公顷），i为研究区污染物类别（无量纲）。

4.气候调节

生态沟域中的植物和水域通过光合作用、蒸腾作用、水蒸发过程，降低了空气湿度和增加了大气湿润度。本章主要核算生态沟域内森林对当地气候的调节作用。气候调节功能价值的测算方法采用替代成本法，即采用加湿器实现等效降温的耗电量价值来当作气候调节价值，因此功能量就是加湿器等效降温消耗的电量。具体计算公式如下：

$$Q_c = Q_p + Q_w \tag{5-10}$$

Q_c为生态系统蒸腾蒸发总功能量（千瓦·时）；Q_p为生态系统蒸腾对应功能量（千瓦·时）；Q_w为生态系统蒸发对应功能量（千瓦·时）。

植物蒸腾功能量对应计算公式为：

$$Q_p = G_a \times H_a \times \ell \tag{5-11}$$

Q_p为生态系统蒸腾对应功能量（千瓦·时）；G_a为植被覆盖面积（公顷）；H_a为单位绿地面积吸收的热量（千焦·公顷$^{-1}$）；ℓ为常数，用于单位转换，1千瓦·时/3600千焦。

水面蒸发植物蒸腾功能量对应计算公式：

$$Q_w = W_a \times E_p \times \beta \times \ell \tag{5-12}$$

Q_w为生态系统蒸发对应功能量（千瓦·时）；W_a为水体面积（平方米）；E_p为年平均蒸发量（立方米·年）；β为蒸发单位体积的水消耗的能量（千焦·立方米$^{-1}$）；ℓ为常数，用于单位转换，1千瓦·时/3600千焦。

5.生态水文调节

（1）洪水调蓄（替代工程法）

包括水库和湖泊，本章选取水库。

$$E_R = 10000 \times R_p \times C$$
$$R_p = T_v - S_v \tag{5-13}$$

其中E_R为水库洪水调蓄价值（元/年）；R_p为水库可调蓄水量（万立方米/年）；C为建设单位水库库容的工程费用（元/立方米）；T_v为水库库容（万立方米/年）；S_v为水库枯水期蓄水量（万立方米/年）。

（2）涵养水源

沟域内针对森林、湿地，对自然界的降水进行有效的截留、吸收与贮存，减少土壤中水分的流失，甚至将地表水转化为地下水，起到调节径流、净化水质、增加可利用水资源的效果。评估方法有水量平衡法、土壤蓄水估算法、多因子回归法以及使用径流系数进行核算。湿地生态系统：由陆域和水域相互作用而形成的兼顾陆域和水域生态系统特征的自然综合系统，包括陆地所有淡水生态系统、陆地和海洋过渡地带的滨海湿地生态系统和海洋边缘部分咸水、半咸水水域。经查询多地数据发现，“径流系数”进行核算时数据可得性较高。

$$G_w = \sum_{i=1}^{n}\sum_{j=1}^{m} A_{ij} \times (1-\theta) \times R_j$$
$$V_w = G_w \times \beta_3 \tag{5-14}$$

G_w为森林（湿地）生态系统涵养水源量（亿立方米），R_j为不同地区降水量（毫米），θ为径流系数，A_{ij}为不同地区不同类型森林（湿地）面积（万公顷）。

涵养水源价值量采用影子工程法进行核算，即用沟域内建设单位库容水库所消耗的成本来代替“森林、湿地”涵养水源价值量。V_w为森林（湿地）生态系统涵养水源价值量，β_3为水库建设单位库容投资，取6.11元/吨。

6.释氧固碳

森林是地球上最重要的多功能生态系统，它不仅为人们提供着多样的实物产品，也蕴藏着巨大的生态价值，其中释氧固碳是重要的一部分，是维持地球生命的基础。沟域内的森林资源十分丰富，在进行光合作用的过程中，将二氧化碳和水分转化成生物质并释放出氧气，因此可以吸收大量二氧化碳。

（1）固碳功能

E_{cC_i}为i生态系统固碳价值（万元）；Q_{cC_i}为i生态系统固碳量（吨）；NPP_i为i生态系统净初级生产力（吨/立方米）；A_i为i生态系统面积（公顷）；P_c为固碳价格（元/吨）。

$$Q_{cC_i}=1.62\times 0.2727NPP_i\times A_i$$

$$E_{cC_i}=P_c\times Q_{cC_i} \tag{5-15}$$

（2）释氧功能

Q_{cO_i}为i生态系统释氧量（吨）；NPP_i为i生态系统净初级生产力（吨/公顷）；A_i为i生态系统面积（公顷）；P_{O_2}为工业制氧价格（元/吨）。

$$Q_{cO_i}=1.2\times NPP_i\times A_i$$

$$E_{cO_i}=P_{O_2}\times Q_{cO_i} \tag{5-16}$$

5.3.2 生态调节产品价值核算及时空演变分析

2017—2021年生态沟域生态调节产品价值分别为779.25亿元、795.36亿元、756.89亿元、942.13亿元、1 157.74亿元。其中土壤保持、生态水文调节、释氧固碳三方面，对此次生态产品核算价值量起着重要作用，单从这三方面来说，2021年居于首位，2020年次之，2019年最少。2021年相较2019年的释氧固碳产品价值有大幅提升，究其缘由，主要是森林蓄积量的提高，数值高达79.48%。总之，生态沟域生态调节产品价值已经稳定在一定的基础价值量上，随着沟域内生态环境的日趋修复与改善，生态产品价值量也会越来越高。

2021年沟域生态调节产品价值为1 157.74亿元，其中生态水文调节以516.64亿元的价值量占据首位，主要源自沟域内森林、草地和湿地对水源的涵养作用。其次是释氧固碳，价值总量为327.34亿元，本章核算的主要是森林生态系统的释氧量和固碳量。2021年底，生态沟域内各区所涉森林面积共达到74.98万公顷，森林覆盖率达到66%，森林蓄积量达到2 930.26万立方米。各个区域内的森林面积大小存在差异，怀柔区及密云区森林和湿地面积较大，因此带来的生态调节产品价值量也居于前列。

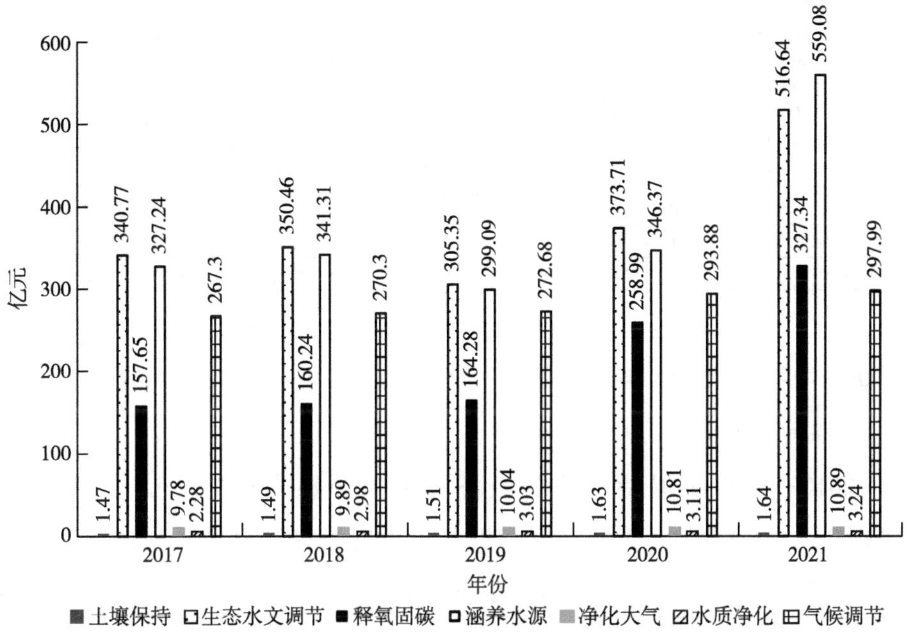

图5-3　2017—2021年生态沟域生态调节产品价值量

Figure 5-3　Value of eco-regulation products in the ecological gully from 2017 to 2021

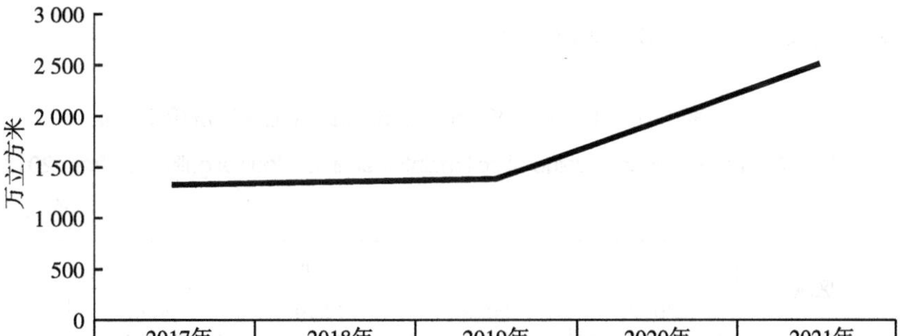

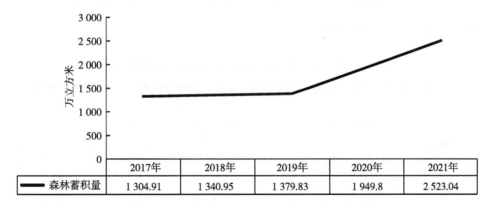

	2017年	2018年	2019年	2020年	2021年
森林蓄积量	1 304.91	1 340.95	1 379.83	1 949.8	2 523.04

图5-4　2017—2021年生态沟域森林蓄积量

Figure 5-4　Forest volume in the ecological gully area from 2017 to 2021

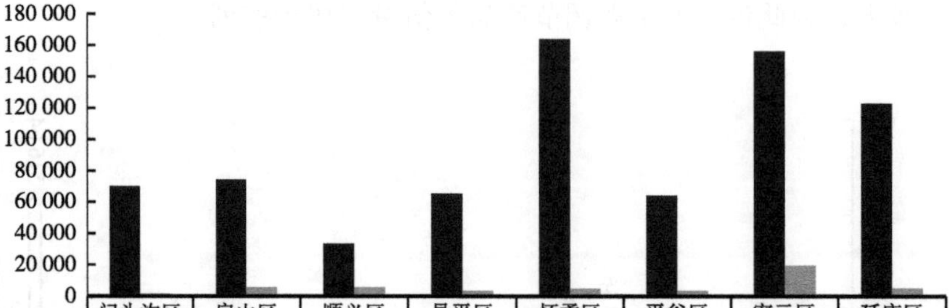

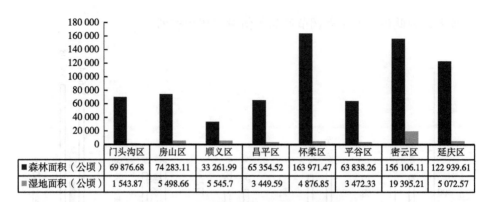

	门头沟区	房山区	顺义区	昌平区	怀柔区	平谷区	密云区	延庆区
■森林面积（公顷）	69 876.68	74 283.11	33 261.99	65 354.52	163 971.47	63 838.26	156 106.11	122 939.61
■湿地面积（公顷）	1 543.87	5 498.66	5 545.7	3 449.59	4 876.85	3 472.33	19 395.21	5 072.57

图5-5　2021年生态沟域各区森林和湿地面积

Figure 5-5　Area of forests and wetlands in each area of the ecological gully in 2021

1.保持土壤

2017—2021年保持土壤的经济总价值分别为1.47亿元、1.49亿元、1.51亿元、1.63亿元、1.64亿元，近几年土壤保持价值量呈现波动上升趋势，尤其是2019年的土壤保持价值量，见表5-6。其中2017—2021年各区减少的土壤侵蚀量分别为162.12万吨、164.02万吨、166.57万吨、179.33万吨和180.53万吨；减少的泥沙淤积量分别为27.79万吨、28.12万吨、28.55万吨、30.74万吨和30.95万吨；保持的土壤肥力分别有4.13万吨、4.18万吨、4.24万吨、4.57万吨、4.60万吨。

表5-6　2017—2021年生态沟域保持土壤经济价值总量

Table 5-6　Total economic value of soil maintained in ecological gully area from 2017 to 2021

单位：万元

区域	年份				
	2017	2018	2019	2020	2021
门头沟	1 517.61	1 546.93	1 583.05	1 595.38	1 598.36
昌平	1 442.88	1 454.04	1 464.34	1 482.93	1 494.92
怀柔	2 769.80	2 811.64	2 854.67	3 756.89	3 750.70
平谷	1 454.94	1 460.49	1 459.74	1 462.67	1 460.24
密云	3 302.43	3 317.03	3 342.83	3 491.22	3 570.78
延庆	2 676.89	2 703.54	2 753.38	2 809.21	2 812.13

续　表

区域	年份				
	2017	2018	2019	2020	2021
房山	1 550.73	1 594.40	1 661.19	1 679.65	1 699.16
总计	14 715.28	14 888.07	15 119.2	16 277.95	16 386.29

表5-7　2017—2021年北京生态沟域各区所能减少的土壤侵蚀总量及变化率

Table 5-7　Total amount and rate of change of soil erosion that can be reduced in each area of the ecological gully area of Beijing from 2017 to 2021

单位：吨

区域	年份					2017—2021年变化率
	2017	2018	2019	2020	2021	
门头沟	167 192.27	170 422.48	174 402.22	175 760.22	176 089.23	5.32%
昌平	158 959.58	160 188.79	161 324.81	163 372.33	164 693.34	3.61%
怀柔	305 144.88	309 754.09	314 494.51	413 890.34	413 208.10	35.41%
平谷	160 288.61	160 899.51	160 817.71	161 139.84	160 872.42	0.36%
密云	363 824.55	365 431.55	368 273.93	384 622.91	393 387.40	8.13%
延庆	294 908.69	297 844.60	303 335.07	309 485.69	309 807.82	5.05%
房山	170 841.31	175 651.91	183 011.04	185 044.15	187 193.44	9.58%
总计	1 621 159.89	1 640 192.93	1 665 659.29	1 793 315.48	1 805 251.75	11.36%

由表5-7和图5-6可知，2017—2021年沟域各区减少的土壤侵蚀量总体呈现出持续上升的状态，减少的土壤侵蚀量依次为怀柔、密云、延庆、房山、门头沟、昌平和平谷，其中在2017—2019年密云区一直居于领先地位，且密云、怀柔和延庆一直远远高于其他四个区。

由表5-8可知，北京生态沟域减少的泥沙淤积量在近年来均不断增加，其中密云区、怀柔区和延庆区居于前列，这与三者的森林覆盖率高有关，有效地保持住了水土量，减轻了泥沙淤积所带来的负担。

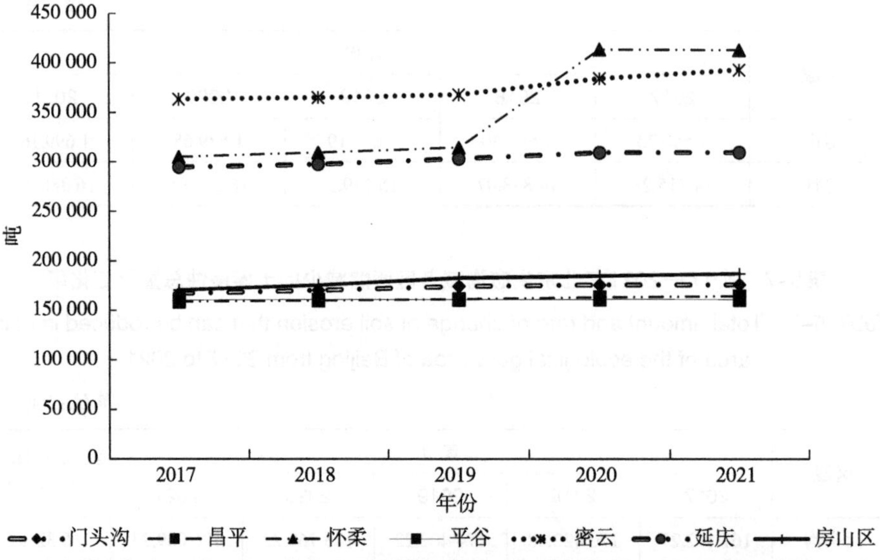

图5-6 2017—2021年北京生态沟域各区所能减少的土壤侵蚀变化量

Figure 5-6 Soil erosion reduction in each area of the ecological gully in Beijing from 2017 to 2021

表5-8 2017—2021年北京生态沟域各区所能减少的泥沙淤积总量

Table 5-8 Total amount of sediment sediment that can be reduced in each area of the ecological ditch area of Beijing from 2017 to 2021

单位：吨

区域	年份				
	2017	2018	2019	2020	2021
门头沟	28 661.53	29 215.28	29 897.52	30 130.32	30 186.73
昌平	27 250.21	27 460.94	27 655.68	28 006.69	28 233.14
怀柔	52 310.55	53 100.70	53 913.35	70 952.63	70 835.67
平谷	27 478.05	27 582.77	27 568.75	27 623.97	27 578.13
密云	62 369.92	62 645.41	63 132.67	65 935.36	67 437.84
延庆	50 555.78	51 059.07	52 000.30	53 054.69	53 109.91
房山	29 287.08	30 111.76	31 373.32	31 721.86	32 090.30
总计	277 913.12	281 175.93	285 541.59	307 425.52	309 471.72

由图5-7可知，2017—2021年生态沟域各区土壤肥力保持量总体呈波动上升状态，其中土壤有机质的保持量最高，其次是氮肥和磷肥。2021年相较于2017年，氮肥和磷肥变化量不大，但是均有所上升。

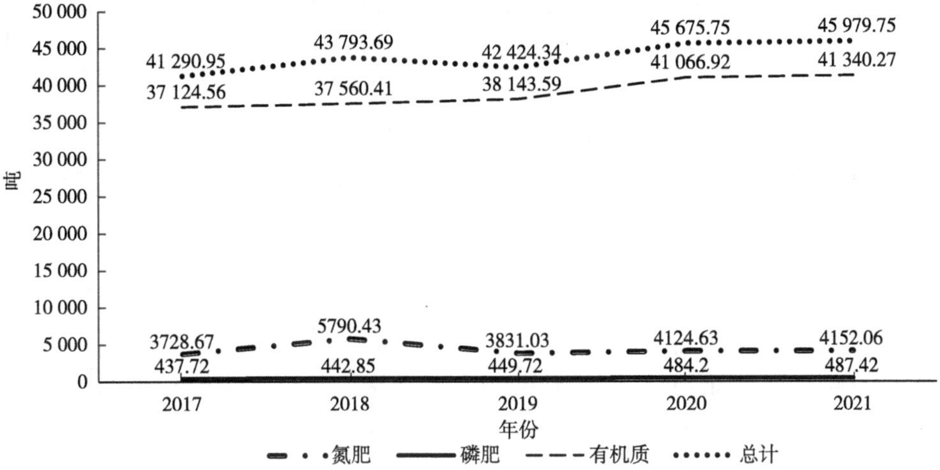

图5-7　2021年生态沟域土壤肥力保持量

Figure 5-7　Change rate of soil fertility conservation in ecological gully area in 2021

由表5-9、表5-10和表5-11可知，在沟域各区中，密云区、怀柔区和延庆区的氮肥、磷肥、有机质保持量较高，平谷区、昌平区和门头沟区都较低。经过分析，密云区和怀柔区的森林覆盖面积大，所以对于土壤肥力保持量也较高。

表5-9　2017—2021年生态沟域土壤氮肥保持量

Table 5-9　Soil nitrogen fertilizer for ecological gully conservation from 2017 to 2021

单位：吨/年

区域	年份				
	2017	2018	2019	2020	2021
门头沟	384.54	391.97	401.13	404.25	405.00
昌平	365.61	368.43	371.05	375.76	378.79
怀柔	701.83	712.43	723.34	951.95	950.38
平谷	368.66	370.07	369.88	370.62	370.00
密云	836.80	840.49	847.03	884.63	904.79

续 表

区域	年份				
	2017	2018	2019	2020	2021
延庆	678.29	685.04	697.67	711.82	712.56
房山	392.94	404.00	420.93	425.60	430.54
总计	3 728.67	5 790.43	3 831.03	4 124.63	4 152.06

表5-10　2017—2021年生态沟域土壤磷肥保持量

Table 5-10　Soil phosphate fertilizer for ecological ditch conservation from 2017 to 2021

单位：吨/年

区域	年份				
	2017	2018	2019	2020	2021
门头沟	45.14	46.01	47.09	47.46	47.54
昌平	42.92	43.25	43.56	44.11	44.47
怀柔	82.39	83.63	84.91	111.75	111.57
平谷	43.28	43.44	43.42	43.51	43.44
密云	98.23	98.67	99.43	103.85	106.21
延庆	79.63	80.42	81.90	83.56	83.65
房山	46.13	47.43	49.41	49.96	50.54
汇总	437.72	442.85	449.72	484.20	487.42

表5-11　2017—2021年生态沟域土壤有机质保持量

Table 5-11　Soil organic matter maintained in ecological gully area from 2017 to 2021

单位：吨/年

区域	年份				
	2017	2018	2019	2020	2021
门头沟	3 828.70	3 902.67	3 993.81	4 024.91	4 032.44
昌平	3 640.17	3 668.32	3 694.34	3 741.23	3 771.48
怀柔	6 987.82	7 093.37	7 201.92	9 478.09	9 462.47
平谷	3 670.61	3 684.60	3 682.73	3 690.10	3 683.98
密云	8 331.58	8 368.38	8 433.47	8 807.86	9 008.57
延庆	6 753.41	6 820.64	6 946.37	7 087.22	7 094.60
房山	3 912.27	4 022.43	4 190.95	4 237.51	4 286.73
汇总	37 124.56	37 560.41	38 143.59	41 066.92	41 340.27

2.净化大气

依据相关文件和全国商品零售价格指数得出，二氧化硫的单位处理成本为1 323元/吨，工业粉尘的单位处理成本为157.5元/吨。为了方便对比研究，2017—2021年净化大气单位成本均采用上述价格。

经过计算得出，2017—2021年，生态沟域各区创造净化大气的经济总价值分别为9.78亿元、9.89亿元、10.04亿元、10.81亿元、10.89亿元。整体来看，近五年净化大气的功能价值量处于持续增加的状态，可见生态沟域各区近年来为提高生态环境质量不断做出努力，见表5-12。由表5-13和表5-14可知，2017—2021年吸收二氧化硫分别为463 188.53吨、468 626.56吨、475 902.66吨、584 590.28吨、587 882.12吨；2017—2021年阻滞的粉尘量分别为2 315 942.7吨、2 343 132.75吨、2 379 513.29吨、2 561 879.26吨、2 578 931.05吨。

由表5-12、表5-13、表5-14可知，密云区、怀柔区、延庆区创造的净化大气的经济价值居于前列，其他依次是房山区、门头沟区、昌平区和平谷区。且怀柔区2017年较2021年的净化大气增加值最高，这与怀柔区近年来森林面积的大幅增加有关。

表5-12 2017—2021年净化大气的经济价值

Table 5-12 Economic Value of Air Purification from 2017 to 2021

单位：亿元

区域	年份				
	2017	2018	2019	2020	2021
门头沟	1.008	1.028	1.052	1.059	1.061
昌平	0.9585	0.9659	0.9728	0.9851	0.9931
怀柔	1.840	1.868	1.896	2.496	2.492
平谷	0.967	0.970	0.970	0.972	0.970
密云	2.194	2.203	2.221	2.319	2.372
延庆	1.778	1.796	1.829	1.866	1.868
房山	1.030	1.060	1.104	1.116	1.129
总计	9.7755	9.8909	10.0448	10.8131	10.8851

表5-13　2017—2021年吸收二氧化硫的功能量

Table 5-13　Functional Absorption of Sulfur Dioxide from 2017 to 2021

单位：吨

区域	年份				
	2017	2018	2019	2020	2021
门头沟	47 769.22	48 692.14	49 829.21	50 217.21	50 311.21
昌平	45 417.02	45 768.23	46 092.80	46 677.81	47 055.24
怀柔	87 184.25	88 501.17	89 855.58	118 254.38	118 059.46
平谷	45 796.74	45 971.29	45 947.92	118 254.38	118 059.46
密云	103 949.87	104 409.01	105 221.12	109 892.26	112 396.39
延庆	84 259.63	85 098.46	86 667.16	88 424.48	88 516.52
房山	48 811.80	50 186.26	52 288.87	52 869.76	53 483.84
总计	463 188.53	468 626.56	475 902.66	584 590.28	587 882.12

表5-14　2017—2021年阻滞工业粉尘的功能量

Table 5-14　Functional Blocking Capacity of Industrial Dust from 2017 to 2021

单位：吨

区域	年份				
	2017	2018	2019	2020	2021
门头沟	238 846.10	243 460.69	249 146.03	251 086.03	251 556.05
昌平	227 085.12	228 841.13	230 464.01	233 389.04	235 276.20
怀柔	435 921.26	442 505.84	449 277.88	591 271.92	590 297.29
平谷	228 983.72	229 856.44	229 739.58	230 199.77	229 817.74
密云	519 749.35	522 045.07	526 105.62	549 461.30	561 981.99
延庆	421 298.14	425 492.28	433 335.82	442 122.41	442 582.59
房山	244 059.01	250 931.30	261 444.35	264 348.79	267 419.19
总计	2 315 942.7	2 343 132.75	2 379 513.29	2 561 879.26	2 578 931.05

3.水质净化

水质净化的核算价值主要在于北京生态沟域各区湿地面积的综合能力情况。经过核算得出，2017—2021年生态沟域水质净化的经济价值分别为2.281 1亿元、2.983 8亿元、3.033 4亿元、3.109 1亿元、3.242 5亿元。其中密云区和房山区的水质净化带来的经济价值位于前列，其次是延庆区、怀柔区、平谷区、昌平区和门头沟区。由表5-15可知，密云区始终处于遥遥领先地位，而其他区域水质净化量相对来说差别不大。

表5-15 2017—2021年水质净化的经济价值

Table 5-15 Economic Value of Water Purification from 2017 to 2021

单位：亿元

区域	年份				
	2017	2018	2019	2020	2021
门头沟	0.273 8	0.241 1	0.246 7	0.250 3	0.115 6
昌平	0.153 6	0.211 1	0.216 0	0.222 1	0.258 3
怀柔	0.217 6	0.298 7	0.305 6	0.309 9	0.365 1
平谷	0.233 4	0.220 9	0.226 0	0.231 0	0.259 9
密云	0.766 3	1.178 7	1.205 8	1.257 1	1.452 1
延庆	0.276 4	0.345 9	0.345 9	0.348 6	0.379 8
房山	0.360 0	0.487 4	0.487 4	0.490 1	0.411 7
总计	2.281 1	2.983 8	3.033 4	3.109 1	3.242 5

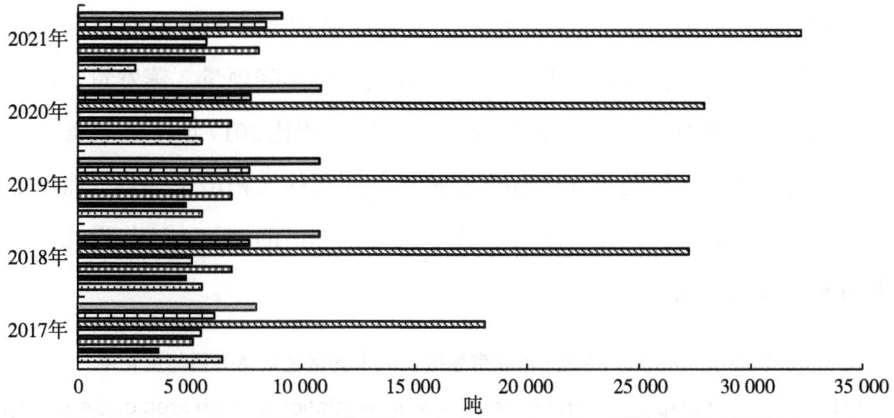

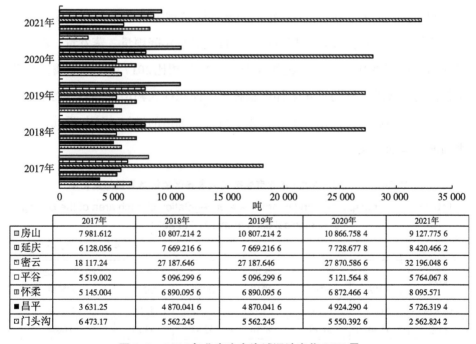

	2017年	2018年	2019年	2020年	2021年
房山	7 981.612	10 807.214 2	10 807.214 2	10 866.758 4	9 127.775 6
延庆	6 128.056	7 669.216 6	7 669.216 6	7 728.677 8	8 420.466 2
密云	18 117.24	27 187.646	27 187.646	27 870.586 6	32 196.048 6
平谷	5 519.002	5 096.299 6	5 096.299 6	5 121.564 8	5 764.067 8
怀柔	5 145.004	6 890.095 6	6 890.095 6	6 872.466 4	8 095.571
昌平	3 631.25	4 870.041 6	4 870.041 6	4 924.290 4	5 726.319 4
门头沟	6 473.17	5 562.245	5 562.245	5 550.392 6	2 562.824 2

图5-8 2021年北京生态沟域湿地净化COD量

Figure 5-8 COD Purification of Wetlands in Beijing Ecological Ditch in 2021

4. 气候调节

2017—2021年生态沟域气候调节价值量分别为267.30万元、270.30万元、272.68万元、293.88万元、297.99万元；气候调节功能量为547.74万千瓦·时、553.89万千瓦·时、558.78万千瓦·时、602.22万千瓦·时、610.763万千瓦·时。由表5-16和表5-17可知，植被蒸腾消耗的能量分别为524.18万千瓦·时、530.31万千瓦·时、538.56万千瓦·时、579.83万千瓦·时、583.70万千瓦·时；水面蒸发消耗的能量分别为23.56万千瓦·时、23.56万千瓦·时、20.21万千瓦·时、22.37万千瓦·时、26.92万千瓦·时。

2021年，生态沟域各区植被蒸腾消耗的能量占气候调节生态功能量95.57%，水面蒸发消耗的能量占比4.43%，可见在气候调节中，植被蒸腾量的作用更大；且在2021年中植被蒸腾量依次为怀柔、密云、延庆、房山、门头沟、昌平和平谷，水面蒸发量依次为密云、延庆、房山、怀柔、平谷、昌平和门头沟。在2017—2021年，沟域各区植被蒸腾消耗的能量在波动中持续增加，而水面蒸发量则相对稳定，且随着每年降雨量、蒸发量、温度的变化而相应地变化。生态沟域各区中，2021年相比2017年植被蒸腾量变化率最高的是怀柔，这与近年来怀柔森林覆盖面积的大幅增长有关，而水面蒸发量增长率最高的是房山和平谷，几乎呈现了翻倍的增加，这与近几年两区水面面积增加有关。

表5-16　2017—2021年北京生态沟域内各区植被蒸腾量与变化率

Table 5-16　Transpiration and change rate of vegetation in each area of the Beijing ecological ditch from 2017 to 2021

单位：万千瓦·时

区域	年份					2017—2021年变化率
	2017	2018	2019	2020	2021	
门头沟	54.06	55.10	56.39	56.82	56.93	5.31%
昌平	51.40	51.79	52.16	52.82	53.25	3.60%
怀柔	98.66	100.15	101.69	133.83	133.60	35.41%

续 表

区域	年份					2017—2021年变化率
	2017	2018	2019	2020	2021	
平谷	51.83	52.02	51.99	52.10	52.02	0.37%
密云	117.64	118.16	119.08	124.36	127.20	8.13%
延庆	95.35	96.30	98.08	100.07	100.17	5.06%
房山	55.24	56.79	59.17	59.83	60.53	9.58%
总计	524.18	530.31	538.56	579.83	583.7	11.35%

表5-17 2017—2021年北京生态沟域内各区水面蒸发量与变化率

Table 5-17 Water surface evaporation and change rate in each area of the Beijing ecological ditch from 2017 to 2021

单位：千瓦·时

区域	年份					2017—2021年变化率
	2017	2018	2019	2020	2021	
门头沟	4 378.68	4 385.84	3 762.37	4 163.69	5 625.63	28.48%
昌平	7 223.74	7 216.58	6 191.78	6 858.26	8 112.38	12.30%
怀柔	14 375.82	14 382.99	12 340.56	13 659.18	16 145.93	12.31%
平谷	6 206.11	6 198.95	5 317.48	5 883.63	11 358.76	83.03%
密云	115 916.73	115 909.56	99 448.31	110 090.44	129 074.26	11.35%
延庆	76 601.79	76 601.78	65 730.34	72 760.59	77 569.25	1.26%
房山	10 885.78	10 885.78	9 337.84	10 333.97	21 363.07	96.25%
总计	235 588.65	235 581.48	202 128.68	223 749.76	269 249.28	14.29%

5.生态水文调节

经过核算得出2017—2021年生态沟域生态水文调节价值量分别为340.77亿元、350.46亿元、305.35亿元、373.71亿元和516.64亿元。

（1）涵养水源

涵养水源功能量的多少与当年的降雨量、森林面积、湿地面积等因素有直接联系，且降雨量越高，生态系统面积越大，则涵养水源量越高。

由图5-9和表5-18可得，2017—2021年生态沟域涵养水源价值量分别为327.24亿元、341.31亿元、299.09亿元、346.37亿元和419.65亿元，涵养水源功能量分别为36.89亿立方米、38.47亿元立方米、33.72亿立方米、39.05亿立方米和47.31亿立方米。2017—2021年生态沟域涵养水源价值量呈现曲折上升的趋势，且2021年较2017年涵养水源功能量增加了28.24%。

由表5-18可知，2021年在生态沟域各区中，涵养水源价值量较高的前三个区是密云、怀柔和延庆，其次是门头沟、昌平、平谷和房山。2021年相比于2017年的涵养水源价值量，门头沟、昌平、怀柔、平谷、密云、延庆均呈正增长，只有房山呈负增长；在七个区中，增长率最高的是怀柔和门头沟，分别达到53.47%和34.95%。

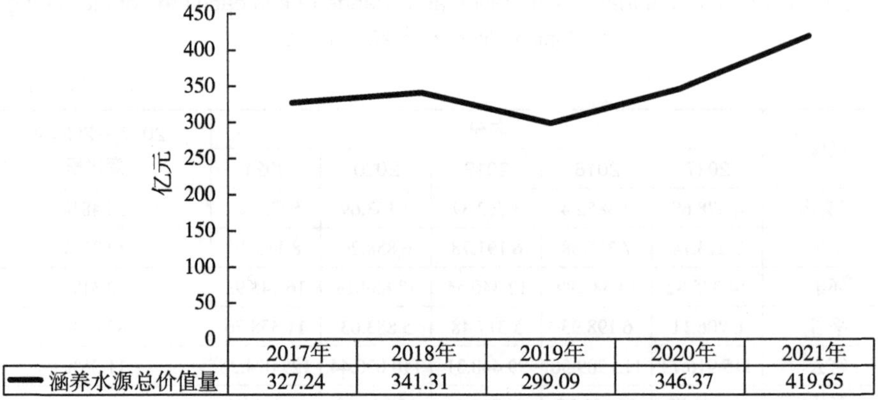

图5-9　2017—2021年生态沟域涵养水源价值量

Figure 5-9　Value of water conservation in ecological gully area from 2017 to 2021

表5-18　2017—2021年生态沟域涵养水源功能量

Table 5-18　Water conservation function in ecological ditch area from 2017 to 2021

单位：亿立方米

区域	年份					2017—2021年变化率
	2017	2018	2019	2020	2021	
门头沟	3.45	3.731	3.41	3.28	4.66	34.95%
昌平	3.42	2.81	2.79	3.99	4.44	29.83%
怀柔	7.16	6.83	6.83	9.99	10.99	53.47%
平谷	3.83	4.59	3.72	3.63	4.34	13.53%
密云	8.68	11.04	7.37	7.50	11.08	27.63%

续 表

区域	年份					2017—2021年变化率
	2017	2018	2019	2020	2021	
延庆	6.20	5.63	5.31	7.16	8.30	33.77%
房山	4.15	3.84	4.29	3.49	3.50	–15.64%
总计	36.89	38.47	33.72	39.05	47.31	28.24%

（2）洪水调蓄

本章对沟域内水库的洪水调蓄价值进行了计算，得出2017—2021年分别为13.53亿元、9.15亿元、6.26亿元、27.34亿元、96.99亿元。可见2021年最多，是由于降雨量较多。

6.释氧固碳

由表5–19可知，2017—2021年生态沟域释氧固碳价值分别为157.65亿元、160.24亿元、164.28亿元、258.99亿元、327.34亿元；其中，固碳价值分别为36.49亿元、37.09亿元、38.02亿元、57.11亿元、73.72亿元；释氧价值分别为121.18亿元、123.16亿元、126.26亿元、189.63亿元、244.79亿元。总之，2017年至2021年生态沟域释氧固碳价值连续增加。生态沟域森林固碳量分别为405.53万吨、412.15万吨、422.53万吨、634.59万吨、819.20万吨；生态沟域森林释氧量分别为1 093.70万吨、1 111.55万吨、1 139.53万吨、1 711.44万吨、2 209.33万吨。

表5–19　2017—2021年生态沟域释氧固碳价值

Table 5–19　Value of oxygen release and carbon sequestration in ecological gully area in from 2017 to 2021

单位：亿元

区域	年份					2017—2021年变化率
	2017	2018	2019	2020	2021	
门头沟	16.25	16.52	16.96	20.07	29.68	82.65%
昌平	20.63	20.96	21.52	24.59	27.82	34.85%
怀柔	26.39	26.83	27.54	45.23	60.44	129.03%
平谷	14.22	14.46	14.85	32.02	30.39	113.71%

续 表

区域	年份					2017—2021年变化率
	2017	2018	2019	2020	2021	
密云	30.68	31.18	32.02	47.67	65.73	114.24%
延庆	29.35	29.83	30.39	49.27	63.99	118.02%
房山	20.13	20.46	21.00	40.14	49.29	144.85%
总计	157.65	160.24	164.28	258.99	327.34	107.64%

由表5-20和表5-21可知，2021年相比于2017年，生态沟域释氧固碳量均出现大幅增长，且各区释氧固碳量存在明显的区域差异。在固碳量、释氧量两方面，沟域各区总共增长了102%，其中房山增长了144.84%，怀柔、密云和延庆分别增长了128.97%、114.20%和117.97%，门头沟、昌平和平谷分别增长了82.63%、34.88%、51.56%。2021年固碳量、释氧量从高到低依次为密云、延庆、怀柔、房山、门头沟、昌平、平谷。固碳释氧量随着生态系统类型的变化而变化，并且两者的变化基本保持一致。近年来，生态沟域各区立足生态涵养区的地位，不断实施造林计划，扩大森林面积，植被面积的增加使得净初级生产力（NPP值）也逐年增加，固碳量和释氧量也在稳步增加。

表5-20 2017—2021年生态沟域森林固碳量

Table 5-20 Carbon sequestration in ecological gully forests from 2017 to 2021

单位：吨

区域	年份					2017—2021年变化率
	2017	2018	2019	2020	2021	
门头沟	417 967.68	424 781.87	436 107.72	516 073.25	763 344.09	82.63%
昌平	530 541.72	539 191.69	553 566.82	632 443.32	715 613.69	34.88%
怀柔	678 929.12	690 006.05	708 395.01	1 163 420.65	1 554 536.10	128.97%
平谷	365 974.53	371 948.61	381 874.29	508 387.85	554 686.96	51.56%
密云	789 169.53	802 051.14	823 458.25	1 226 024.01	1 690 415.26	114.20%
延庆	755 005.27	767 326.81	781 577.47	1 267 251.38	1 645 703.02	117.97%
房山	517 753.46	526 216.74	540 280.71	1 032 270.96	1 267 686.99	144.84%

区域	年份					2017—2021年变化率
	2017	2018	2019	2020	2021	
总计	4 055 341.31	4 121 522.91	4 225 260.27	6 345 871.42	8 191 986.11	102%

表5-21 2017—2021年生态沟域森林释氧量

Table 5-21 Oxygen release from ecological gully forests from 2017 to 2021

单位：吨

区域	年份					2017—2021年变化率
	2017	2018	2019	2020	2021	
门头沟	1 127 233.28	1 145 610.72	1 176 155.86	1 391 818.00	2 058 692.34	82.63%
昌平	1 430 838.59	1 454 167.02	1 492 935.86	1 705 660.96	1 929 966.37	34.88%
怀柔	1 831 030.32	1 860 904.14	1 910 498.04	3 137 674.36	4 192 488.81	128.97%
平谷	987 010.94	1 003 122.66	1 029 891.62	1 371 090.94	1 495 956.81	51.56%
密云	2 128 341.98	2 163 082.88	2 220 816.56	3 306 511.81	4 558 946.62	114.20%
延庆	2 036 203.06	2 069 433.49	2 107 866.66	3 417 699.49	4 438 360.43	117.97%
房山	1 396 349.43	1 419 174.37	1 457 104.05	2 783 971.67	3 418 874.30	144.84%
总计	10 937 007.6	11 115 495.28	11 395 268.65	17 114 427.23	22 093 285.68	102%

5.4 生态沟域生态文化产品价值核算分析

5.4.1 生态文化产品价值核算方法

以山区景观资源为依托的乡村旅游，成为众多城区市民的不二选择。山区的天然生态环境，为人们提供了休闲、娱乐的好去处。生态沟域内不同区域具备不同的特色文化资源，为游客们提供了不同的休闲旅游价值，同时精品民宿、特色餐饮等产品的推出完善，为游客们提供了便利，也为山区人民带去了可观的经济收入。因此，生态沟域生态文化产品价值的核算备受关注，核算内容基本包括休闲旅游和景观价值。鉴于数据获取的有限性，本章研究仅核算休闲旅游产品价值，利用统计部门提供的旅游人次数据以及旅游收入数据衡量区域文化价值的高低，采用旅行费用法。另外，鉴于房山区、顺义区、昌平区平原与山区比例分布情况，生态文化产品价值数据按照各区面积比例核算。具体核算方法如下：

$$V_r = \sum_{j=1}^{8} N_j \times TC_j$$

$$TC_j = T_j \times W_j + C_j$$

$$C_j = C_{tc,j} + C_{lf,j} + C_{ef,j} \quad (5-17)$$

V_r指被核算地区的休闲旅游价值（元/年）；N_j指到核算地区旅游的总人数（人/年）；j指核算的旅游区域；TC_j指到旅游区域的平均旅游成本；T_j指用于核算到达旅游地点和旅游的平均时间（年/人）；W_j指游客的当地平均工资［元/(人·年)］；C_j指游客花费的平均直接旅行费用（元/人）；$C_{tc,j}$指交通费用（元/人）；$C_{lf,j}$指食宿费用（元/人）；$C_{ef,j}$指门票费用（元/人）。

5.4.2 生态文化产品价值核算及时空演变分析

由表5-22可知，2017—2021年生态沟域生态文化产品价值分别为348.2亿元、434.8亿元、433.8亿元、176.9亿元、380.5亿元；2017—2019年沟域内生态文化产品价值处于连续稳步攀升的状态，这与生态沟域内各区旅游环境的改善、旅游规划的实施有关，2020年由于疫情这一客观现实原因，导致生态文化产品价值大幅下降，但是在2021年各区政府与经营主体的持续发力下，生态文化产品价值逐渐回暖，但是并未达到之前的水平。

2021年延庆区、怀柔区和密云区居于沟域内各区前列，延庆区生态文化产品价值最高，这与延庆区优质的自然生态环境有关，再加上近年来延庆区依托“长城、世园、冬奥”三张“金名片”，实现了多种“旅游+”的深度融合，老旧景区活力的唤醒、新业态的持续开发和全域旅游景点的遍地开花，这些举措相辅相成，使得延庆区在过去五年间始终稳居生态文化产品价值的首位。

表5-22 2017—2021年生态沟域生态文化产品价值

Table 5-22 Value of Ecological and Cultural Products in Ecological Ditch Area from 2017 to 2021

单位：亿元

区域	年份				
	2017	2018	2019	2020	2021
房山	14.9	17.4	15.4	4.0	16.5
昌平	70.5	82.4	82.1	34.8	57.7
门头沟	18.4	22.5	21.9	10.1	22.9
怀柔	62.4	74.9	77.6	34.2	75.3
平谷	37.9	46.6	41.9	23.1	36.9
密云	59.4	72.8	71.6	31.8	75.6
延庆	84.7	118.2	123.3	38.9	95.6
总计	348.2	434.8	433.8	176.9	380.5

本研究中休闲旅游费用主要包括交通费用、食宿费用和门票费用，2017—2021年生态沟域休闲旅游费用分别为243.1亿元、272.1亿元、296.1亿元、115.3亿元、249.1亿元，近五年呈现了先稳步上升后骤减，最后回升的状态，见表5-23。2021年生态沟域各区中，延庆区的门票费用居于首位，且食宿、交通费用三者较为均衡，可见其在长途和短途旅游方面均具有较强的吸引力；其次是怀柔区和密云区，交通费用和食宿费用居于前列，但是门票费用较低；最后是昌平区、平谷区和门头沟区，见表5-24。综上所述，生态沟域各区均具有生态文化产品开发的进步空间与潜力，改善文化产品质量和特色，吸引更多游客体验不同的生态文化产品。

表5-23 2017—2021年生态沟域休闲旅游产品费用

Table 5-23 Expenses of leisure tourism products in the ecological ditch area from 2017 to 2021

单位：亿元

区域	年份				
	2017	2018	2019	2020	2021
房山	11.3	12.1	11.7	1.9	11.5

续 表

区域	年份				
	2017	2018	2019	2020	2021
昌平	56.7	61.3	64.9	27.7	43.8
门头沟	13.5	15.2	15.9	6.4	15.7
怀柔	45.8	50.3	56.3	23.3	52.7
平谷	24.0	26.6	26.4	14.2	20.7
密云	41.4	46.3	50.8	20.7	48.6
延庆	50.4	60.3	70.1	21.1	56.1
总计	243.1	272.1	296.1	115.3	249.1

表5-24　2021年生态沟域休闲旅游产品费用

Table 5-24　Expenditure of leisure tourism products in the ecological gully area in in 2021

单位：亿元

区域	交通费用	食宿费用	门票费用	总计
房山	3.0	6.4	2.0	11.4
昌平	10.1	25.8	8.0	43.9
门头沟	4.7	8.0	3.0	15.7
怀柔	22	21.5	9.2	52.7
平谷	6.6	6.6	7.5	20.7
密云	14.1	23.2	11.3	48.6
延庆	19	18.7	18.4	56.1
总计	79.5	110.2	59.4	249.1

5.5　生态沟域生态产品总值核算分析

5.5.1　生态产品总值时间演变分析

2017—2021年生态沟域生态产品总值分别为1 272.8亿元、1 387.1亿元、1 348.9亿元、1 259.4亿元、1 683.2亿元。2017—2019年生态产品总值总体呈现曲折上升的趋势，2017—2018年增长明显，生态文化产品是较大的增长点；2020年生态产品总值下降由文化产品的大幅下降所致，受疫情影响，游客来京旅游人数大幅减少；2021年生态产品价值随着文化产品消费的回暖与生态调节产品价值量提升而大幅增加。

在五年统计数据中生态调节产品价值呈波动上升的趋势，这与北京市政府高度重视生态涵养区建设有关，将绿水青山作为生态涵养区的头等大事，开展了一系列新行动，例如京津风沙源治理、废弃矿山修复、百万亩造林绿化工程、密云水库保护等行动，不断提升生态涵养区绿化水平，高质量推动绿色建设。生态调节产品价值量始终占据最高的比例，分别是61.2%、57.3%、56.1%、74.8%、68.8%，总体上占据沟域生态产品总值的大半江山，且具有较大的发展空间；其次是生态文化产品价值，占据比例分别是27.7%、31.7%、32.5%、14.2%、22.9%，生态文化产品价值在一定程度上代表了沟域自然景观的经济价值转化效果；最后是生态物质产品价值，基本维持在11%的比例。综上所述，生态沟域内生态调节产品价值量有待进一步挖掘与开发，以更好地释放生态环境的经济红利。

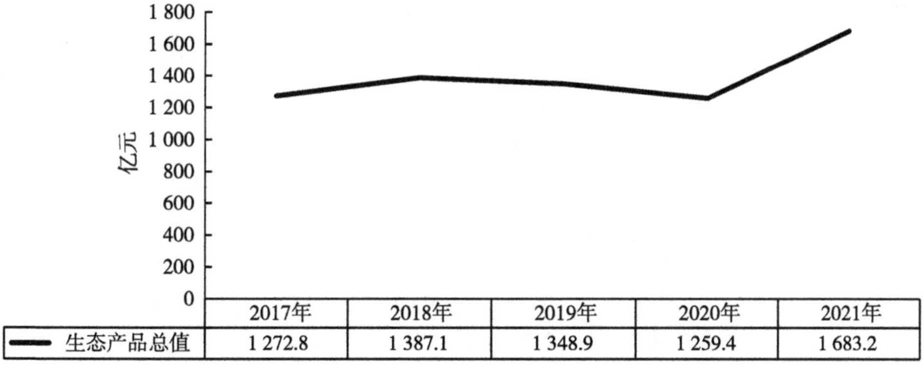

图5-10　2017—2021年生态沟域生态产品价值趋势

Figure 5-10　Value trend of ecological products in the ecological gully area from 2017 to 2021

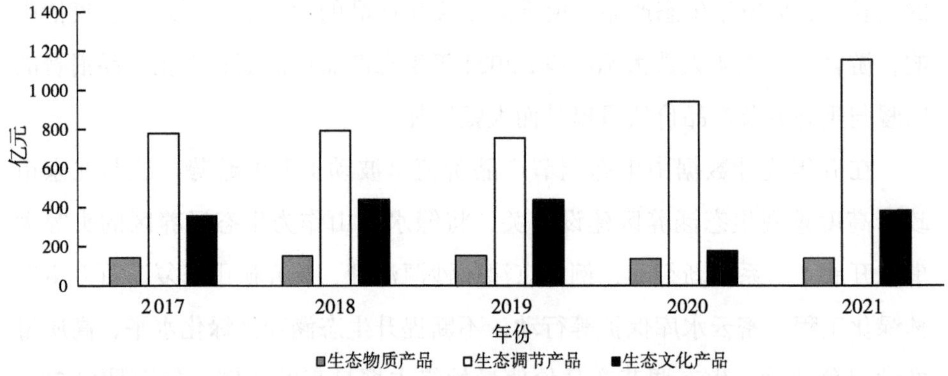

图5-11　2017—2021年生态沟域各类生态产品价值

Figure 5-11　Value of various ecological products in the ecological gully area from 2017 to 2021

表5-25　2017—2021年生态沟域生态产品总值及比例情况

Table 5-25　Total value and proportion of ecological products in ecological gully area from 2017 to 2021

单位：亿元

生态产品类型	产品	年份				
		2017	2018	2019	2020	2021
物质产品	提供产品	141.7	152.2	153.4	138.51	140.53
	占比	11.1%	11%	11.4%	11%	8.3%
调节产品	土壤保持	1.5	1.5	1.5	1.63	1.64
	占比	0.1%	0.1%	0.1%	0.1%	0.1%
	净化大气	9.8	9.9	10.0	10.81	10.89
	占比	0.8%	0.7%	0.7%	0.9%	0.6%
	水质净化	2.3	3.0	3.0	3.11	3.24
	占比	0.2%	0.2%	0.2%	0.2%	0.2%
	气候调节	267.3	270.3	272.7	293.88	297.99
	占比	21%	19.5%	20.2%	23.3%	17.7%
	水文调节	340.8	350.5	305.4	373.71	516.64
	占比	26.8%	25.3%	22.6%	29.7%	30.7%
	释氧固碳	157.7	160.2	164.3	258.99	327.34
	占比	12.4%	11.6%	12.2%	20.6%	19.4%
	合计	779.4	795.4	756.9	942.1	1 157.7
		61.2%	57.3%	56.1%	74.8%	68.8%

续 表

生态产品类型	产品	年份				
		2017	2018	2019	2020	2021
文化产品	景观游憩	352.2	439.5	438.6	178.8	384.9
	占比	27.7%	31.7%	32.5%	14.2%	22.9%
总计		1 272.8	1 387.1	1 348.9	1 259.4	1 683.2

5.5.2 生态产品总值空间演变分析

2021年生态沟域生态产品总值：密云区401.92亿元>延庆区278.42亿元>怀柔区250.68亿元>昌平区156.55亿元>平谷区146.90亿元>房山区144.95亿元>门头沟区129.59亿元，可知密云区生态产品价值在沟域各区中最高，且处于遥遥领先的地位，密云区是生态沟域中国土面积最大、森林面积最多、湿地资源最丰富的地区，承担着北京市生态涵养的重任。其次是延庆区、怀柔区，这两者生态产品总值较为接近，再次是昌平区、平谷区、房山区，最后是门头沟区的生态产品总值。

在生态供给产品价值方面，平谷区42.54亿元>密云区37.50亿元>延庆区18.62亿元>怀柔区18.09亿元>房山区12.94亿元>昌平区7.51亿元>门头沟区4.18亿元；平谷区、密云区生态供给产品价值处于生态沟域第一梯位，延庆区、怀柔区、房山区处于第二梯位，昌平区、门头沟区处于第三梯位。近年来，平谷区积极引导传统农业向现代化农业发展，迭代升级特色农业，逐步形成了以大桃为主导，西红柿、草莓等为补充的农业布局，运用标准化生产设备，提高了农业产值。在养殖业方面，以生态功能为导向，不断推动养殖规模化、自动化、标准化和绿色化，保障首都“肉盘子”稳定供给。

在生态调节产品价值方面，密云区291.38亿元>延庆区165.91亿元>怀柔区162.95亿元>房山区107.57亿元>门头沟区102.35亿元>昌平区86.09亿元>平谷区71.72亿元；密云区生态产品价值最高，这与密云区高森林覆盖率、水库保护有关，在水源涵养、洪水调蓄和释氧固碳三个方面处于领先优势，密云区长期肩负着保障首都饮水安全的重要政治责任，且从局部地区保水到全部地区保水已经创新了一套完整的成熟的综合保护治理体系，发挥着重要的示范作用。在生态文化产品价值方面，延庆区95.6亿元>密云区75.6亿元>怀柔区75.3亿元>昌平区57.7亿元>平谷区36.9亿元>门头沟区22.9亿元>房山区16.5亿元。延庆区、密云区和怀柔区充分利用生态环境天然优势，推动创新旅游线路、精品民宿等。增加旅游吸引力，在生态沟域各区中也处于领先地位。

表5-26　2021年生态沟域各区生态产品总值

Table 5-26　Total value of ecological products in each area of the ecological gully area in 2021

单位：亿元

	物质产品	调节产品							合计	文化产品	总值
		保持土壤	净化大气	水质净化	气候调节	水源涵养	洪水调蓄	释氧固碳			
门头沟	4.18	0.016	1.06	0.12	0.002 81	70.74	0.73	29.68	102.35	22.9	129.59
延庆	18.62	0.028	1.87	0.38	0.005 27	55.02	44.62	63.99	165.91	95.6	278.42
平谷	42.54	0.015	0.97	0.26	0.002 59	38.53	1.55	30.39	71.72	36.9	146.90
怀柔	18.09	0.037	2.49	0.37	0.006 59	97.48	2.13	60.44	162.95	75.3	250.68
密云	37.50	0.036	2.37	1.45	0.006 84	175.23	46.56	65.73	291.38	75.6	401.92
昌平	7.51	0.015	0.99	0.26	0.002 64	56.04	0.96	27.82	86.09	57.7	156.55
房山	12.94	0.017	1.13	0.41	0.003 06	56.72	0	49.29	107.57	16.5	144.95

5.6　典型生态沟域生态产品价值核算案例分析

5.6.1　平谷区丫髻山沟域生态产品价值核算研究

5.6.1.1　研究区域概况

丫髻山沟域所在的行政区域是平谷区西北部的刘家店镇，该地四周环山，地形为半山区，山地和平原面积均占一半。沟域面积35.6平方公里，覆盖全镇14个行政村，总人口8 777人。全镇以经济作物种植和畜牧业为主导产业，是平谷区典型的农业大镇，同时生态环境优美，历史文化特色较为突出。

在生态方面，丫髻山沟域自然资源优越，森林覆盖率82.55%，林木绿化率为89.06%，有华北最大的8 000亩林场，植物物种丰富。在农业方面，刘家店镇具有透气性好的沙质土壤，非常适合桃树种植，是果品生产专业镇，总种植面积达到2.3万亩，其中大桃面积1.44万亩，蟠桃面积0.8万亩，年产精品大桃3 300万公斤。刘家店镇的平谷大桃素有“中国蟠桃第一镇之称”，2021年，设计注册了“天工丫髻”大桃品牌，成为刘家店镇优质大桃的专属商标。在文化方面，具有“历史、民俗、生态、桃源、黄金”五大文化，文化底蕴较为浓厚。北有千年道教圣地国家AAAA级景区丫髻山，受封于皇帝且恭迎多为帝王；南有辽金古刹云岩禅寺，孕育了刘家店镇的道教、皇家、佛禅历史遗迹。

5.6.1.2 丫髻山沟域生态产品价值核算

在丫髻山沟域生态产品价值核算指标体系上，本章研究仅针对丫髻山沟域生态产品价值进行核算，主要包括三方面：生态物质产品价值、生态调节产品价值和生态文化产品价值。

本研究对丫髻山沟域生态产品价值的核算内容主要包括三个方面。首先是生态物质产品价值核算，以生态系统为基础，包含生产出来的农林牧产品的实物量和价值量。其次是生态调节产品价值核算，它是指在生态系统服务中，可以被人类利用的那一部分效用，主要涉及生态效益。丫髻山沟域生态调节产品包括土壤保持、净化大气、水质净化、气候调节、释氧固碳。最后是生态文化产品价值核算，生态系统不仅为人们的生产生活提供基本的物质条件，也为人们带来了社会效益，主要包括景观欣赏、历史文化遗迹等。在本研究中，主要以丫髻山沟域景观游憩经济收入来核算生态文化产品价值量。在市场机制作用下，作为公共物品的生态系统服务具有经济的正外部性，如果生态系统服务价值不能以价格体现，则会导致市场失灵。根据以上经济学相关理论基础，本研究对基于收益理论的丫髻山沟域生态产品价值核算框架进行构建。

表5-27　北京平谷区丫髻山沟域生态产品价值核算指标体系

Table 5-27　Index system of ecological product value accounting in Yaji Mountain Valley, Pinggu District, Beijing

产品类别	一级指标	二级指标	实物指标
生态物质产品	农业产品	粮食作物	玉米产量
			谷子产量
			薯类产量
			豆类产量
		蔬菜作物	蔬菜产量
		油料作物	花生产量
		干鲜果品	坚果产量
			水果产量
	林业产品	林产品	林木培育、种植
			竹木采运
	牧业产品	牲畜饲养	羊产量
		家禽饲养	鸡产量
生态调节产品	土壤保持	土壤肥力	减少碳氮磷钾流失量
		减轻泥沙淤积	减少泥沙淤积量
		土壤侵蚀控制	减少土壤侵蚀量
	净化大气	吸收二氧化硫	吸收二氧化硫量
		阻滞粉尘	阻滞粉尘量
	涵养水源	涵养水源	保持的水量
	气候调节	调节气候	降低空气温度、增加大气湿度
	释氧固碳	释氧服务	释氧量
		固碳服务	固碳量
生态文化产品	景观游憩	景观游憩	景观游憩人次

1. 丫髻山沟域生态物质产品价值核算

丫髻山沟域生态物质产品价值核算主要是粮食作物、油料作物和干鲜果品价值的核算。根据2022年《北京市平谷区统计年鉴》得出，刘家店镇主要粮食作物有玉米、谷子、薯类、豆类、蔬菜等，油料作物有花生，干鲜果品以大桃为主。2021年平谷区粮食作物种植面积达到88 681亩，亩产479.2公斤，粮食总产量达到42 500吨，其中刘家店镇播种面积为697亩，亩产435.3公斤，总产量为303吨，见表5-28。在干鲜果品中，核桃年产量达到133吨，板栗79吨、苹果283吨、梨704吨、大桃16 788吨，果园面积高达16 499亩。家畜年末存栏1 139只羊；家禽0.3万只（蛋鸡0.3万只）；肉类产量30吨，其中羊肉18吨、禽肉12吨、鸡蛋54吨。羊出栏量为968只，鸡1万只。

表5-28　2021年刘家店镇农林业产品基本情况

Table 5-28　Basic situation of agricultural and forestry products in Liujiadian Town in 2021

农产品	播种面积（亩）	亩产（公斤）	总产量（吨）
一、粮食作物	697	435.3	303
玉米	606	427.9	259
谷子	37	163.1	6
薯类	22	1 517.2	33
豆类	30	155.1	5
二、蔬菜作物	38	1 523.8	58
三、油料作物	41	171.5	7
四、干鲜果品	—	—	17 978
坚果	—	—	203
水果	—	—	17 774

注：本表中仅罗列了主要粮食作物，除玉米、谷子、薯类、豆类外，粮食作物还包含其他作物 。

表 5-29　2021 年丫髻山沟域生态物质产品价值量

Table 5-29　Value of ecological material products in Yaji Mountain Gully in 2021

产品类别	产品产值（万元）
农业产品合计	13 262.4
谷物	2.5
玉米	68.1
薯类	17.5
油料作物	5.2
豆类	3.8
蔬菜	25.9
干鲜果品	13 139.4
林业产品合计	1 858.8
牧业产品合计	175.9
家禽饲养	51
羊的饲养	124.9
各类产品合计	15 297.1

2. 丫髻山沟域生态调节产品价值核算

本研究对丫髻山沟域生态调节产品价值从以下五方面进行核算，分为保持土壤、净化大气、涵养水源、气候调节、释氧固碳。

（1）保持土壤

森林固土价值。刘家店镇作为果品专业大镇，2021年种植桃树面积高达2.3万亩，森林覆盖率高达82.55%，森林面积为29.39平方公里。结合前文固土价值公式可得，固定的土壤侵蚀总量为7 406.28吨/年，带来的经济价值为13.23万元。其中，土壤容重采用北京山区几种森林类型的平均值为1.40吨/立方米，挖取单位土方费用为25元/立方米，水库单位库容费用为8.87元/立方米。

森林保肥价值。保持土壤氮肥为17.03吨/年，保持土壤磷肥为1.99吨/年，土壤有机质为169.61吨/年，保持的土壤肥力总量为188.63吨/年，带来的经济价值为528 729.89元。根据市场上常用的几种保持土壤肥力的化肥价格，求取平均数为2 803元/吨，因此，保持土壤带来的经济价值共计每年66.1万元。

（2）净化大气

2021年丫髻山沟域森林面积为2 939公顷，森林吸收二氧化硫的效率，可采用落叶阔叶林的净化能力为0.0185毫克/立方米，再根据公式计算可得，吸收的二氧化硫总量为2 116.08吨，带来的经济价值为279.96万元。一公顷森林每年可滞留粉尘2.16吨，再根据公式计算可得，阻滞的粉尘为10 580.4吨，带来的经济价值为166.64万元。因此，丫髻山沟域森林带来的生态经济价值为446.6万元。

（3）涵养水源

2021年丫髻山沟域森林面积为2 939公顷，根据公式计算可得，森林涵养水源总量为1 933.49万立方米，涵养水源经济价值为17 150.06万元。

（4）气候调节

2021年丫髻山沟域森林面积为2 939公顷，北京山区林地径流系数为0.05，其他土地为0.4，因此根据公式计算可得，一小时生态系统吸收的热量为86 209 687千焦，蒸腾总功能量达23 947.14千·瓦时，带来的总的经济价值为11 686.20元。

（5）释氧固碳

2021年丫髻山沟域森林面积为2 939公顷，根据公式计算可得，一年森林固碳量为25 545.41吨，2020年碳价格为899.91元/吨，计算可得固碳价值达2 298.86万元；2020年氧价格为1 108元/吨，释氧量为68 894吨，计算可得释氧价值达7 633.5万元。最后，2021年丫髻山沟域释氧固碳总价值达9 932.36万元。

3. 丫髻山沟域生态文化产品价值核算

丫髻山景区位于北京市平谷区刘家店镇北部，坐西北朝东南。相传景区内的丫髻山庙宇建于1300多年前，经过千余年来的修建与扩充，现建成规模庞大的道教庙宇，且是丫髻山沟域景区的代表性建筑。丫髻山作为AAAA级景区，吸引了很多游客到此，为刘家店镇带来了旅游收入并提供了大量的就业岗位。

由于数据获取的有限性，因此本研究采用费用支出法，为了更加准确地反映丫髻山景区带来的经济价值，根据相关数据收集并整理得出，一名游客到丫髻山旅游的平均成本为190元，其中包括交通费、餐饮费、门票费及购买当地商品等费用，当地一年接待游客量大概为10万人次，平均每年游客来丫髻山旅游的消费者支出为1 900万元。

5.6.1.3 丫髻山沟域生态产品价值核算分析

1.丫髻山沟域生态物质和文化产品价值核算分析

本研究对丫髻山沟域生态系统的农业产品、林业产品和牧业产品进行了核算研究，得出生态物质产品总价值为15 297.1万元，其中农业产品价值为13 262.4万元，占生态物质产品总价值的86.70%；林业产品价值为1 858.8万元，占总价值的12.15%；牧业产品价值为175.9万元，占总价值的1.15%。农业产品占比最高，其次是林业产品，牧业产品最末。说明丫髻山沟域是以种植业为主的农业大镇，畜牧养殖很少。

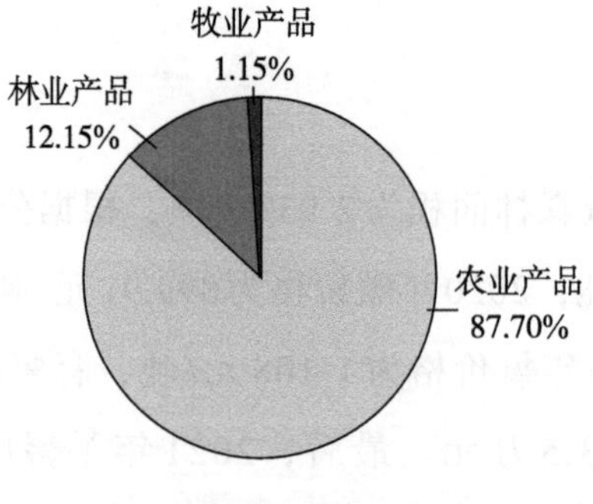

图5-12　2021年丫髻山沟域森林系统生态物质产品价值

Figure 5-12　Pie chart of the value of ecological material products in the Yaji valley area in 2021

在农业产品价值核算中，2021年谷物价值为2.5万元，玉米为68.1万元，薯类为17.5万元，油料作物为5.2万元，豆类产品为3.8万元，蔬菜为25.9万元，干鲜果品价值为13 139.4万元，见表5-30。可见丫髻山沟域是典型的果品种植大镇，农业经济收入主要依赖于果品的种植，尤其是大桃的种植。

表5-30 2021年丫髻山沟域生态农业产品价值比重

Table 5-30 Proportion of ecological agriculture products in Yaji Gully area in 2021

农业产品	价值量（万元）	比重（%）
谷物	2.5	0.019
玉米	68.1	0.513
薯类	17.5	0.132
油料作物	5.2	0.039
豆类	3.8	0.029
蔬菜	25.9	0.195
干鲜果品	13 139.4	99.071
总计	13 262.4	100

2. 丫髻山沟域生态调节产品价值核算分析

本研究按照构建的丫髻山沟域生态调节产品价值核算框架，结合北京生态沟域的特点和具体情况，根据相关公式和参数核算出丫髻山生态沟域林木保持土壤、净化空气、涵养水源、气候调节和释氧固碳五个方面的生态产品价值，见表5-31。林木生态系统生态调节产品总价值为27 596.29万元。其中森林和果树保持土壤价值为66.1万元，占生态调节产品总价值的0.24%；净化空气价值为446.64万元，占总价值的1.62%；涵养水源价值为17 150.06万元，占总价值的62.15%；气候调节价值为11 686.20元，占总价值的0.0042%；释氧固碳价值为9 932.36万元，占总价值的35.99%。

表 5-31　2021 年丫髻山森林生态系统生态调节产品价值

Table 5-31　Value of ecological regulation products of Yaji Mountain forest ecosystem in 2021

核算内容		价值（万元）	比重（%）	
保持土壤	固土	13.23	20.01	0.24
	保肥	52.87	79.98	
	小计	66.10	100	
净化空气	吸收二氧化硫	279.96	62.68	1.62
	阻滞粉尘	166.64	37.31	
	小计	446.60	100	
涵养水源	调节水量	17 150.06	100	62.15
气候调节	调节温度	1.16	100	0.0042
释氧固碳	释氧	7 633.5	76.85	35.99
	固碳	2 298.86	23.15	
	小计	9 932.36	100	
	合计	27 596.28		100

由核算结果可以得出，丫髻山沟域森林生态系统中涵养水源价值量最高，其次是释氧固碳，最低的是气候调节。

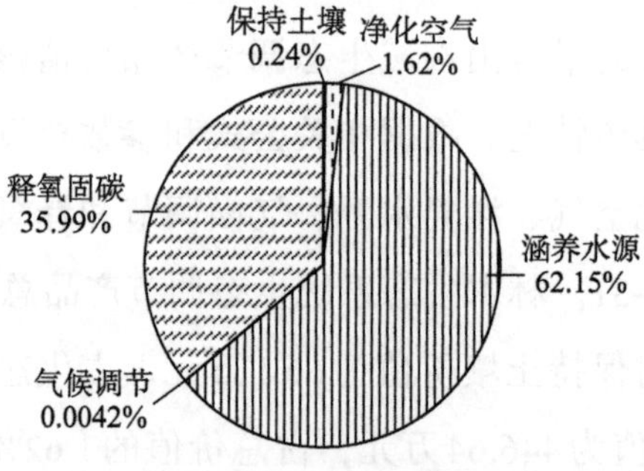

图 5-13　2021 年丫髻山沟域森林系统生态调节产品价值

Figure 5-13　Pie chart of the value of ecological regulation products of forest system in Yaji Gully Area in 2021

3. 丫髻山沟域生态产品价值核算分析

本研究对丫髻山沟域生态产品价值的核算涉及物质产品、调节产品和文化产品价值核算三个方面，得出生态产品总价值为44 793.39万元，其中物质产品总价值为15 297.1万元，占总价值的比重为34.15%；调节产品总价值为27 596.29万元，占总价值的比重为61.61%；文化产品总价值为1 900万元，占总价值的比重为4.24%。由此可知，丫髻山沟域生态调节产品占比最高，其为人们的生产生活提供了巨大的生态价值，但是并未转化为实际的经济价值；其次是生态物质产品，可见沟域村民的经济收入主要来源于农林牧业产品的种植，第一产业占据主导地位；生态文化产品价值量较低，这与丫髻山沟域风景区的开发尚不完备有关，仍然主要依赖原有的历史遗迹和自然景观，对文化产品附加值的提高体现不足。

5.6.1.4 小结

经过核算得出，丫髻山沟域的生态调节产品价值为27 596.29万元，远远超过了物质产品价值和文化产品价值，可见其对当地生态系统维护循环起到了重要的作用，因此需要进一步加深对沟域内生态产品价值的认识。通过进一步发展大桃深加工业、大桃示范园旅游业、林下经济种植、丫髻山历史文化产业等，充分发挥沟域内森林生态系统带来的生态价值优势，从而推动沟域内各类生态产品价值的实现。

1.巩固壮大大桃产业推动桃镇变游园

丫髻山沟域内拥有国家AAAA级景区——丫髻山，称为“近畿福地”，每年都吸引了很多游客。同时丫髻山所在的刘家店镇，素有“中国蟠桃第一镇”之称，春日里桃花满山遍野，乡风淳朴，环境优良，因此丫髻山是打造桃旅融合的绝佳之地。

一是建立“公司+合作社+基地+农户”发展模式。龙头企业统一收购村民种植的大桃，以标准化、平衡化和高效率的方式进行加工，形成了采摘、加工、包装、销售一条龙产业链。村民从卖裸桃到卖各式各样的桃产品，延伸了产业链，将分散化种植的大桃规模化生产，提高了市场竞争力和回报率。

二是创新“互联网+私人订制茶园”模式。由当地销售企业、政府与互联网企业进行对接，签订“互联网+私人订制茶园”合作协议。把镇内高品质的生态大桃，由互联网企业作为中间利益保障机构，通过在桃园安装全程可视系统，建立追溯体系，让客户与桃园业主建立直通直供关系，从而带动丫髻山沟域休闲农业产业发展，实现共建共享共赢。客户通过互联网企业与桃园业主建立私人订制关系后，通过安装的手机App，可做到对自己私人订制桃园的全程可视化，随时随地了解桃园生产管理实况、生产加工包装流程等，充分体现个性化特色。

三是桃旅融合打造“鲜桃之旅”。深入挖掘桃文化内涵，以大桃产业为依托，以桃园景观为资源，以桃文化为底蕴，打造沟域桃园休闲体验基地。将大桃由生产资料变为旅游资源，依托沟域内桃园得天独厚的生态资源，打造有关大桃的手工艺展区、桃花观景台、桃园游步道等文化产品，建立农耕文化浓郁的桃树历史文化展示馆，构建出桃旅融合旅游线路。同时，举办有关桃文化的节日活动和体验性旅游项目，游客可以采摘大桃、制作桃木工艺品等。总之，通过推动多业态产业融合，提高丫髻山沟域的种植收益和景观效益，最终实现丫髻山沟域生态产品价值。

2.构建丫髻山沟域森林调节产品的管理机制

促进丫髻山沟域森林生态价值量的核定统一。由政府牵头成立森林产品专业合作社，以镇政府为主导，摸清丫髻山沟域内森林质量、林地权属等资源状况，明确森林资源权属问题，同时推进沟域内森林资源权属转让和项目参与等政策。假设丫髻山沟域的森林申请核定林木林地价值量流程如图5-14所示，在经过市林业主管部核定后，由北京市林业主管部门向申请人核发证书。

积极引进社会资本，以企业为专业合作社经营主体，开展规模化、产业化等经营方式，借助企业营利性的价值导向，在生态保护前提下，积极发展林木经营、林下产业、森林康养等特色产业，推动沟域内森林生态物质产品价值实现。最后，推进跨区域横向和纵向生态补偿，将补偿资金一部分用于提高林农的经济收入，另一部分用于投资沟域内森林生态产业化发展。

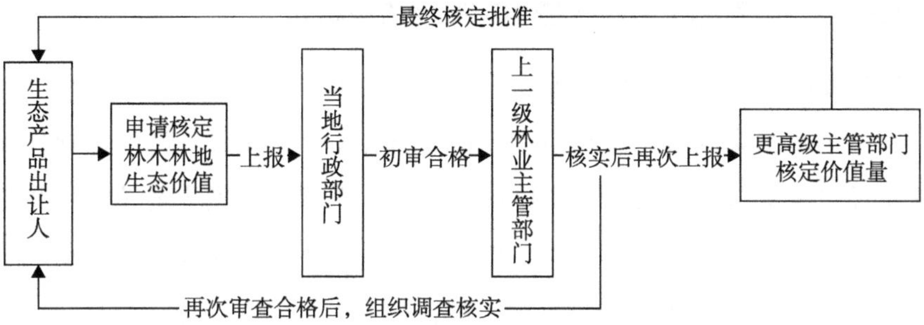

图5-14 申请核定林木林地价值量的流程图

Figure 5-14 Flow chart of the application for the verification of the value of forest land

3.提高丫髻山沟域生态旅游基础设施和服务水平

首先，对沟域内资源进行统筹规划，丰富丫髻山景区附近的旅游产业，鼓励当地村民参与休闲农业与乡村旅游，依托沟域内丫髻山风景区和优良的生态环境开展民宿、农家院、餐馆、民俗工艺品商铺等建设，打造丫髻山沟域旅游休验一条龙，延长当地旅游产业链条。其次，将丫髻山风景区和桃园紧密结合，打造桃旅风景区，提高丫髻山沟域旅游综合竞争力。最后，加强沟域内旅游基础设施建设，政府要加大资金投入，扩大基础设施建设的范围，提高规模，从而提升承载游客的能力；加强旅游景区的管理和维护，完善当地旅游交通网络，从而提高游客的旅游体验质量。

5.6.2 延庆区百里山水画廊沟域生态产品价值核算研究

5.6.2.1 研究区域概况

延庆区千家店镇位于北部的山区，镇域面积371平方公里，占整个区域面积的1/6，生态林面积47.6万亩，占全区生态林面积的1/4，黑白两河穿镇而过，每年为市区供水2亿立方米，是全区实现生态涵养功能的战略支点，是保障首都市民安全饮水的生命线。始终承担着为首都把关守口、补给水源的特殊任务。在践行生态文明战略的过程中，注重生态资源优势向生态经济优势转化，力求实现生态保护与经济发展的双赢。

5.6.2.2 百里山水画廊沟域生态产品价值核算

1. 百里山水画廊沟域生态物质产品价值核算

百里山水画廊沟域生态物质产品价值核算主要是粮食作物、油料作物和干鲜果品价值的核算。根据延庆区统计年鉴，千家店镇的主要粮食作物包括玉米、谷子、薯类、豆类等，油料作物以花生为主，同时还种植蔬菜和干鲜果品。2021年延庆区粮食作物种植面积达到152 337.9亩，亩产510.63公斤，粮食总产量达到77 788吨，其中千家店镇播种面积为11 938亩，亩产339.38公斤，粮食总产量达到4 051.5吨。千家店镇经济作物播种面积为4 790亩，其中包括油料作物和药材的种植。在干鲜果品中，干果年产量7吨，鲜果年产量1.5吨，果园面积达54亩，见表5-32。

表5-32 2021年千家店镇农林业产品基本情况

Table 5-32 Basic situation of agricultural and forestry products in Qianjiadian Town in 2021

农产品	播种面积（亩）	亩产（公斤）	总产量（吨）
一、粮食作物	11 938	339.38	4 051.5
玉米	9 670	394.08	3 810.8
谷子	460	128.26	59
薯类	45	200	9
豆类	1 523	88.84	135.3
二、蔬菜作物	851.8	933.79	795.4
三、油料作物	46	63	2.9
四、干鲜果品	—	—	8.5
干果	—	—	7.0
水果	—	—	1.5

注：本表中仅罗列了主要粮食作物，除玉米、谷子、薯类、豆类外，粮食作物还包含其他作物。

表5-33　2021年千家店镇生态物质产品价值量

Table 5-33　Value of ecological material products in Qianjiadian Town in 2021

产品类别	产品产值（万元）
农业产品合计	1 442.9
林业产品合计	2 701.4
牧业产品合计	607.6
渔业产品合计	24
各类产品合计	4 775.9

2. 百里山水画廊沟域生态调节产品价值核算

本研究对百里山水画廊生态沟域生态产品价值从以下五方面进行核算，分为保持土壤、净化大气、涵养水源、气候调节、释氧固碳。

（1）保持土壤

森林固土价值。2021年延庆区千家店镇生态林面积高达47.6万亩，森林覆盖率高达63%，森林面积为23 373公顷。结合固土价值公式可得，固定的土壤侵蚀总量为58 899.96吨/年，带来的经济价值为105.18万元。其中，土壤容重采用北京山区几种森林类型的平均值1.40吨/立方米，挖取单位土方费用为25元/立方米，水库单位库容费用为8.87元/立方米。

森林保肥价值。保持土壤氮肥135.47吨/年，保持土壤磷肥15.9吨/年，土壤有机质为1 348.81吨/年，保持的土壤肥力总量为1 500.18吨/年，带来的经济价值为405.5万元。根据市场上常用的几种保持土壤肥力的化肥价格，求取平均数得2 803元/吨，因此，保持土壤带来的经济价值共计每年534.64万元。

（2）净化大气

2021年百里山水画廊生态沟域森林面积为23 373公顷，森林吸收二氧化硫的效率，可采用落叶阔叶林的净化能力为0.018 5毫克/立方米，再根据公式计算可得，吸收的二氧化硫总量为16 828.56吨，带来的经济价值为2 226.42万元。一公顷森林每年可滞留粉尘2.16吨，再根据公式计算可得，阻滞的粉尘为84 142.8吨，带来的经济价值为1 325.25万元。

因此，百里山水画廊生态沟域森林带来的生态经济价值为3 551.67万元。

（3）涵养水源

2021年百里山水画廊生态沟域森林面积为23 373公顷，根据公式计算可得，森林涵养水源总量为13 440万立方米，涵养水源经济价值为119 212万元。

（4）气候调节

2021年百里山水画廊生态沟域森林面积为23 373公顷，北京山区林地径流系数为0.05，其他土地为0.4，因此根据公式计算可得，一小时生态系统吸收的热量为685 600 209千焦，蒸腾总功能量达190 444.50千瓦时，带来的总的经济价值为92 936.92元。

（5）释氧固碳

2021年百里山水画廊生态沟域森林面积为23 373公顷，根据公式计算可得，一年森林固碳量为326 719.83吨，2020年碳价格为899.91元/吨，计算可得固碳价值达29 401.84万元；2020年氧价格为1 108元/吨，释氧量为881 143.41吨，计算可得释氧价值达97 631.88万元。最后，2021年丫髻山沟域释氧固碳总价值达127 033.72万元。

3.百里山水画廊沟域生态文化产品价值核算

北京市延庆区千家店镇，位于延庆东北部，是延庆乃至北京市非常边远的山区大镇。主要的景点有百里山水画廊、硅化木国家地质公园和大滩次生林自然保护区等。当地的自然山水少有破坏，是休闲度假的好地方。

由于数据获取的有限性，因此本研究采用费用支出法，为了更加准确地反映百里山水画廊景区带来的经济价值，根据相关数据的收集并整理得出，一名游客到百里山水画廊旅游一天的平均成本为250元，其中包括餐饮费、门票费及住宿费等费用，当地一年接待游客量大概为52.6万人次，平均每年游客来百里山水画廊旅游的消费支出为1.73亿元。

5.6.2.3 百里山水画廊沟域生态产品价值核算分析

1.百里山水画廊沟域生态物质产品价值核算分析

本研究对千家店镇生态系统的农业产品、林业产品、牧业产品和渔业产品进行了核算研究，得出生态物质产品总价值为4 775.9万元。其中，农业产品价值为1 442.9万元，占生态物质产品总价值的30.21%；林业产品价值为2 701.4万元，占总价值的56.56%；牧业产品价值为607.6万元，占总价值的12.72%；渔业产品价值为24万元，占总价值的0.51%。林业产品占比最高，其次是农业产品，渔业产品最末。从生态视角来说，林业产业具有很强的绿色属性，业态品类很多，将生态、社会和经济效益结合得很好，是一项“高分”产业。百里山水画廊林业产业的占比最高，反映出其当地具备优良的生态条件为重大生态工程、林业改革，为带动当地经济收入提供了动力和支撑。

在农业产品价值核算中，2021年谷物价值量为6.98万元，玉米为1 028.92万元，薯类为17.99万元，油料作物为3.1万元，豆类为92.93万元，蔬菜为217.25万元，干鲜果品为8.86万元，见表5–34。百里山水画廊沟域农业产值主要依赖于粮食的种植，可见当地种粮积极性较高；药材的产值相较于其他地区也很高，当地为了保护山上植被，分析当地中药材种植的自然条件和现状，前往河北地区进行考察，引进了种植技术，为当地带来非常可观的经济效益。干鲜果品的种植非常少。这种农业产值结构与当地的发展规划与自然条件有关，千家店镇以打造“粮食、中药材种植、观光花卉等复合产业”的规划目标有关。

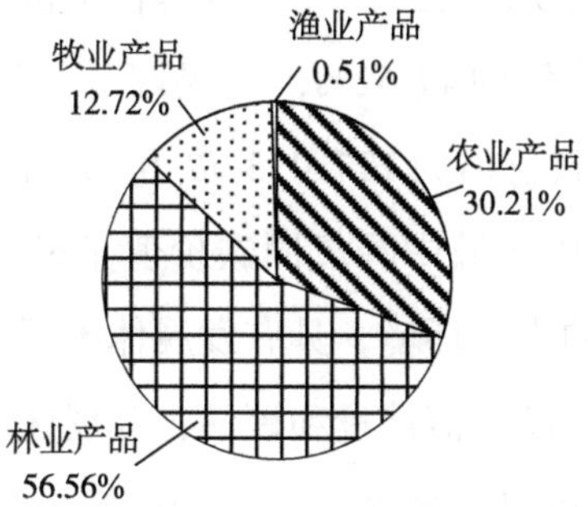

图5–15　2021年百里山水画廊沟域森林系统生态物质产品价值

Figure 5–15　Value of ecological material products of the ditch forest system in the Baili Landscape Gallery in 2021

表5-34 2021年百里山水画廊沟域生态农业产品价值比重

Table 5-34 Proportion of ecological agriculture products in the ditch area of Baili Shanshui Gallery in 2021

农业产品	价值量（万元）	比重（%）
谷物	6.98	0.49
玉米	1 028.92	72.5
薯类	17.99	1.27
油料作物	3.1	0.22
豆类	92.93	6.55
蔬菜	217.25	15.31
药材	43.14	3.04
干鲜果品	8.86	0.62
总计	1 419.17	100

2. 百里山水画廊沟域生态调节产品价值核算分析

本研究按照构建的百里山水画廊沟域生态调节产品价值核算框架，结合北京生态沟域的特点和具体情况，根据相关公式和参数核算出百里山水画廊生态沟域林木保持土壤、净化空气、涵养水源、气候调节和释氧固碳五个方面的生态产品价值。林木生态系统生态调节产品总价值为250 341.32万元。其中，森林和果树保持土壤价值为534.64万元，占生态调节产品总价值的0.21%；净化空气价值为3 551.67万元，占总价值的1.42%；涵养水源价值为119 212万元，占总价值的47.62%；气候调节价值为9.29万元，占总价值的0.003 7%；释氧固碳价值为127 033.72万元，占总价值的50.74%，见表5-35。在百里山水画廊沟域中释氧固碳价值量最高，可见大规模的森林面积为当地提供了优质的生态环境，具有发展休闲观光旅游的天然条件，且也为当地重视森林生态产品价值计量和评估，开展区域森林生态补偿制度提供了基础，从而为当地实现“绿水青山向金山银山”的转化提供了重要的契机。

表5-35 2021年百里山水画廊森林生态系统生态调节产品价值

Table 5-35 Value of ecological regulation products of forest ecosystem in Baili Landscape Gallery in 2021

	核算内容		价值（万元）	比重（%）	
丫髻山沟域森林生态系统	保持土壤	固土	105.18	19.67	0.21
		保肥	405.5	80.33	
		小计	534.64	100	
	净化空气	吸收二氧化硫	2 226.42	62.69	1.42
		阻滞粉尘	1 325.25	37.31	
		小计	3 551.67	100	
	涵养水源	调节水量	119 212	100	47.62
	气候调节	调节温度	9.29	100	0.003 7
	释氧固碳	释氧	97 631.88	76.86	50.74
		固碳	29 401.84	23.14	
		小计	127 033.72	100	
合计			250 341.32		100

由核算结果可知，百里山水画廊沟域森林生态系统中释氧固碳价值量最高，其次是涵养水源，最低的是气候调节和保持土襄。

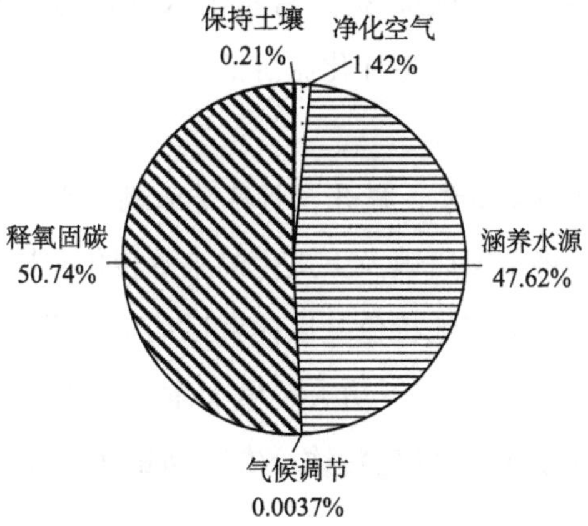

图5-16 2021年百里山水画廊沟域森林系统生态调节产品价值

Figure 5-16 Pie chart of the value of ecological regulation products of forest system in the gully area of Baili Landscape Gallery in 2021

3. 百里山水画廊沟域生态产品价值核算分析

本研究对百里山水画廊沟域生态产品价值核算涉及物质产品、调节产品和文化产品价值核算三个方面，得出生态产品总价值为272 417.22万元。其中，物质产品总价值为4 775.9万元，占总价值的比重为1.75%；调节产品总价值为250 341.32万元，占总价值的比重为91.9%；文化产品总价值为17 300万元，占总价值的比重为6.35%。由此可知，百里山水画廊沟域生态调节产品占比最高，其为人们的生产生活提供了巨大的生态价值，但是并未转化为实际的经济价值；其次是生态文化产品，可见沟域村民的经济收入主要来源于农林牧业产品的种植，第一产业占据主导地位，生态文化产品价值取得不错的成绩，这与百里山水画廊沟域风景区的开发水平有关。

5.6.2.4 小结

要统筹山水林田湖草系统治理，全力守护好绿水青山。以“文、旅、体、商、农”融合发展为方向，立足镇域实际，因地制宜发展特色产业，积极探索“两山”转化的有效路径。

1. 积极开展策划活动，提高宣传覆盖面

加大相关媒体的宣传报道，提升百里山水画廊的影响力；利用特色资源，打造各类特色民宿，开展多样化旅游活动，吸引更多游客走进百里山水画廊，提高知名度。

2. 积极整合旅游相关要素，提升乡村旅游承载能力

整合文化资源，将千家店镇乡土文化的旅游转化与周边山水田园的美化优化构成完美组合，打造当地特色。以体育运动与度假休闲结合为重点，围绕“住、吃、买、卖”等环节下功夫、做文章，促进康养、徒步和骑游等户外运动项目与精品民宿、特色餐饮、农产品销售等实现深度融合、互促发展。

3. 完善景区配套设施建设，打造优质旅游服务

一是对沟域内乡村旅游景区的软硬件设施进行规划建设。结合实施村村通和网络化延伸工程加强景区周边道路建设，对道路进行修复和美化，提高游客在游览中的体验感；规划旅游景点的点线面统一，合理规划设计旅游线路。

二是加强旅游业接待设施建设。重点突出“改厕改厨工程”，为游客提供干净卫生的旅游体验。对游客反映集中的一些餐饮、水电、通信、住宿、厕所、停车问题，进行设施改造与重建。

三是加强旅游过程中的导向标识和旅游公交建设。结合沟域区域之间的景区空间分布格局，建设生态旅游快速公交体系，用交通的便利度来提高客流量；建设旅游信息咨询服务中心、乡村旅游自驾车营地、旅游交通引导标识等旅游公共服务工程。

四是加强环保设施建设。配齐和完善乡村环保设施，合理开发和永续利用乡村资源。

5.6.3 怀柔区白河湾沟域生态产品价值核算研究

5.6.3.1 研究区域概况

白河湾沟域位于怀柔北部山区的琉璃庙镇，总面积达225平方公里，其中植被覆盖率高达86%，沟域内森林资源十分丰富。不仅为当地民众的生产生活提供了气候宜人、幽静清雅的生活环境，也提供了可以谋生致富的生态产品。琉璃庙镇积极响应“两山”理论的号召，结合自身发展优势，明确了优化产业结构、绿色低碳生产的发展定位，以开发乡村旅游业为重要抓手，逐步探索低碳循环的产业路径，力争实现经济发展典型、打造生态旅游强镇的战略目标。

5.6.3.2 白河湾沟域生态产品价值核算

1. 白河湾沟域生态物质产品价值核算

白河湾沟域生态物质产品价值核算主要是粮食作物、油料作物和干鲜果品价值的核算。根据2022年《北京市怀柔区统计年鉴》得出，琉璃庙镇主要粮食作物有玉米、薯类、豆类、蔬菜等，油料作物主要是花生，干鲜果品以板栗、核桃、杏核为主，兼产苹果、梨、大桃、红果等。2021年怀柔区粮食作物种植面积达到67 900.5亩，亩产424.06公斤，粮食总产量达到28 793.8吨，其中琉璃庙镇粮食作物播种面积为2 350.6亩，亩产363.01公斤，总产量为853.3吨，见表5-36。在干果品中，核桃年产量达到30吨，板栗178吨，杏核12吨；在鲜果品中，梨5吨，葡萄11吨，鲜杏7吨，红果9吨，其他果品3吨。畜牧生产年末存栏：51头猪；家禽0.48万只（肉鸡0.04万只），禽蛋产量17.4吨，其中鸡蛋为14.9吨；还有肉牛年内出栏量为7头。

表5-36 2021年琉璃庙镇农林业产品基本情况

Table 5-36 Basic situation of agricultural and forestry products in Liulimiao Town in 2021

农产品	播种面积（亩）	亩产（公斤）	总产量（吨）
一、粮食作物	2 350.6	363.01	853.3
玉米	1 648.1	398.28	656.4
薯类	20.41	2 002.94	40.88
豆类	37.16	139.13	5.17
二、蔬菜作物	729.6	873.6	637.4
三、油料作物	18.5	97.30	1.8
四、干鲜果品	—	—	255
干果	—	—	220
水果	—	—	34

注：本表中仅罗列了主要粮食作物，除玉米、谷子、薯类、豆类外，粮食作物还包含其他作物。

表5-37 2021年琉璃庙镇沟域生态物质产品价值量

Table 5-37 Value of ecological material products in the ditch area of Liulimiao Town in 2021

产品类别	产品产值（万元）
农业产品合计	783.1
谷物	143.07
油料作物	5.62

续　表

产品类别	产品产值（万元）
林业产品合计	1 815.5
牧业产品合计	122.4
各类产品合计	2 721

2. 白河湾沟域生态调节产品价值核算

本研究对白河湾沟域生态调节产品价值从五个方面进行核算，分为保持土壤、净化大气、涵养水源、气候调节、释氧固碳。

（1）保持土壤

森林固土价值。2021年琉璃庙镇森林覆盖率高达76%，森林面积为171.99平方公里。利用固土价值公式可得，固定的土壤侵蚀总量为43 341.48吨/年，带来的经济价值为77.40万元。其中，土壤容重采用北京山区几种森林类型的平均值1.40吨/立方米，挖取单位土方费用为25元/立方米，水库单位库容费用为8.87元/立方米。

森林保肥价值。保持土壤氮肥99.69吨/年，保持土壤磷肥11.70吨/年，土壤有机质为992.52吨/年，保持的土壤肥力总量为1 103.91吨/年，带来的经济价值为309.43万元。根据市场上常用的几种保持土壤肥力的化肥价格，求取平均数得2 803元/吨，因此，保持土壤带来的经济价值共计每年386.83万元。

（2）净化大气

2021年白河湾生态沟域森林面积为17 199公顷，森林吸收二氧化硫的效率，可采用落叶阔叶林的净化能力为0.018 5毫克/立方米，根据公式计算可得，吸收的二氧化硫总量为12 383.28吨，带来的经济价值为1 638.31万元。一公顷森林每年可滞留粉尘2.16吨，再根据公式计算可得，阻滞的粉尘为61 916.4吨，带来的经济价值为975.18万元。

因此，白河湾生态沟域森林带来的净化大气生态经济价值为2 613.49万元。

（3）涵养水源

2021年白河湾生态沟域森林面积为17 199公顷，根据公式计算可得，湿地涵养水源总量为0.012亿立方米，森林涵养水源总量为1.13亿立方米，涵养水源经济价值为10.13亿元。

（4）气候调节

2021年白河湾生态沟域森林面积为17 199公顷，北京山区林地径流系数为0.05，其他土地为0.4，因此根据公式计算可得，一小时生态系统吸收的热量为504 498 267千焦，蒸腾总功能量达140 138.41千瓦时，带来的总的经济价值为69 086.98元。

（5）释氧固碳

2021年白河湾生态沟域森林面积为17 199公顷，根据公式计算可得，一年森林固碳量为163 389.10吨，2020年碳价格为899.91元/吨，计算可得固碳价值达1.47亿元；2020年氧价格为1 108元/吨，释氧量为440 650.42吨，计算可得释氧价值达48.82亿元。最后，2021年白河湾沟域释氧固碳总价值达50.29 亿元。

3.白河湾沟域生态文化产品价值核算

琉璃庙镇有特色的山水资源，森林茂盛，植被覆盖率达92%以上，空气清新、环境优美，还有众多自然风景区，是休闲、旅游、度假、养生的理想之选。基于如此优秀的自然生态条件，每年吸引很多游客前来游玩观赏，琉璃庙镇当地众多村民从事乡村旅游行业，2021年参与的农户数为545户，从业人员劳动报酬为878万元，乡村旅游接待游客为153 532人次，总收入高达2 764万元；琉璃庙镇观光园共有一个，2021年接待60人次，总收入1万元。

5.6.3.3 白河湾沟域生态产品价值核算分析

1.白河湾沟域生态物质产品价值核算分析

本研究对白河湾沟域生态系统的农业产品、林业产品和牧业产品进行了核算研究，得出生态物质产品总价值为2 721万元。其中，农业产品价值为783.1万元，占生态物质产品总价值的28.78%；林业产品价值为1 815.5万元，占总价值的66.72；牧业产品价值为122.4万元，占总价值的4.5%。在农业产品价值核算中，2021年谷物价值为143.07万元，油料作物为5.62万元。其余农产品均较少。琉璃庙镇是典型的林场大镇，林业产品占比最高，其次是农业产品，牧业产品最末。说明白河湾沟域是以林业为主的林场大镇，拥有着丰富的森林资源和优良的生态环境，是适合开展生态旅游的绝佳场地。

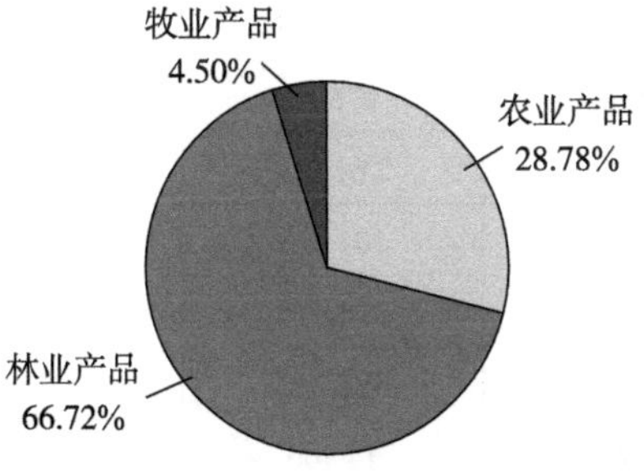

图5-17　2021年白河湾沟域森林系统生态物质产品价值

Figure 5-17　Pie chart of the value of ecological material products in the Baihewan gully forest system in 2021

2. 白河湾沟域生态调节产品价值核算分析

本研究按照构建的白河湾沟域生态调节产品价值核算框架，根据相关公式和参数核算出白河湾生态沟域林木保持土壤、净化空气、涵养水源、气候调节和释氧固碳五个方面的生态产品价值。林木生态系统生态调节产品总价值为60.72亿元。其中，森林保持土壤价值为386.83万元，占生态调节产品总价值的0.064%；净化空气价值为2 613.49万元，占总价值的0.43%；涵养水源价值为10.13亿元，占总价值的16.68%；气候调节价值为6.9万元，占总价值的0.001 1%；释氧固碳价值为50.29亿元，占总价值的82.82%，见表5-38。

由核算结果可以得出，白河湾沟域森林生态系统中释氧固碳价值量最高，其次是涵养水源，最低的是气候调节。

表5-38 2021年白河湾森林生态系统生态调节产品价值

Table 5-38 Value of ecological regulation products of Baihewan forest ecosystem in 2021

核算内容		价值（万元）	比重（%）	
保持土壤	固土	77.4	20	0.064
	保肥	309.43	80	
	小计	386.83	100	
净化空气	吸收二氧化硫	1 638.31	62.69	0.43
	阻滞粉尘	975.18	37.31	
	小计	2 613.49	100	
涵养水源	调节水量	101 300	100	16.68
气候调节	调节温度	6.9	100	0.001 1
释氧固碳	释氧	488 200	97.08	82.82
	固碳	14 700	2.92	
	小计	502 900	100	
总计		607 200		100

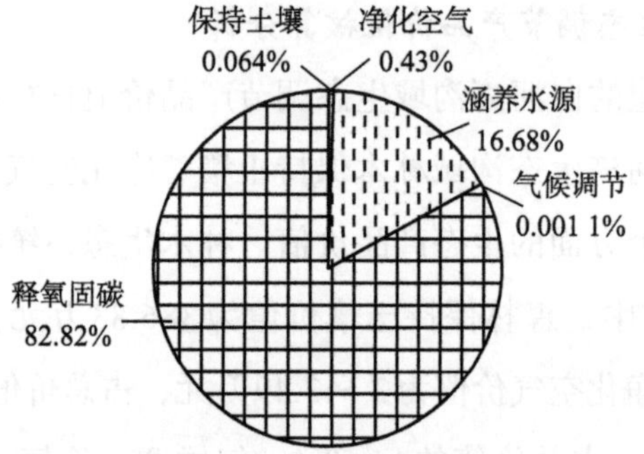

图5-18 2021年白河湾沟域森林系统生态调节产品价值

Figure 5-18 Value of ecological regulation products of forest system in Baihewan gully area in 2021

3.白河湾沟域生态文化产品价值核算分析

2021年琉璃庙镇生态文化产品主要为乡村旅游和观光园两种，获得的总价值为2 765万元。其中，乡村旅游接待游客为153 532人次，获得的经济总收入为2 764万元；琉璃庙镇观光园为1个，接待游客为60人次，获得的经济总收入为1万元。

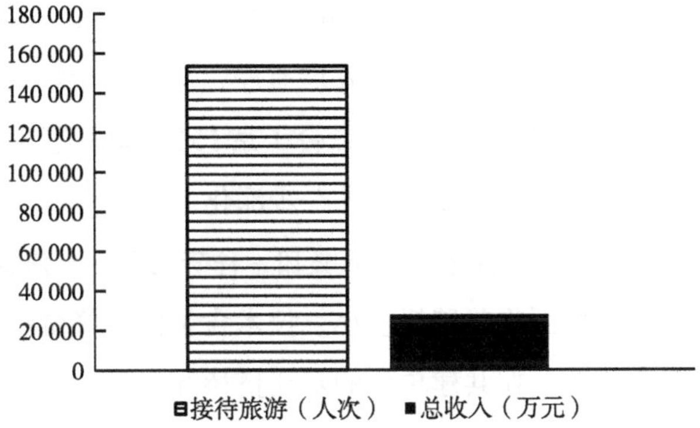

图5–19　2021年白河湾沟域生态文化产品价值

Figure 5–19　Value of ecological and cultural products in Baihewan Gully Area (10 000 yuan) in 2021

本研究对白河湾沟域生态产品价值核算涉及物质产品、调节产品和文化产品价值核算三个方面，得出生态产品总价值为612 686万元。其中，物质产品总价值为2 721万元，占总价值的比重为0.44%；调节产品总价值为607 200万元，占总价值的比重为99.1%；文化产品总价值为2 765万元，占总价值的比重为0.45%。

由此可知，白河湾沟域森林生态系统带来的价值量最高，说明为当地提供了优良的生态环境，同时也为人们的生产生活提供了巨大的生态价值，但是当地旅游相关收入并不多，可见开发尚不完善，丰富的生态价值并未转化为实际的经济价值。

5.6.3.4　小结

1.推动“农旅”融合发展，构建生态产业发展链条

要依托琉璃庙镇拥有“山清水秀好生态”的天然优势，积极探索研究产业融合发展思路，通过充分发挥蜜蜂的优良特性与油菜花、油葵“一花多用”，即菜用、花用、蜜用、肥用、饲用的多用价值，打造完善生态循环产业链，以特色农业助推生态绿色发展、旅游人气汇聚。优化产业发展新结构。大力推广林下生态经济，发展野生木耳、中草药、欧榛、油葵等特色种植3 000余亩。持续发展食用菌、龙泉峪养蜂业、白河北—西湾子老梨树品种恢复项目。30家农村合作经济组织发展有序，成立一个镇级集体林场和物业、旅游、文化三家镇级公司。确定二台子京151公里智慧田园等六个项目点位布局，西湾子、得田沟产业项目进一步深化。

2.整合优质农业资源，探索“农业集团+科研院所+合作社”的新模式

新时代下传统养蜂面临养殖规模小、技术含量低、蜂蜜产量低等困境制约发展。通过整合资源，在共建单位的牵线搭桥和中国农业科学院蜜蜂研究所的技术支持下，以“农业集团+科研院所+合作社”的创新模式大力发展蜂产业。同时，为丰富一年四季蜜源，琉璃庙镇打造百亩花田和村居花廊，种植油菜花、油葵、金边菊等10余种鲜花，借力不同花期加大村中蜜源植物培育，形成可循环绿色生态产业链。

3.探索旅游发展新模式，提升旅游供给水平

升级基础设施，编制东西两沟绿色走廊和5公里绿化带建设项目，升级改造白河湾、溪水湾休闲步道和山水琉璃生态小镇设施，提升旅游基础设施供给品质。

通过党建引领，盘活闲置农宅，吸引社会资本进入，探索“集体+企业+农户”的发展模式。构建乡村旅游综合集群，成功打造森岚、白鸟、又见炊烟等21个精品民宿品牌。双文铺、白河北村获得全国乡村旅游重点村称号，五年来累计接待游客370万人次。民俗文化与乡村旅游结合，打造休闲旅游文化特色小镇，实现文旅融合双提升，借脑引智，擦亮“白河湾论坛”“金名片”。

5.7 本章小结

本章首先对生态沟域生态产品价值核算模型进行构建，提出了生态产品价值核算应遵循的原则、模型构建和指标方法选择；其次提出了生态物质产品价值、调节产品价值和文化产品价值的核算方法、核算结果及时空演变分析，从而明确了生态沟域内各类生态产品价值特点；最后对沟域内典型案例进行了核算研究，为机制提出提供了可行性案例分析。

6 北京生态沟域生态产品价值实现的成功案例研究

6.1 门头沟区——以开发古村古道项目产品实现“生态溢价”

6.1.1 基本情况

西王平村位于门头沟区王平镇，地域面积2.34平方公里，林地面积95亩，海拔200余米，植被类型为荆条、柳、槐等林木及核桃、柿子、梨等果树。该村落历史文化悠久，曾经是京西古道中的驿站，上、下街两旁曾经商铺林立。西王平村是王平镇域内唯一一个险村搬迁后完整保留古商街现状遗址的村落，除此以外还有古宅院、古树、马王庙、古井等文化资源，是京西山区里少有的古商街之一，文化底蕴相当深厚。

该村落利用现有的古文化资源和自然资源，通过开展特定地域单元生态产品价值（VEP）核算深入挖掘潜在经济价值，实现生态溢价。VEP核算是指通过以开发生态项目为主体，通过核算门头沟区生态环境保护修复、生态产品合理化利用的成本以及相关产业项目经营开发未来可预期市场收益，明确门头沟生态产品价值，从而以此为依据，得到金融资源的支持，构建出一条本地特色的生态产品价值实现的道路，从而最终实现生态溢价。当地开展生态产品价值的优势如下。

6.1.1.1 古文化资源丰厚

曾经的京西古道穿西王平村而过，村里商铺众多，是京西山区珍贵的古道商业街。自元、明两个朝代以来，京城内的民众均从京西的门头沟挖掘煤炭、烧制玻璃，拉煤运货的骆驼群日复一日地行走，便开辟出一条京城通往京西山区的道路，该道路渐渐地也成了京城连接西北等地的重要交通线路。

而西王平村则是在这条道路中充当商业街的角色，为过往的路人提供餐饮等。商业街的建筑历经百年仍然保存较为完整，是西王平村重要的古文化遗迹与资源，为当地生态产品价值的开发提供了文化助力。

6.1.1.2 生态环境修复良好

西王平村处于京西山区与浅山区的交界处。以前，西王平村主要以采矿发展经济，而近年来，西王平村积极响应国家号召，不断开展生态修复，将光秃秃的矿山变成了满山的森林，使该村落处于森林环绕之中。较高的森林覆盖率提高了水土保持水平，也净化了空气，为当地居民提供了优质的生态环境，村内潺潺溪流流淌而过，还存在部分草地瀑布景观，为当地发展生态旅游提供了自然基底。

6.1.2 做法

开展VEP核算，打通市场化路径，始终坚持以生态保护为基础。在西王平村开展的VEP核算是在保护性利用古村古道文化资源的基础上开发生态产业，只在该区域不足1%的面积上以最优模式发展产业，力争对生态扰动降到最小，从而挖掘99%区域的生态价值。

6.1.2.1 划定特定地域单元范围，开展VEP核算

综合平衡生态保护、市场基础、村镇各类资源等要素来划定西王平村建设单元，整合当地的林场资源、古道资源等，以开发休闲文旅产业。一套测算的方法论，以20年租期为依据，综合收益还原法、市场价值法等方法，评估出西王平村的生态产品市场价值为36 073万元。同时，构建模型计算项目基于特定生态产生的纯生态溢价为2 406万元。

6.1.2.2 对接资本市场，推动核算价值可实现

该项目基于良好的运营模式和稳定的现金流预期，已获得国家开发银行北京分行的建设期贷款支持。按照计算的生态产品总值，预计授信额度

约2亿元，后续将以项目公司取得的生态资产做抵押给予二次授信，考虑到生态资产良好的保值和增值性，国开行在额度、年限和利率方面给予利好性倾斜。

6.1.2.3 提升多方主体效益，实现生态可持续

项目主体、村集体和生态资源收储主体都成为该项目的受益人。经测算，西王平项目期内集体经济在固定租金等收益外，预计可获得额外生态分红金额近2 000万元，即年均100多万元。同时，每年还会从生态补偿资金、分红收益或盈利收益扣除成本后的净利润中拿出约5%的资金，用于厚植特定单元生态本底，实现生态可持续。

6.1.3 成效

6.1.3.1 村民经济收益显著提升

西王平村将周边的山、水、林、地、旅游资源等，都开发成为宝贵的生态产品，并具化成价值，参与到融资和收益分配。将推动“使用价值”转为“市场价值”，村民也成为“股东”，享受分红，西王平村京西古道沉浸式生态小镇项目正在成为打通“两山”转化市场化路径的有益尝试。这个项目不仅让“看山人”们的腰包鼓起来，充分体现了绿水青山的经济价值，也为生态的可持续发展提供了有力保障，最终实现了多方共赢的局面。

6.1.3.2 旅游设施基地初有成效

该村落积极发挥种植业的生态优势，利用闲置土地建成了500亩薄皮核桃基地，同时配套相关的旅游设施；打造标准化的现代生态旅游观光园——樱桃观光采摘园；建造西王平村农业发展服务区，建成了地域面积500平方米的特色林果、冷藏、库房等，更好地助力当地的生态采摘等项目；修建了西王平村绿色旅游观光接待站，为游客提供餐饮和住宿，大大地便利了游客的观光旅游。

6.1.3.3 基础设施逐步完善

该村落在近年来不断完善基础设施，修建美化道路，提升交通的便利性，搭建西王平村与外界的联系桥梁；同时修缮当地古村落建筑，使其具有观赏性及安全性，增加路灯、垃圾处理池等，不断完善村落的公共卫生设施，为开展生态旅游提供了优质的村落环境；同时经济水平的提高，幢幢小楼屹立在村落中，该地村民搬进了二层新楼房，提升了村民幸福感。

6.2 平谷区——农文旅融合发展助力生态产品价值实现

6.2.1 基本情况

熊儿寨乡位于平谷区北部山区，拥有近6万亩林场，林木绿化率高达94.2%，植被覆盖率达9成以上。该乡有平谷区唯一的市级自然保护区——四座楼自然保护区。2023年6月相关规划草案，熊儿寨将凸显“小而精、小而美、小而雅、小而特”的特征，打造生态宜居宜游国家森林小镇，构建“一核、一带、一区、两廊、两片”的全域空间结构。面对山区土地集约化利用难、村集体增收难的困境，熊儿寨乡依托当地自然和文化资源，通过发展林下经济和文旅产业，走出了一条生态产品价值实现之路，真正实现了强村富民，见表6–1。

在农业发展方面，熊儿寨乡作为山区乡镇受限于平原土地面积，粮食面积、总量等并不是很突出，但是果品产量较高，处于优势地位，这与其农业发展方向精准定位有关。2022年粮食作物播种面积为335亩，总产量为111吨，其中玉米的播种面积占据大部分，高达223亩，总产量达83吨，单产达到373.2亩。蔬菜种植方面，主要是开展林下经济，种植食用菌，年产量达5吨；果品产量达1 464吨，其中桃的产量占水果产量的87.8%，达1 285吨，见表6–2。可见该乡镇充分结合地域优势，利用优质的生态土壤和地势资源，因地制宜地发展果品经济，将当地的绿水青山用农业技术转化为金山银山，最终实现当地的生态产品价值。

表6-1 熊儿寨乡生态产品价值实现基本情况

Table 6-1 Basic situation of the realization of the value of ecological products in Xiong'erzhai Township

村庄	基本情况	具体实践
花峪村 “靠山兴产”	北部山区	发展高山林下食用菌：流转了13亩闲置空地，建设37座食用菌棚，有效提高土地利用率，打造了林下“黄金屋”，带动农民实现“林下增收” 打造深山民宿—汕谷居：汕谷居占地500平方米，共有两个院落，可同时容纳20～30人
南岔村	地处深山区，海拔250米左右，地势东南高、西北低，村民沿山谷三片散居	果品种植：果园1000亩，种类有大桃、梨、核桃、柿子、杏、栗子等果品，年产果品102万公斤 发展林下经济：平整林下土地；与北京市农业技术推广站对接；成立南岔村林下经济专项工作组；积极与上级单位协调，申报注册商标；探索菌种产学研基地等

表6-2 熊儿寨乡农作物基本情况

Table 6-2 Basic situation of crops in Xiong'erzhai Township

农作物类型	播种面积（亩）	亩产（吨）	总产量（吨）
粮食作物	335	331.3	111
冬小麦	7	212.1	1
玉米	223	373.2	83
谷子	5	200	1
薯类	6	1500	9
豆类	86	174.3	15
蔬菜	5	1087	5
食用菌	5	1087	5
苹果	—	—	53
梨	—	—	35
桃	—	—	1285

注：本表中仅罗列了主要粮食作物，除冬小麦、玉米、谷子、薯类、豆类外，粮食作物还包含其他作物。

6.2.1.1 天然优质的自然资源

熊儿寨乡地形四面环山，地形几乎皆为山地，座座群山巍峨，郁郁葱葱，风景秀丽。该乡具有近6万亩林场，林木绿化率高达95%，有着“天然氧吧”“京畿之肺”之称，有着发展森林小镇的绝大优势。同时著名的市级自然保护区——四座楼自然保护区位于熊儿寨乡，得天独厚的自然资源为当地建设森林小镇、发展生态旅游打下了基底，生态价值丰富。

6.2.1.2 红色人文资源一脉相承

熊儿寨乡是冀东抗日根据地，曾经无数革命先烈在此浴血奋战，有着优良的光荣战斗历史与传统。该区域内保留着较为完整的抗战遗址，基地内有八路军小路、北土门战斗遗址、北土门烈士墓等红色遗迹，众多英雄的热血洒在了熊儿寨的土地上，他们的忠魂长眠于巍峨的九里山。近年来，熊儿寨乡积极利用红色资源，传承红色血脉，整理并出版革命历史书籍，更好地弘扬红色文化。

6.2.2 做法

熊儿寨乡成为生态产品价值实现的成功代表案例，不仅是因为其优质的自然和文化资源助力各类生态产品价值的实现。

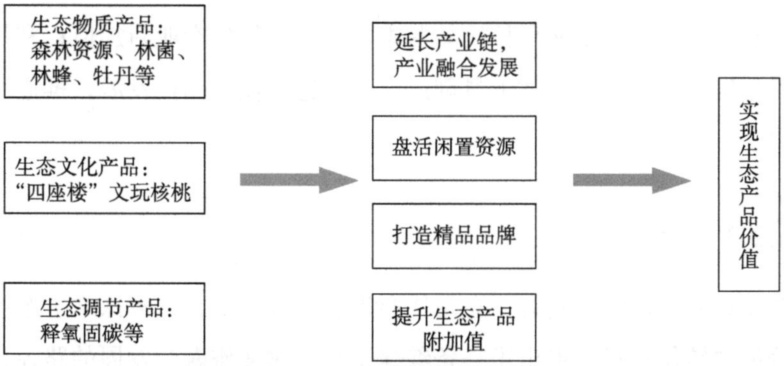

图6-1 熊儿寨乡生态产品价值实现模式

Figure 6-1 Value realization model of ecological products in Xiong'erzhai Township

6.2.2.1 规模化发展林下经济，推进一二三产业深度融合

村集体开展土地流转以此来提高土地利用率，充分挖掘林下资源，大力发展林下食用菌和花卉产业；推进熊儿寨乡林菌“博士”农场建设，依托“博士+村集体+基地+农户”运作模式，科学筹建林菌、林药、林蜂等林下生产基地，同时延长食用菌产业链条，推进蘑菇业态与第三产业融合发展，发展特色餐饮、休闲采摘、观光体验等。种植油用牡丹，开展牡丹培育、牡丹核心产品研发、牡丹特色花茶等特色产品试点项目，延长牡丹产业链，全面盘活林下资源。

6.2.2.2 积极探索“生态桥”工程，实现农业废弃物的资源化利用

农民可以将收集的废弃树枝、秸秆等兑换成有机肥的现金；设置粗粉站，将树枝等压成粉末，再进行降尘除臭，与畜禽粪便或沼液沼渣混合，发酵成有机肥，应用在当地的农田里。

6.2.2.3 打造生态宜居宜游的国家森林小镇，发展农文旅产业

依托丰富的森林资源，确立“一核、一带、一区、两廊、两片”的全域空间结构，强化生态节点功能发挥。在农文旅产业发展方面，熊儿寨乡以做优休闲旅游为目标，整合生态和文旅两种资源优势，发展生态运动休闲、森林康养等休闲旅游产业；熊儿寨乡依托“四座楼”文玩核桃的品牌价值和良好的生态资源，举办了文玩核桃品鉴季，提升了特色产业附加值；利用平谷区农科创发展机遇，发展林下科创产业，推进专业合作社发展，推进产业融合发展。

6.2.3 成效

熊儿寨乡坚持因地制宜，立足优质生态资源禀赋，积极探索生态产品向经济价值的转化路径，走出了一条红绿交织、农文旅融合发展的路径，实现了当地农民的增收致富。

6.2.3.1 优质景观带动文旅产业繁荣

选取优质景观，形成旅游经济切入点，带领村民致富增收。例如老泉口村利用优势清泉景观，借助村内美丽的清泉资源，引入社会企业和资金打造了“泉水帐篷营地”、清泉驿站等，创造了露营微旅游模式，同时衍生出一系列民宿、餐饮等产业链条，带动了村民的致富增收。

6.2.3.2 红色教育基地基础设施提质升级

依托当地红色革命文化资源，开发打造红色革命教育基地，提升游客接待水平等，已经吸引了众多游客前来观赏，在传承与弘扬红色文化之时，带动了当地人文旅游的提质升级，也为当地打造红色旅游品牌助力。

6.2.3.3 特色农产品带动村民增收致富

以科技赋能，助力当地发展林菌、林药、林蜂等特色农科创产业，实现了核桃、栗子等高山农产品的质量提升。例如南岔村开发盘活林下土地，种植“泉水蘑菇”，开发多种蘑菇品种，用优质山泉水灌溉，注册了“泉水蘑菇”品牌商标，帮助当地村民提高收入水平，也推进了当地特色农产品的高质量发展。

6.3 延庆区——打造多功能于一体的生态休闲度假区

6.3.1 基本情况

井庄镇位于延庆区东南部，地处延庆盆地中部，北依水河，三面环山，部分村庄保留着原有的生态景色，清新的空气、悠然的清风、潺潺的流水、茂密的森林，是理想的山水旅游胜地。井庄镇充分发挥南部山区的生态康养优势，结合自身旅游产业发展基础，积极发展康养基地，入选了2022年北京市森林康养旅游示范基地名单。

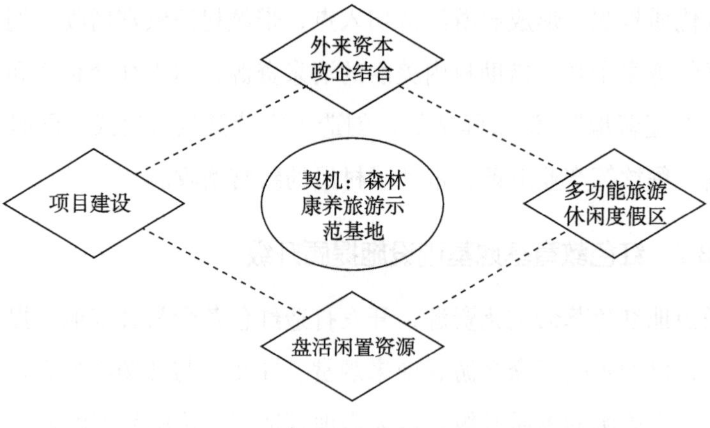

图6-2　井庄镇生态产品价值实现模式

Figure 6-2　Value realization model of ecological products in Jingzhuang Town

6.3.1.1　镇域社会经济状况

2022年井庄镇农林牧渔总产值为11 407.7万元，其中农业产值为3 877.5万元，林业总产值为4 830.3万元，牧业总产值为2 696.9万元，渔业总产值为3万元，可见林业产值在该镇域占据重要位置，这与井庄镇本身林场面积占比大有关。由图6-3可知，2015—2022年井庄镇农林牧渔总产值呈现波动上升的趋势，这与镇域开展生态产业系列活动有关，有效地提高了当地的生产总值。由表6-3可知，井庄镇粮食种植总面积为19 689.2亩，粮食总产量达11 577.4吨；农作物的种植种类较为广泛，主要有玉米、谷子、豆类和油料作物等。

井庄镇镇域为125.7平方公里，耕地面积2.8万亩，山场面积为11万亩；井庄镇属于小镇，镇域内人口有限，2022年井庄镇乡村户数为3 869户，乡村人口为9 406人，乡村从业人员数为7 019人，当前第三产业的从业人员数为3 247人，第一产业的从业人员数为2 885人，第二产业的人员数为887人，可见当前随着对镇域生态旅游业的发展，第三产业成为当地村民主要的就业渠道，有效地解决了当地人的就业问题。2022年井庄镇经营性收入为

31 390万元，其中农户家庭经济收入为30 328.6万元，集体经济收入为1 061.4万元；该镇域人均收入为23 690元，其中集体经济收入为2 413元。整体来看，受地域面积和人口数的限制，井庄镇的农业经济发展一般，但是大片的山场面积具有尚未转化的生态产品价值，这些潜在的生态资源价值有必要进行开发，以实现当地村民的经济致富之路。

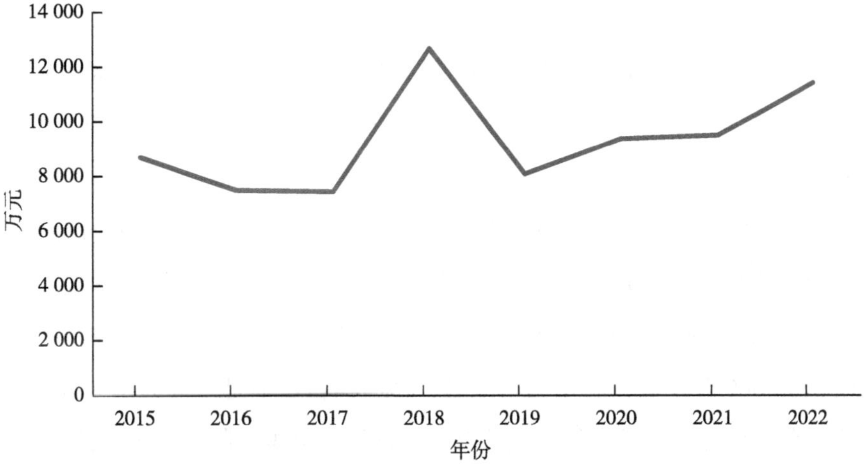

图6-3　2015—2022年延庆区井庄镇农林牧渔总产值

Figure 6-3　Gross output value of agriculture, forestry, animal husbandry and fishery in Jingzhuang Town, Yanqing District, 2015—2022

表6-3　2022年延庆区井庄镇主要农作物种植情况

Table 6-3　Planting of major crops in Jingzhuang Town, Yanqing District in 2022

类别	数量	类别	数量
粮食播种面积（亩）	19 689.2	豆类播种面积（亩）	278
粮食亩产（公斤）	603.71	豆类亩产（公斤）	197.12
粮食总产（吨）	11 577.4	豆类总产（吨）	54.8
玉米播种面积（亩）	19 369.2	薯类播种面积（亩）	4
玉米亩产（公斤）	594.37	薯类亩产（公斤）	300
玉米总产（吨）	11 512.5	薯类总产（吨）	1.2
谷子播种面积（亩）	25	油料作物播种面积(亩）	152
谷子亩产（公斤）	248	油料作物亩产（公斤）	200.7
谷子总产（吨）	6.2	油料作物总产（吨）	152

6.3.1.2 山水林田景观格局多样

井庄镇处于延庆区盆地中部，地形地貌多样，高低起伏，有平原、半山区和山区，因此镇域内具备多种景观资源，如南部群山、全境河流、万亩花田、长城遗迹等众多景观资源。其中，东南部屹立着延庆第二大高峰燕羽山；以南老君堂凤翔花田为代表的大地景观，花田内种有菊花、格桑花、向日葵等五颜六色的鲜花。井庄镇为典型的山区内镇，具有优质的山场和水资源，森林覆盖率高，植被十分茂密，是发展生态旅游的优势自然风景区。

区域多样的地形地貌创造了鬼斧神工的自然景点，同时也是重要的民宿旅游度假区。例如，著名的AAA级景区——碓臼石景区，群山包围，中间峡谷、五溪相汇。该地的生态环境指数及空气质量，在全区域名列前茅，且区域内2 800亩山林为发展森林康养基地提供了优质资源，因此该景区也素有“延庆区氧吧乡村”的称号。柳沟凤凰古城是明朝时期的重要军事城池，该城总面积63 000平方米，现在仍有城墙、城门等古迹遗址。同时除了发展特色旅游，在美食方面，具有代表性的有火锅盆豆腐宴等，颇有历史渊源。

6.3.2 做法

6.3.2.1 打造多功能于一体的乡村旅游度假区，推动高质量绿色发展

井庄镇拥有良好的森林覆盖条件和生态环境，镇域内大多数村庄还保留着原生态的景色，有着发展生态旅游的生态基底。该镇域充分利用井庄镇内南部群山、万亩花田、长城遗迹等景观资源，发挥南部山区的生态康养优势，发展森林康养基地；同时打造特色乡村游玩基地，集休闲养生度假、采摘餐饮住宿等多功能于一体的乡村旅游度假区，以优质的景观资源吸引游客，全方位满足游客的出行观景需求，最终推进当地生态产品价值的实现。

6.3.2.2 盘活村庄闲置资源，打造延庆特色共生社区

坚持把生态保护、生态建设放在首位，充分利用现有闲置房屋、工厂，

统筹村庄周边的山林资源进行活化利用，在“现有景观”的基础上增加节点景观，配套吃喝玩乐等特色功能，多方面挖掘游客需求，增加景区经济收入，带动周边村庄经济发展。

6.3.2.3　引入社会资本，政企合作运营山区文旅项目

井庄镇的经济规划建设通过引入社会资本，实现对景区资源的专业包装与运营，进行科学的生态产品市场开发与经营；政府各部门在项目规划、项目资金等方面均给予了充分的支持，利用政企合作的方式实现双方的互利共赢。

6.3.3　成效

6.3.3.1　文旅产业发展成效显著

井庄镇在乡村旅游发展中获得多项荣誉，成功创建了延庆区首批全域旅游示范乡镇，同时创造性地构建了产业发展布局，获得了多项佳绩，还成功培育和升级10余种特色美食。为游客出行提供了“观景地”“活动体验地”“品味美食地”“民宿体验地”，2022年井庄镇乡村旅游共接待游客63.2万人次，实现收入4 639.5万元，全镇和柳沟村乡村旅游接待人数分列全区各镇、各村榜首。2024年“五一”劳动节假期井庄镇乡村旅游共接待游客51 099人次，实现旅游收入462.8万元，人均消费90.6元。其中，民俗户接待游客39 715人次，实现收入357.6万元；民俗民宿接待游客41 648人次，位列全区第一。

6.3.3.2　吸引多个产业项目成功落地

当地政府及专家智库立足当地实际，以乡村振兴为抓手，开发森林旅游康养示范区等旅游项目，帮助当地科学合理规划旅游资源，打造优质乡村产业布局，吸引了众多项目前来，全力推进“九沟十八湾”建设，完成碓臼石民宿集群、延南山野公园、汤泉酒店等多个项目落地，用旅游业、农业融合发展助力了当地生态产品价值的高质量实现。

6.4 密云区——厚植绿色基底实现生态富民

北京市密云区北庄镇位于北京市的东北部，是典型的山场与平地结合的郊区村镇，整个镇域面积为84.25平方公里，位于密云水库上游，镇域内蜿蜒的清水河常年水流不断，森林覆盖率达82.95%，该镇域近年来大力利用生态自然优势，通过整合乡村旅游资源开展第三产业，借助旅游业实现当地自然生态产品价值；同时在农业发展方面积极借助科技的力量，不断推进当地农业种植技术水平的提升。其中在村镇中发展较为突出的是朱湾村，村中山场面积为5 582.2亩，森林覆盖率高达87%，有着优质的生态自然资源与良好的发展优势；耕地面积为1 081.5亩，当地的种植业水平十分发达，已经形成以林果业为主的产业体系，大力扩展观光采摘旅游产业的发展方向，力争以种植业为基底，高水平推动当地产业的经济发展。

6.4.1 基本情况

6.4.1.1 养殖业与种植业种结合，实现生态富民

由表6-4可知，2022北庄镇农作物播种面积4 259.2亩，农作物产量达1 915.7吨，受该镇域地形丰富的影响，农作物种植类型也呈现多样化发展，以粮食作物种植为主，利用相关绿色种植技术有效保障了当地村民的粮食问题，也为发展第二、三产业提供原材料助力。其中玉米播种面积占据该镇域大部分土地面积，玉米播种面积为3 745.9亩，玉米总产量达1 789.7吨，在高产量的背后离不开北庄镇相关养殖专业合作社的支持，不仅为当地农民免费提供特色玉米种子，同时也要求村民绿色种植，不打农药、不上化肥，生产绿色无公害优质玉米，还教授村民相关种植技术，与村民携手促进当地玉米绿色无公害种植。在保护生态环境的前提下，实现村民的致富增收，也在一定程度上促进了当地生态产品价值的实现，如土壤肥力等。2022年北庄镇其他粮食作物的种植也较多，谷子总产量达43.3吨，高粱总产量达12.1吨。

表6–4 2022年北庄镇农业和养殖业基本情况

Table 6–4 Basic situation of agriculture and aquaculture in Beizhuang Town in 2022

类别	数量	类别	数量
农作物播种面积（亩）	4 259.2	花生播种面积（亩）	64
农作物亩产（公斤）	449.8	花生亩产（公斤）	223.4
农作物总产量（吨）	1 915.7	花生总产量（吨）	14.3
玉米播种面积（亩）	3 745.9	瓜果类播种面积（亩）	5.9
玉米亩产（公斤）	477.8	瓜果总产量（吨）	11.7
玉米总产量（吨）	1 789.7	蔬菜播种面积（亩）	1 329.1
谷子播种面积（亩）	207.3	蔬菜产量（吨）（油菜、大白菜、南瓜、白萝卜）	3 211.1
谷子亩产（公斤）	208.7	果品产量（吨）	2 040.9
谷子总产量（吨）	43.3	坚果产量（吨）	708.9
高粱播种面积（亩）	52	园林水果（吨）	1 332
高粱亩产（公斤）	232.7	苹果（吨）	589.1
高粱总产量（吨）	12.1	出栏生猪（头）	553
白薯播种面积（亩）	141	出栏羊（只）	715
白薯亩产（公斤）	348.9	鲜蛋产量（吨）	153.46
白薯总产量（吨）	49.2	肉产量（吨）	118.5
豆类播种面积（亩）	113	产蜜量（吨）	25.8
豆类亩产（公斤）	189.8	粮食产量（吨）	1 915.7
豆类总产量（吨）	21.5	乡村从业人员数（人）	4 445
油料作物播种面积（亩）	1 058	第一产业（万元）	2 158
油料亩产（公斤）	15.2	第二产业（万元）	797
油料总产量（吨）	16.1	第三产业（万元）	1 490

2022年油料作物播种面积为1 058亩，总产量达16.1吨，其中花生的播种面积为64亩，花生总产量高达14.3吨；该镇域在瓜果类作物播种面积不多，仅为5.9亩；蔬菜生产面积为1 329.1亩，总产量高达3 211.1吨。可见该镇域在蔬菜种植方面投入较多，且蔬菜种植品种多样，主要有油菜、大白菜、南瓜、白萝卜等，品种多样且产量高。这与当地积极引进设施大棚的

先进技术有关，引入水肥一体化、智能控制终端、大数据等新技术，实现了耕、种、管、收生产环节的自动化管理，也提高了当地的蔬菜产量与绿色种植水平。

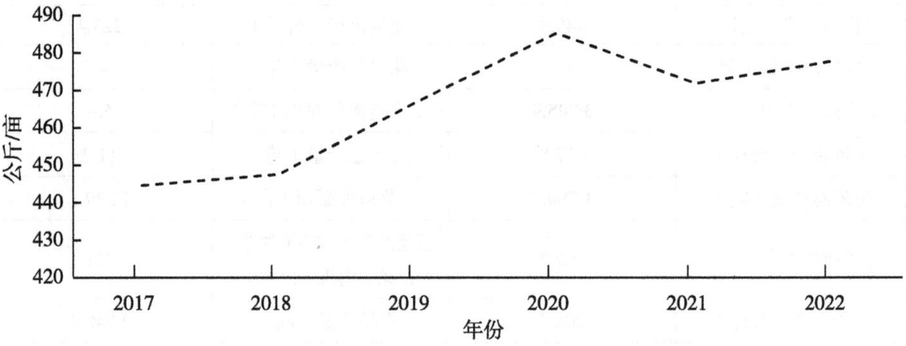

图6–4　2017—2022年北庄镇玉米亩产变化情况

Figure 6–4　Changes in maize yield per mu in Beizhuang Town from 2017 to 2022

除了种植作物，该镇域在养殖方面也涉猎相对广泛。2022年出栏生猪达553头，出栏羊715只，肉类产量达118.5吨。同时也依托蜜蜂养殖实现当地生态富民，该镇域绿化覆盖率高，有着天然优质的养蜂场所。2022年北庄镇产蜜量高达25.8吨，且当地积极建立蜜蜂养殖、蜂产品加工销售等产业发展链条，有效地实现了当地生态产品价值，使绿水青山转化为金山银山。

6.4.1.2　生态为本，绘就绿水青山画卷

北庄镇面积为84.25平方公里，该镇域位于密云城区东北方向，森林繁盛茂密，覆盖率高达81%，有着天然优质的生态环境。北庄镇地处清水河畔，有着丰富的湿地环境，该镇域内鸟类众多，清澈的河流与茂密的森林为各种鸟类的繁衍和生存提供了居所，同时地处密云水库的上游，承担着保护水库的重要责任，因此该镇域始终坚持生态优先的发展方向，在北湖原有优质生态环境的基础上，积极开展河流流域生态修复，拆违腾退部分土地，因地制宜地推进小微绿地、口袋公园建设，力争打造水清岸绿的水陆环境。

该镇域依托当地优质的生态环境，积极打造“美丽密云、诗画北庄、清水小镇、心灵故乡”的品牌形象，大力实施“生态立镇、产业兴镇、引进强镇”的发展战略，以食用杏、苹果、糖梨为代表的鲜果采摘园特色明显，以山里寒舍、山里逸居为代表的高端乡村酒店独树一帜，以苇子峪村、朱家湾村为代表的民俗旅游初具规模，“生态和谐美丽的清水小镇”目标初步实现。

6.4.2 做法

6.4.2.1 挖掘清水河畔文化，实现生态环境高附加值

清水河在此处流经，不仅为当地提供了优质的生态环境，同时也形成了美丽的河流景观，该镇域围绕清水河深挖当地河流文化，开发了一系列以清水河为主题的体验项目，为提升生态环境竞争力提供了助力。该镇域在清水河畔不远处，推出了一系列精品民宿与农家院，为游客们提供了就餐住宿、烧烤露营、手工绘画、戏水赏花、发呆看鸟的场所，也增加了当地村民的经济收入。

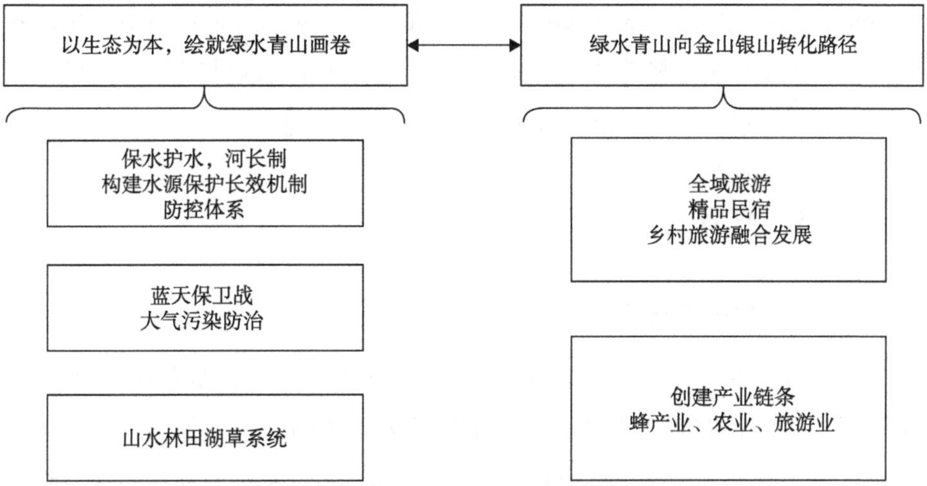

图6-5 密云区北庄镇厚植绿色基底实现生态富民

Figure 6-5 Beizhuang Town, Miyun District, planted a green foundation to achieve ecological enrichment

6.4.2.2 农文旅融合发展，助力生态产品价值实现

北庄镇依托农业企业与科研院所，积极发展多样的农业资源。积极引入社会资本，盘活镇域内闲置资产，成功打造了山里寒舍、蜗牛小镇等生态农旅产业项目，同时通过整合清水河湿地自然风光、红色革命历史等资源，鼓励支持村民发展了云上、画田山居等精品民宿。朱家湾村发展建设农业种植园，推广柴蛋鸡、精品葡萄等特色农产品。朱家湾村创建了自然教育、山居体验、亲子娱乐、团队建设于一体的“蜗牛小镇”生态休闲农场、“中草药科技观光园”等农业休闲旅游产业，提高农民收入水平。该地通过发展农业与文化旅游业，实现当地生态产品价值。

6.4.2.3 依托“互联网+”推动生态产品销售

该镇域通过打造微信公众号、抖音等网络平台，开设销售窗口，推广宣传当地优质的有机西红柿、有机草莓、富硒柴鸡蛋等特色农产品，借助互联网平台提高农产品知名度，同时与京东、“密农人家”等电商合作，联合推广销售。借助政府宣传平台，如密云区融媒体中心、“密云头条”、“密云360”、“今日密云”等当地媒体，宣传推广北庄镇特色旅游景点、精品乡村民宿、生态果蔬采摘等项目，提高游客对当地休闲农业与乡村旅游的信任度。总之，通过一系列举措促进生态产品的价值实现。

6.4.3 成效

6.4.3.1 绿色家底更加充实

北庄镇的生态环境质量不断改善。立足现实，扛起保水首要政治责任，制定了相关河长制管理办法，实现了镇域内河道的常态化保洁、常规化巡查、长效化管理。不断拓展绿色空间，完成9 100亩密云水库周边国土绿化试点示范项目，稳步推进3 840亩集体林场示范区建设项目，生态涵养水平稳步提升。深入打好蓝天保卫战，持续巩固“基本无裸露镇”创建成果，深

化“一微克”攻坚行动，全年$PM_{2.5}$平均质量浓度27微克/立方米，排名全区前列。

生态产品价值逐步实现。一是北庄镇充分挖掘清水河特色湿地生态资源，组织开展了关于湿地保护的主题活动；二是推进观鸟特色小镇建设，制定特色乡镇建设实施方案，组织开展特色观鸟活动，通过一系列举措构建集保护培育观鸟资源、自然教育与研发、优质特色农产品推广、自然科学研究于一体的观鸟经济产业链。

6.4.3.2 乡镇文旅收入逐步增多

北庄镇始终以生态保护为根基，以居民市场需求为导向，以促进农民经济收入增长为核心，逐步探索生态物质、文化和调节产品价值的实现路径。

一是以复耕地块种植千亩油菜“花海”为舞台景观，围绕特色农耕文化、民俗民风为主题，创作相关的景观小品，打造北庄文旅网红打卡点。二是举办首届农场音乐节活动，提高北庄镇文旅产品品牌的知名度，全面推介镇域文旅产品、旅游路线及北庄好物。三是积极开展非遗传承保护活动，探索“非物质文化遗产+乡村旅游”全域融合发展新路径。依托“爱鸟之家”和“生物多样性保护推广行动”，建立以自然科普教育、爱鸟观鸟为主线带动民宿发展新模式，促进民宿产业提档升级。

6.5 房山区——开展废弃矿山生态修复

生态修复是对因过度开发导致生态环境遭受严重破坏的区域，进行生态环境修护，一般包括人工修复和自然修复。人工修复是指采取一定的修护措施使区域恢复到原先的生态水平；自然修复是指没有人为干预，区域的生态系统进行自我休养生息。

6.5.1 基本情况

北京市房山区史家营乡曹家坊矿区位于北京市西南部、中国房山世界地质公园拓展区，拥有丰富的矿产资源、壮观的景观资源。但是多年来，曹家坊矿区由于长时间地无休止开采，导致矿区内森林植被损毁、水土流失等问题严重，同时伴有泥石流、山体崩塌等地质灾害，破坏了该区域生态系统平衡，也影响了该区域的可持续发展。

6.5.1.1 逐步开展生态修复

近年来，史家营乡积极响应北京市确定的“生态修复、生态涵养”的区域功能定位。2006—2010年，将全乡范围的142座煤矿陆续全部关停，终于结束了千年煤炭开采史。同时也为当地积极创造发展生态经济的机会，从2010年起，采取“政府引导、企业和社会各界参与”的模式，对曹家坊矿区开展生态修复，并引入市场主体发展生态产业。经过一系列的持续性努力，曹家坊矿区面貌焕然一新，成了京郊地区生态修复及生态经济的典型成功案例。截至目前，矿区已修复面积达2 300多亩，同时开展绿色种植，提高植被覆盖率，大大地改善了当地村民的生活环境质量，也为当地迎来了层出不穷的经济商机。

6.5.1.2 生态产业的繁荣发展

曹家坊矿区积极发展集文化、旅游、民宿、旅游、绿化等为一体的产业集群，推进多业态的融合发展，提高各产业的附加值，例如创建了“绿水青山蓝天、京西花上人间”的百瑞谷景区，走进百瑞谷景区，可以看到矿山修复区、矿业遗迹展示区、自然风光区、乡村民俗旅游区等多个功能分区，矿区文化、人文历史、自然风光成为该区域的“新资源”。当然生态产品价值实现的体现，除了生态环境的改善，还有当地农民收入水平的提高。由图6-6可见，2010—2022年房山区史家营乡农民收入取得了极大的进步。在起初阶段2010—2015年，经济收入上升幅度较小，这与生态产品的养育有关，良好的生态环境需要时间的孕育，例如植被覆盖率的提升、土壤肥力的改善、矿山表面的修复等。

总之，该矿区用一系列切实且有效的行动将“黑色系”的产业转变为“绿色型”“可持续型”产业，以打破现状的勇气、不畏艰险的脚步、开放好学的努力生动地阐释了“绿水青山就是金山银山”的发展理念，为生态沟域整体实现生态产品价值提供了成功的经验案例。

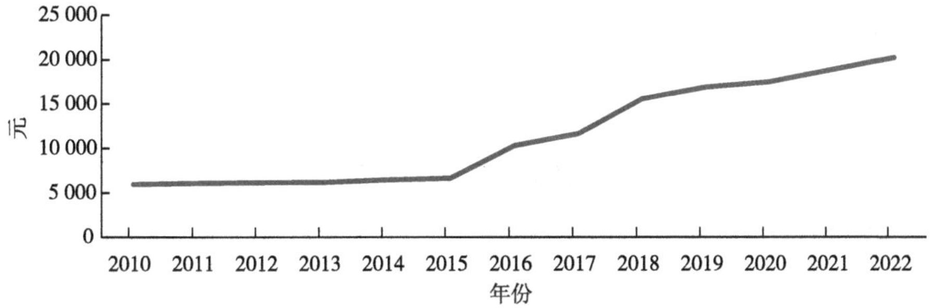

图6-6 2010—2022年房山区史家营乡农民人均收入数据情况

Figure 6-6 Data on farmers' income in Shijiaying Township, Fangshan District, from 2010 to 2022

6.5.2 做法

6.5.2.1 明晰产权，开展统一修复和经营

当地政府为便于对曹家坊矿区进行深入的开发与发展，积极盘活与流转集体林地承包经营权，力争通过明晰产权、明确修复范围和厘清收益归属，有效地调动当地大小市场主体的经营主动性。

曹家坊村引入具有生态修复与产业开发能力的北京百瑞谷旅游开发有限公司，按照70年的承包期，将矿区所在的后沟区域4 700多亩集体林地承包经营权统一流转给该公司，实现了矿区生态修复权、林地经营权与产业开发权的三权合一。

6.5.2.2 开展地形地貌修复与森林植被恢复工作

基于曹家坊矿区的地形地貌与挖采情况，科学合理地评估生态修复的措施方法，以对生态环境损害最小的方式实现对当地矿区的生态修复。因此，为了避免地质灾害的持续发生，采取了客土回填矿坑、修建行洪渠等生态修复措施；在矿区内种植了近10万株树种，同时在边坡地带种植草皮。经过后期持续的生态修复与人工养育，曹家坊矿区恢复了曾经的绿水青山。

6.5.2.3 发展生态型产业，切实地将绿水青山转化为金山银山

将修复成果转化为切实的经济效益。利用现有的自然生态环境、矿山文化、红色文化等开展文化旅游业，实施“生态+旅游”“生态+民宿”等模式，推动该矿区持续地产生经济收入，并将10%的利润分配给村集体。曹家坊矿区通过开展生态修复等一系列工作，将往日光秃秃的矿区转化为绿水青山的景区，让人们切实地享受到了生态红利。

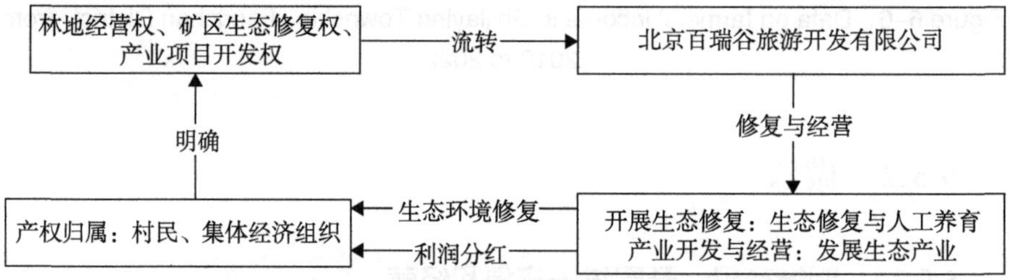

图6-7 房山区史家营乡曹家坊矿区生态修复实现

Figure 6-7 Ecological restoration of Caojiafang mining area in Shijiaying Township, Fangshan District

6.5.3 成效

6.5.3.1 生态产品提质增量

房山区曹家坊矿区通过一系列生态环境的修复，极大地改善了当地的生态质量，积攒了“万贯绿色家财”。曹家坊矿区经过不断的生态修复，森林

覆盖率由2009年的46.9%提高至2019年的69.6%；林木绿化率由2009年的61.8%提高至2019年的89.4%。森林作为陆地生态系统主体，具有重要的碳汇功能和作用，有着“地球之肺”的美誉，关乎一个地区水源涵养、土壤保持、释氧固碳的生态水平。因此，矿区森林覆盖率的提升，不仅保障着当地居民的优质生活环境，也对北京市整体生态环境的提升发挥了不可或缺的作用。草地增加了3.21万平方米，曾经已经断流的山泉恢复了自流，并且水质达到了国家地下水Ⅱ类标准；空气质量从“污染”级别改善为$PM_{2.5}$平均质量浓度31微克/立方米的优质状态，相较2010年$PM_{2.5}$平均质量浓度下降了18%。随着矿区生物多样性水平的提高，曾经经常在此觅食的野生动物逐渐回归，例如白鹭、野鸭、野猪、狍子等。综上，生态修复和生态环境建设工作的推进，使矿区生态产品有所增加，生态产品价值也大幅提升。

6.5.3.2 生态产业与旅游业融合发展

矿区对生态环境的修复，为当地发展旅游产业等打下了基础。该地政府积极推进红色资源与自然风光区的交流融合。矿区具有代表性的百瑞谷景区，综合景区历史遗留文化、地形地质、自然风光和民俗文化等资源，进行了一定的区域划分，例如矿业遗迹展示区、乡村民俗旅游区等多功能区划。同时也开发了百瑞谷饭店，为当地游客的就餐提供了便捷场所。

当然，生态环境的改善不仅有助于自然风光景区的发展，也为人文历史景区增添了光彩。毗邻矿区的萧克将军作战指挥所旧址也搭上了此次的“绿色观光车”，红色旅游资源与自然景区联合开发形成吸引力，吸纳了一批游客前来参观当地特色文化。不仅促进了红色文化的传播，也带动了生态产品价值的变现。据统计，2018年以来，景区共接待游客7.5万余人次，旅游综合收入稳步增长，初步实现了“绿色”生态产品和“红色”文化资源的价值，有效地打通了当地生态产品价值实现的路径。

6.5.3.3 村民经济收入显著提升

曹家坊矿区内村民的经济收入主要围绕“煤矿”产业，经济收入趋于单一化，且随着煤矿过度的挖掘以及国家积极倡导发展绿色产业，使用清洁能源等，煤炭产业已经成为发展滞后的产业，经济前景不太乐观，这也在一定程度上影响了当地村民的经济收益。随着矿区生态环境的逐步改善，当地逐步开展了生态旅游、红色旅游、农家乐等产业，多种经营模式的拓展，带动了当地矿区以及乡镇整体经济收入的提高。“生态+产业”模式的展开，史家营乡在交通运输、餐饮服务、农副产品销售、民宿等业态上逐步发展，完善的产业链条为旅游业打下了良好的基础，有利于吸引更多游客前来，由此也带动了当地居民依靠发展生态产业实现经济收入的提高，使生态优势转化为经济优势。根据相关数据得出，曹家坊村民的人均劳动所得已经从2010年煤矿关闭时的每年14 292.7元，增长到2018年的每年18 940.4元；史家营乡一二三产业从业人员的结构也在不断优化调整，第三产业从业人员比例大幅提高，基本实现了绿色产业转型发展。

6.6 延庆区——特色园艺引领生态旅游

生态旅游是指某区域在生态保护的基础上，依托当地自然生态环境和人文资源，并借助一定的商业探索模式，创造性地发展生态旅游产业，从而将该区域特有的生态优势转化为实实在在的经济优势，以生态旅游业经济收入反哺当地环境，在一定程度上起到弥补当地民众发展的机会成本。

6.6.1 基本情况

延庆区依托“首都西北部重要的生态保育及区域生态治理协作区、生态文明示范区”等功能定位，凭借当地优良的气候条件、优质生态环境、多元文化的交融、世界盛会的承办，以及多年来首都生态涵养区建设、生态文明示范区创建，持续发展特色旅游业，取得了诸多成效。

6.6.1.1 自然生态环境优良

延庆区地处北京市西北部，是首都的水源地和重要生态屏障。该区地域广阔，面积高达1 995平方公里，其中山区面积占72.8%，具有山地多、海拔高的地形特点，区域内气候独特，冬冷夏凉，素有北京“夏都”之称。2022年境内森林面积为123 287.26公顷，森林覆盖率达61.8%，湿地面积为5 008公顷，湿地保护率达92.47%，地表水环境质量指数保持北京市前列，境内有松山、玉渡山、野鸭湖等12个国家和市、区级自然保护区。全区现有景区景点30余处，其中A级以上旅游景区13家，城区建有9座公园，占区域面积近20%。由图6-8可知，延庆区2015—2022年森林覆盖率实现大幅增长，这与延庆区近年来积极响应北京市政府生态涵养区生态功能的基本定位以及自身发展特色园艺旅游有关。

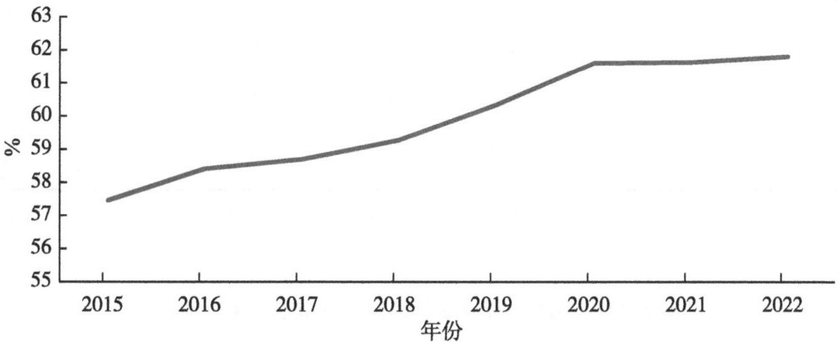

图6–8 2015—2022年延庆区森林覆盖率变化情况

Figure 6–8 Changes in forest coverage in Yanqing District from 2015 to 2022

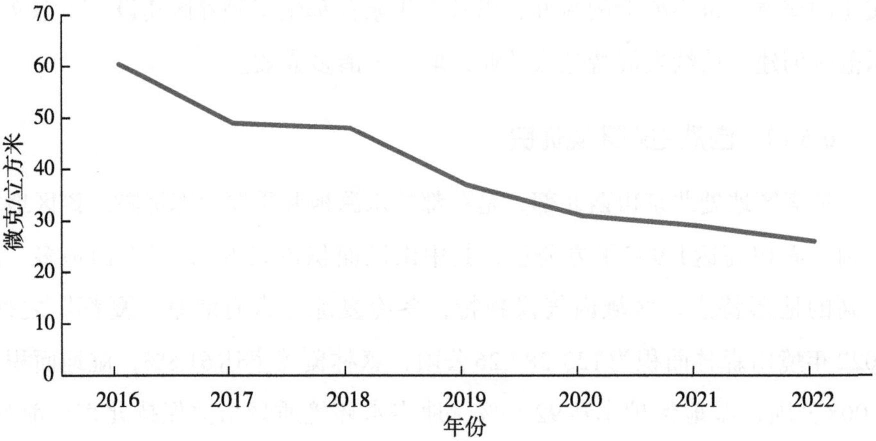

图6-9　2016—2022年延庆区细颗粒物（$PM_{2.5}$）平均质量浓度值

Figure 6-9　Average concentration of fine particulate matter（$PM_{2.5}$）in Yanqing District from 2016 to 2022

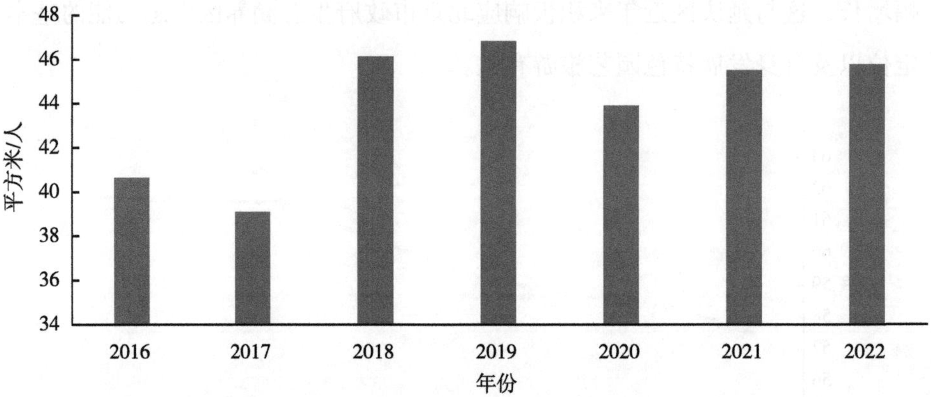

图6-10　2016—2022年延庆区人均公园绿地面积

Figure 6-10　Per capita park green space area in Yanqing District from 2016 to 2022

6.6.1.2　社会经济状况

2022年延庆区实现地区生产总值210.26亿元，比上年增长了3.7%，其中，农林牧渔业地区生产总值达76.22亿元，增速为14.6%。由图6-11可知，2015—2022年观光园与乡村旅游总收入呈现曲折上升状态，除了2020

年受疫情影响，经济总收入急剧下降，其他年份均是发展势头良好的状态。2016年延庆区人均可支配收入为29 157元，2017年人均可支配收入达31 555元，经过多年的发展，2022年人均可支配收入达到41 206元，实现了41.32%的增长率。可见延庆区积极结合自身定位，发展旅游业、农业、民宿等相关产业，实现了当地民众经济收入的提高。

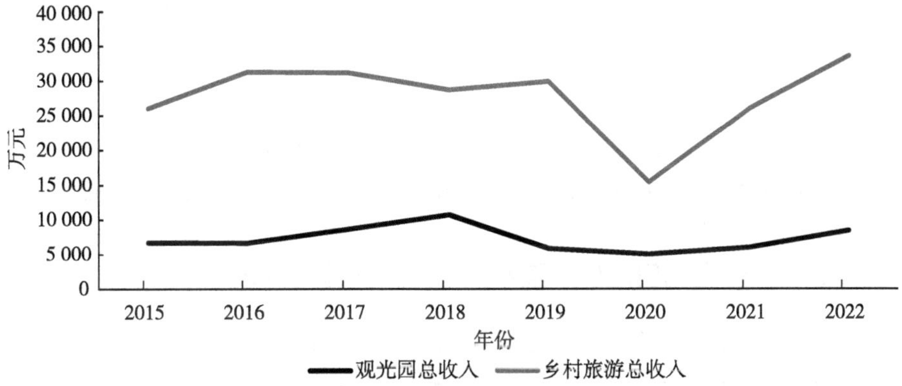

图6-11　2015—2022年延庆区观光园与乡村旅游总收入情况

Figure 6-11　Total income of tourist parks and rural tourism in Yanqing District from 2015 to 2022

6.6.2　做法

延庆区生态旅游业发展得如火如荼，并且是北京唯一入选生态环境部典型案例的生态涵养区。具体做法如图6-12所示，这是延庆区以优质生态环境为基，遵循国家以及北京市倡导的生态文明建设理念，同时抓住了冬奥会的发展契机，科学合理的规划建设，因地制宜地开展了特色园艺旅游，最终有效地推动了延庆区生态产品价值的实现。

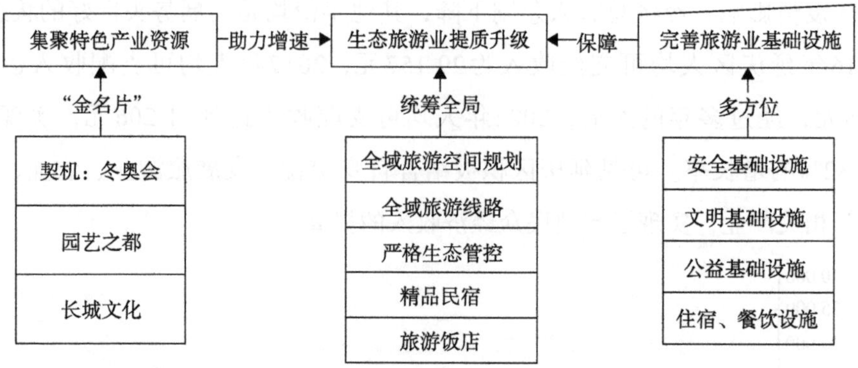

图6-12　延庆区生态旅游产业化实现路径

Figure 6-12　The path of ecotourism industrialization in Yanqing District

6.6.2.1　结合自身定位，瞄准生态旅游业提质升级

延庆区结合区域内各地特色旅游景点，编制旅游空间规划图，并打造全域旅游线路。将延庆区各类景点全呈现在一张图上，且点点相连，汇聚成线，将生态资源优势地区与劣势地区共同推进，弥补了劣势地区单打独斗的被动局面，也为游客呈现了错落有致、精彩绝伦的特色景观，用优质的生态景观满足了游客参与生态旅游的休闲娱乐的期望。同时将全域生态用地划分为旅游用地与用地管控两类，在保护好生态环境的前提下推动生态旅游业发展。

6.6.2.2　紧跟市场定位与游客需求，完善旅游业基础设施

在旅游饭店服务、旅游线路中安全配套、精品民宿打造方面下足功夫。设立相关标准，规范饭店、民宿等服务业精品化发展。结合延庆各地特色农产品和大众口味，打造优势旅游饭店供给模范，并设立标准对饭店进行评级优化，督促其不断进步的同时，也为游客提供选择性参考。在打造精品民宿方面，完善民宿管理与服务机制。设立民宿安全、设施、服务等各类标准，严格把控市场定价，同时对民宿内安全设施进行监督管理，保证区域内民宿规范化、安全化发展；设立民宿带动就业奖励政策，形成共促区域经济发展

的友好和谐氛围。

6.6.2.3 集聚全域特色产业，打造旅游发展金名片

积极构建全域旅游发展新格局。延庆区为了高效地推动全域旅游业的发展，在区域行动规划、政策体系、市场效益分析等方面做了全局性的引领工作，促进了延庆区旅游发展的全域化、旅游供给的品质化、旅游治理的规范化、旅游效益的最大化。同时抓住冬奥会重要契机，保障冰雪园艺特色产业集聚；充分挖掘长城文化、集聚“世园”资源，打造“园艺之都”。总之，各类优势产业集聚，迸发生态旅游业发展活力，打造延庆区旅游发展“金名片”。

6.6.3 成效

6.6.3.1 构建极具吸引力的旅游路线图

延庆区在编制旅游相关规划文件的基础上，结合延庆区景区位置、乡镇位置分布特点，设计了一系列市级旅游休闲步道，分别为景观步道、乡野步道、登山步道、滨水步道四种类型步道，优化旅游环境，串联景区景点，带动有潜力而欠发展地区，形成旅游大环线。此次旅游路线的构建不仅将各分散景点进行集聚，也将整个区域旅游产业串联起来，打造生态沟域特色旅游线路，红色文化资源、长城文化、鬼斧神工的自然景观集聚，提高了延庆区旅游业的吸引力；同时也使区域的旅游业基础设施与服务设施更加完善、成熟，将延庆区的“冰山雪山、绿水青山”切实地转化为“金山银山”。

6.6.3.2 推进精品民宿实现跨越式发展

延庆区相关政府领导十分重视精品民宿的推进，成立了延庆精品民宿联席会，集中力量解决精品民宿在各个发展环节中面临的问题，由此形成了精品民宿“一盘棋”的协同管理局面。同时基于行业标准与扶持政策两方面的文件，开展了一系列民宿规范化建设行动，完成了区域内48家民宿的认定

工作，也助力了精品民宿收入的翻番发展；这次规范化建设行动也为游客提供了定心丸，由政府出面进行检查认定，使得精品民宿在信誉度、硬件设施、收费合理性等方面，具有一定的可信度，为游客游览延庆区提供了优质住所。2018年出台了延庆区精品民宿奖励资金支持管理办法，安排一部分财政资金用于规范与促进精品民宿的建设，由此也带动了当地村民的就业，提高了经济收入。在民宿奖励政策的推动下，截至2019年，延庆区精品民宿达到75家，民宿小院超过270个，较2018年底分别增长了177.8%和107.7%。

6.7 昌平区——创新集体林场经营模式

北京昌平区面积1 343.5平方公里，其中昌平区山区和半山区所占比重较大，山区面积754.11平方公里，占土地总面积的56.13%，平原区面积为589.39平方公里，昌平区复杂多样的地形地貌，也使得土地利用类型多样，从而该区域在农业、生态旅游业、果品种植业等方面均有所涉及。

近年来，昌平区立足新发展阶段，贯彻新发展理念，积极响应北京市“四个中心”建设任务和要求，以加快“四区”建设、服务首都发展，建设国际一流的现代化新城为目标，依托自身良好的生态底蕴和绿色产业结构，全面开展“绿水青山就是金山银山”实践创新基地建设，坚定不移疏功能、转方式、治环境、补短板、惠民生，不断探索实践具有昌平特色的绿水青山向金山银山转化路径和模式，取得了一定进展与成效。

6.7.1 基本情况

6.7.1.1 优良的生态基底

十三陵镇地处昌平区西北部，背靠燕山、西临太行，是生态涵养区重镇、北京市森林康养旅游示范基地。当前该镇域面积158.8平方公里，森林资源总面积高达0.65万公顷，占据全区森林资源总面积的10%，森林覆盖率78.78%。截止到2024年3月，该镇域集体林场造林养护面积为17 000余亩，动植物资源及林木资源丰厚。

6.7.1.2 典型的生态农产品

十三陵镇积极开展生态农业种植，是典型的樱桃种植大镇。镇域内应用了现代矮化密植栽培技术，樱桃亩产达到了2 000斤左右，是传统生产技术的两倍，优质果率可达90%以上。坚持生态发展理念，以绿色有机为方向，推进现代休闲农业和乡村旅游融合发展，形成集观光旅游、采摘娱乐等为一体的产业链，使乡村生态游成为拉动经济增长和带动百姓增收致富的重要方式。积极开展农民丰收节系列活动、举办樱桃文化节，通过线上线下平台宣传昌平樱桃，提高樱桃的知名度。镇域内樱桃种植面积约3 000亩，占全区樱桃种植总面积的50%，使用农家肥料代替有机肥料，镇域所培育的品种有红灯、早大果、黄蜜、雷尼等10余种，樱桃肥厚多汁，酸甜可口，是当地优质特色农产品。

6.7.2 做法

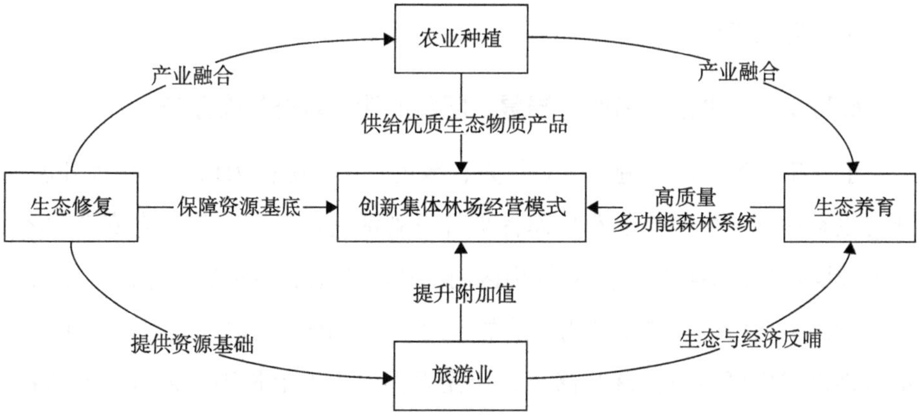

图6–13 昌平区创新集体林场经营模式

Figure 6–13 Innovative collective forest farm management model in Changping District

6.7.2.1 大力发展林下经济，走“生态产业化、产业生态化”路径

十三陵镇依托得天独厚的生态自然条件，森林类型多样且面积广阔，大力开展林下经济种植。一是扩大生态用地面积，重视违建拆除空地的生态建设与利用，将空地“复绿化”，拥有发展生态产业经济重要基底，也有助于后续发展林下经济规模用地。例如十三陵镇万娘坟村拆除村东110国道两侧违法建设，种植枫树、柳树、白蜡树等生态景观林120亩，形成了“一林一景、一季一景”的自然生态景观。二是以林地资源为依托，以新型集体林场为载体，以“调结构、添景观、创品牌、增效益”为主要路径，不断摸索镇域内生态产品价值的高效实现。三是盘活文旅资源，实现种植业、文化业和旅游业的产业融合。依托明十三陵、十三陵水库等文化遗产和景区资源，打造出一条优质的文旅融合路径，现已打造了花海景观、药材种植、亲子游玩等多种林下经营业态，打造特色生态旅游产品体系。例如利用120亩景观林打造“亲子乐园（一期）”项目，设计建成亲子游戏、萌宠乐园等多种娱乐项目。自营业以来，年游客量突破4.4万人次，带动本村村民实现家门口就业，探索出了一条促进群众增收致富的新路子。十三陵镇通过减存量、控增量，复绿、增绿夯实可持续发展根基，绿色林地正变为金色宝地，实现了“添绿增金”，探索出一条“生态美”转变为“百姓富”、生态资源转化为绿色资本的有效路径。

6.7.2.2 推进生态治理与修复，培育多功能森林生态系统

十三陵镇始终以打造“生态优先、绿色发展”标杆为信念，积极开展镇域内生态治理、生态修复和生态保护等系列活动，严守自然生态安全边界。一是开展疏整促专项行动，对浅山区内的违法占地、违法建设等进行专项整治，腾出生态用地。二是利用腾退的土地和相关闲置用地开展绿化美化，逐步地推进浅山区生态治理与修复，让光秃秃的土地上长满绿色希望的植物。三是精心培育健康、稳定、安全、高效多功能森林生态系统。镇域内集体林场以网格化管理的方式，科学全面地保障森林管护工作的精准提升；同时加

大森林内部病虫害防治力量，为集体林场构建多重防护体系。总之，从精准管理和技术养育两方面着手，加大生态建设和森林管护力度，注重本土植物品种和生物多样性营造，全面保护和科学修复天然次生林，精准提升森林质量，巩固浅山区治理成果，实现了山区“更美、更绿、更亮丽”。

6.7.3 成效

新型集体林场经营模式实现了村民增收致富。十三陵镇通过创新集体林场经营模式，把昌平区上风上水的自然优势转化为高质量发展的竞争优势，将生态资源向经济收益转化，切实地惠及民众生活的各个领域，真正践行了绿水青山就是金山银山的生动实践。

6.7.3.1 新型林下经济实现增收致富

积极探索“林下套种”新模式，发展菌菇种植项目实现增收致富。带动了当地居民的就业，菌菇种植项目的开展，带动了有种植意愿的村民参与进来，例如严格把控棚内湿度、温度和通风情况，政府出面聘请专业机构给予技术教授，让当地村民掌握新的谋生技能，从而让其在劳动中获得经济收入。增加了林地的附加值，也使村民的腰包鼓了起来。2022年全镇新发展林下经济种植1 500余亩，带动周边村民就业450余人，人均年增收4万余元。本地通过选择适宜本地种植的食用菌品种，结合相关技术条件，实现了当地菌菇的高质量营收，也推进了生态产品价值的实现。

6.7.3.2 农文旅融合唱响昌平十三陵生态文旅品牌

十三陵镇充分挖掘乡村旅游内涵，利用好镇域内文化遗产和绿水青山的优势资源，塑造了农业与文化和旅游融合的“新高地”。十三陵镇依据得天独厚的地理优势，将人文景观与自然资源积极融合，打造“旅游强镇”战略。一是不断丰富旅游新业态。镇域内的仙人洞村承载着丰厚的文化资源，因村北蒋山天然溶洞“神仙洞”而得名，明代“燕平八景”之一的“石洞仙踪”就是此处。当地不仅积极地开发特色文化资源，同时以“美食为媒”，推出特色农家宴席，打造特色农家乐品牌，研究特色素食宴，美食餐饮业态的加持为十三陵镇旅游业增添光彩；同时打造精致的“民宿”和富有创意的“3D立体墙”景观，打造为北京市的“网红打卡地”。二是积极整合闲置的房屋资源，实施统一规划和合理利用，从而进一步完善了旅游产业的配套设施，提高旅游服务质量。

6.8 本章小结

本章利用案例分析法，选取了北京市生态沟域在生态产品价值实现方面的成功案例，通过分析其差异化成功路径及经验做法，明确了生态沟域在产品价值实现方面所做出的努力，为整个沟域生态产品价值实现机制的提出提供了可行性依据。

7　生态产品价值实现的国际经验

7.1 政府主导型生态产品价值实现模式

在政府主导型模式下，政府通过立法、财政支持和政策引导等手段，推动生态产品的价值实现。这种模式的核心是依赖于政府的政策调控，确保生态系统服务和自然资源的保护与合理利用。通过生态补偿、支付机制和国际合作，政府在生态产品的保护和利用中起到了主导作用。

7.1.1 美国湿地银行制度

7.1.1.1 案例背景

1.湿地面临严峻的生态威胁

自20世纪以来，随着城市化、农业开发和工业扩张的推进，美国湿地资源受到大规模破坏，湿地面积急剧减少。据美国环保署（EPA）数据显示，自1780年到1980年，美国已经失去了大约53%的湿地面积，由原来的2.21亿英亩缩减至1.02亿英亩。在密西西比河流域的中西部地区，湿地消失速度尤为惊人，该地区的湿地面积自19世纪以来减少超过80%，尤其是农业扩展导致的湿地排水对其影响重大。湿地作为北美水禽的重要栖息地，其面积的大量消失，不仅造成了栖息地的丧失，使得许多物种的生存受到了威胁，还影响了洪水调节、地下水补充以及生物多样性的维持。

2.湿地减少造成较大经济损失

湿地作为“地球之肾”，其水文调节功能在防洪减灾方面尤为重要。湿地的减少，直接导致洪水频发，极端气候下的损失更加明显。据美国地质调查局（USGS）报告数据显示，一英亩湿地在强降水期间可以储存600万升的水，湿地面积的减少降低了这种天然“蓄水池”的容量，提高了洪灾风险。1993年美国中西部的洪灾共造成超过150亿美元的经济损失，并影响了约400万英亩的农业用地。此外，据美国环保署估计，美国的湿地每年为国家提供超过50亿美元的水质净化服务，去除超过30%的水体污染物，而湿地功能的丧失则需要每年花费数百亿美元的投资，通过人工手段进行水质的过滤和净化。

3. 生态系统服务功能认知提升

随着生态学和环境经济学的发展，湿地的生态服务价值逐渐得到了广泛认可，其生态服务价值逐步得到量化。根据美国环保署的数据，湿地每年为美国提供的生态服务价值高达500亿美元，其中包括洪水调节价值200亿美元、水质净化服务价值约50亿美元、碳储存和吸存服务达到30亿美元左右。湿地的生态服务亟须通过生态信用的形式进入市场交易，在提高湿地保护效率的同时，为开发商和社会提供切实的经济激励。此外，湿地在碳吸存和气候变化减缓中的作用日益得到重视。有研究显示，美国湿地约每年储存1.3亿吨碳，相当于每年排放量的约9%，湿地作为重要的碳汇，能够长期储存大量碳，减少温室气体排放。

7.1.1.2 实现机制

1. 湿地银行的设立

湿地银行是由私人企业、非政府组织（NGOs）、土地所有者或州政府、环保组织等政府机构发起设立的湿地修复或创建项目。湿地银行的设立者将已经退化或生态功能受损的湿地作为修复区域，根据当地生态价值、地理位置、水文条件等因素，制订详细的修复和创建计划。该修复计划涵盖湿地类型、修复目标、生态功能的期望恢复程度、时间表及长期管理策略等内容，制订完成后需提交给美国陆军工程兵团（USACE）和美国环境保护署（EPA）进行审核。相关部门通过严格的审批程序，对修复计划的可行性和生态保护目标的贴合性进行评估，通过者则准予设立湿地银行，运营者即可开始实施湿地修复工程。同时，运营者在湿地修复的过程中，需遵循批准的方案并定期报告进展情况，以确保修复工作的有效性和可持续性。

2.生态信用的生成

生态信用是湿地银行制度的核心概念，它将湿地修复项目的生态效益量化为可交易的单位，用于补偿开发项目对湿地的破坏。在湿地修复项目完成后，生态信用的生成取决于湿地的生态功能恢复情况。美国环保署等政府监管机构根据恢复的湿地面积、生态功能、植被重建和物种回归等多种因素，核算出湿地所生成的生态信用数量。其中，在生态信用生成过程中，政府监管机构会对修复的湿地进行现场精准评估，在确定湿地生态系统的功能恢复到设定标准后，才进行生态信用的核准，以确保生态信用具有实际的生态价值。生态信用将复杂的湿地修复成果转换为可量化的单位，为后续的交易和补偿机制提供基础，同时也确保了湿地修复的质量和生态效益的实现。

3.生态信用的交易

湿地银行生成的生态信用可以在市场上交易，开发商可以通过购买信用来抵消其开发项目对湿地造成的破坏。当开发商在进行如道路建设、住宅开发或其他基础设施项目时，会对湿地生态系统造成一定程度的破坏，开发商必须进行生态补偿。生态信用的产生带来了极大的便利，其可在市场上进行自由交易，价格由市场供需决定，即在湿地稀缺、开发压力大的地区，生态信用价格可能较高。生态信用的交易存在一定的限制性，即生态信用通常只能在根据湿地功能、水文条件等划分的生态区域内进行交易，不允许跨区域交易，从而防止湿地生态补偿的失衡。这种市场化机制不仅能够促进湿地保护与经济开发之间的平衡，同时能够刺激更多社会力量对湿地修复的参与，提高开发项目的合规效率。

4.政府监管与批准

湿地银行制度主要由美国陆军工程兵团（USACE）和美国环保署（EPA）负责监管，此外州政府的环境部门也会参与地方性湿地保护与修复的监督工作。多级机构的共同参与确保了湿地修复项目的科学性和可操作性。在湿地银行设立、信用生成和交易的每个阶段，运营者都需要向监管机构提交详细报告，并接受现场检查。政府机构根据湿地的恢复情况、信用的生成依据等进行严格的审批，确保生态信用与实际的湿地恢复相符。在湿地修复和管理的整个过程中，政府机构会定期进行现场检查和审计，确保湿地银行项目按照规划进展。政府监管确保了湿地银行制度的公开透明，联邦和州级政府机构通过多层级的审批和监管，确保湿地修复项目的科学性、信用生成的合法性以及市场交易的公正性。

5. 长期监测与维护

湿地修复的成功不仅体现在短期的生态恢复，还在于长期内湿地功能的持续发挥。在湿地修复完成后，湿地银行运营者需要按照监管要求，对水质、植物群落恢复情况、生物多样性水平、洪水调节能力等核心生态功能的表现进行长期监测，通常为5～10年或更长时间。湿地银行运营者需要定期向政府机构提交监测报告，详细描述湿地恢复的进展和生态效益的持续发挥情况。若监测显示湿地功能出现下降或生态失衡，运营者必须采取修正措施进行管理，确保湿地生态系统的稳定。即使信用交易完成，湿地银行仍对湿地的长期维护负责。修复后的湿地必须继续受到保护，防止再次被破坏。如果湿地功能减弱，银行运营者需继续采取维护措施，确保湿地持续发挥生态作用。

6. 公众参与与监督

湿地银行制度不仅依赖于政府和市场的力量，还强调公众的参与和监督，这种透明化的管理模式使得湿地银行的运行更加公正和公开。公众可以通过监管机构建立的湿地银行信息追踪系统查询湿地银行的设立情况、生态信用交易、湿地修复进展等信息。在湿地银行设立、生态信用生成和交易的过程中，公众有权参与并发表意见。此外，公众可以通过政府设立的监督机制对湿地银行的运营进行投诉和举报，若湿地银行在修复过程中存在不符合规定的行为，公众有权向政府机构提出意见，要求重新审查或进行更严格的监管。公众的广泛参与和监督为湿地银行制度提供了重要的社会支持和道德制约，使湿地修复项目和信用交易变得更加透明、规范，避免了滥用和不合规的情况。

7.1.1.3 具体成效

1.湿地面积得到恢复和保护

自湿地银行制度实施以来，湿地的恢复面积显著增加。美国环保署（EPA）发布的数据显示，2000年至2020年间，美国通过湿地银行制度修复的湿地面积已达到约300万英亩，这些湿地通过修复和保护，恢复了其原有的生态功能。在佛罗里达州、加利福尼亚州等湿地稀缺的州，湿地银行制度有效缓解了湿地资源的进一步流失。数据显示，自2000年以后，佛罗里达州通过湿地银行修复和保护的湿地面积每年约增加40 000英亩，大大缓解了湿地破坏压力。此外，湿地银行制度的实施帮助美国显著减少了湿地流失的速度。根据美国鱼类和野生动物服务局（FWS）的统计，20世纪70年代之前，美国每年失去约290 000英亩的湿地，而在湿地银行制度实施后，湿地每年的净流失量大幅下降至60 000英亩。2008年美国陆军工程兵团通过修订湿地补偿政策，进一步加强了湿地银行的使用比例，使开发商优先选择通过湿地银行进行生态补偿。这一政策推动了更多湿地银行的设立，提升了湿地保护的效果。

2.生态服务功能得到恢复与提升

湿地不仅是栖息地，还提供了包括水质净化、洪水调节、生物多样性维持等在内的多项生态服务。湿地银行制度的成功直接带动了这些生态服务的恢复和提升。据美国环保署（EPA）统计的数据显示，湿地银行制度的实施使水质净化功能得到了恢复，通过湿地银行恢复的湿地每年可减少约15 000吨的氮磷化合物流入河流和湖泊，大幅减少了水体富营养化的风险。湿地银行制度显著提升了湿地的洪水调节能力，在洪水风险较高的密西西比河流域和佛罗里达州，通过湿地修复项目，湿地的洪水调节能力显著恢复，降低了区域性的洪灾风险。此外，湿地作为多种动植物的重要栖息地，对濒危物种而言具有关键的保护作用。湿地银行制度的实施不仅恢复了湿地的面积，还帮助维持了这些物种的栖息地。湿地银行制度还显著改善了北美水禽的栖息条件，由湿地银行恢复的湿地，每年为超过100万只水鸟提供了栖息和繁殖场所，有效促进了水鸟种群的恢复。

3.经济效益得到显著提升

湿地银行制度通过市场化的生态补偿机制，激励私人资本进入湿地修复领域，同时为开发商提供了合规的生态补偿途径，这种模式在经济上产生了积极效益。一方面，湿地银行制度使开发商能够通过购买湿地生态信用来履行生态补偿义务，降低自行修复湿地的复杂性和成本。美国环保署（EPA）的统计数据显示，使用湿地银行进行补偿的开发项目平均节省了20%～40%的合规成本。而且湿地银行对受损湿地的集中修复和规模化管理，在较大程度上提升了修复项目的专业化水平，减少了开发商分散修复湿地的投入，极大地提高了补偿效率。另一方面，湿地银行制度为私人企业提供了新的盈利模式，吸引了大量私人资本进入湿地修复市场。截至2020年，美国共有超过1 500个湿地银行运营，每年交易的湿地信用总额达到数亿美元，形成了一个蓬勃发展的生态补偿市场。在湿地银行系统中，私人企业或土地所有者通过修复湿地获得生态信用，并将其出售给开发商。在此激励下，大量私营企业和土地所有者积极参与湿地恢复工作，大幅增加了湿地面积。

7.1.1.4 经验总结

1.开发标准透明的生态信用体系

生态信用的生成与认证具有极强的严格性，湿地修复项目需要对生态信用进行严格的评估，以确保生成的信用真正代表了湿地功能的恢复。同时，联邦和州级监管机构的监督和认证过程，使得生态信用具备了实际的生态价值。生态信用生成的标准化不仅提高了其市场认可度，也避免了虚假修复或功能不足的情况。此外，监管机构设立了透明的生态信用交易平台，公众、开发商和政府都能实时跟踪湿地修复项目和信用交易情况，提升了信用交易的公正性，防止了腐败和信用滥用问题。

2.禁止生态信用的跨区域交易

湿地银行制度在全国范围内实施时，能够根据不同地区的湿地资源状况、生态压力和经济需求，采取适应性的政策调整。这种灵活性使得湿地银行制度在不同的生态和经济环境下都能有效运作。湿地银行制度要根据湿地的各种生态条件划分“服务区”，确保生态信用的补偿区域与破坏区域在地理和生态功能上保持一致，避免跨区域补偿可能带来的生态失衡问题。

3.长期监测与维护机制确保生态功能的可持续性

湿地银行制度强调长期监测与维护，确保湿地修复项目不仅在短期内恢复生态功能，而且能够在未来长期发挥生态效益。美国湿地银行在湿地修复项目完成后，必须持续对湿地生态功能进行监测，通常为5～10年甚至更长时间，这种长期监测机制确保了湿地的生态功能得到稳定的恢复。且即使湿地修复项目的生态信用已完成交易，湿地银行仍然承担着长期的维护责任，这种责任划分确保湿地能够持续发挥其生态功能，而不因短期利益而受到二次破坏。

7.1.2 巴西的亚马孙基金

7.1.2.1 案例背景

1.亚马孙雨林生态系统失衡

亚马孙雨林是全球最重要的生态系统之一，拥有极其丰富的生物多样性，能够储存巨量的碳，调节全球气候，有“地球之肺”之称。然而，自20世纪中期以来，随着巴西国内农业、牧业、采矿业的扩展，开始出现大规模的森林砍伐、土地开垦和资源开发，亚马孙雨林面临着严重的破坏，森林面积急剧减少的问题。自1970年至2020年，亚马孙雨林约有17%的面积被砍伐。大量的森林被清理，用于农业和牧场开发，这不仅降低了森林的碳储存能力，还破坏了水文循环和生态系统的平衡。且随着毁林加剧，许多物种的栖息地被破坏，据科学家估计，大约1 300种动植物因森林砍伐和气候变化而面临灭绝威胁。生态系统失衡导致了物种灭绝、生态链断裂以及栖息地的破坏。

2.雨林的碳汇功能逐渐丧失

亚马孙雨林不仅在调节全球气候方面发挥重要作用，其巨大的碳汇功能对减缓全球气候变化也尤为关键。亚马孙雨林的毁坏不断削弱其碳储存功能，造成大量温室气体的释放，加剧了全球气候变暖的恶性循环。随着森林砍伐，亚马孙地区释放的二氧化碳量远远超过其吸收量。有研究表明，自2000年以来，亚马孙雨林每年净释放的二氧化碳增加到5亿吨，而非作为传统的“碳汇”继续吸收。亚马孙雨林的减少对全球气候系统产生了负面反馈，造成了区域性干旱、降水减少和极端气候事件的频发，加速了全球变暖，形成了恶性循环。

3.经济发展对资源的依赖与环境代价的冲突

巴西的经济增长在很大程度上依赖于自然资源的开发，将亚马孙地区的农业、牧业、木材和矿业作为巴西的重要经济支柱。农业牧业的过度扩张和自然资源的过度开发，导致了雨林的急剧消失和自然资源的枯竭，造成了不可持续的环境破坏。据巴西政府的统计，约80%的亚马孙雨林砍伐行为是为了开垦农田或放牧，严重忽视了雨林的生态价值，将短期的经济利益建立在长期的环境破坏基础上。然而，这种资源依赖型经济发展模式具有极大的不稳定性，大规模毁林带来的气候变化和生态灾害将导致农业生产效率下降，不利于巴西长期经济繁荣。

7.1.2.2 实现机制

1.资金筹集机制

亚马孙基金由巴西国家经济与社会发展银行（BNDES）管理，其资金来源主要依赖于挪威、德国等发达国家的国际捐助。这些资金的注入为巴西的雨林保护提供了稳定的资金来源。挪威政府作为亚马孙基金的主要资助者，承诺为亚马孙基金提供共计10亿美元的资金，2008年开始注入首批资金，并根据巴西减少毁林的进展分批注资。截至2020年，挪威政府已向亚马孙基金捐赠了8.17亿美元。德国政府通过其联邦环境部向亚马孙基金捐赠了超过6 800万美元，以支持森林恢复和生物多样性保护。亚马孙基金的捐助方根据巴西在减少毁林、森林恢复等方面的实际成效，决定捐助金额。这种“基于成果支付”的模式，能够对森林保护成果进行精准的量化评估，确保资金的使用与环境效益相挂钩，推动基金项目有效实施。

2.项目选择与资金分配机制

亚马孙基金的核心机制之一是对森林保护、恢复和可持续发展项目进行评估、审批，并分配资金。基金的使用范围涵盖减少毁林、恢复森林、支持原住民社区、促进可持续农业、森林监测等多个领域。亚马孙基金设立了专门的技术委员会，负责对提交的项目进行评估和审批，项目的选择标准包括项目的生态效益、社会效益、技术可行性、经济效益等，通过多层次的评估机制，以确保资金能够有效用于对生态保护有显著贡献的项目。基金的资金分配主要由巴西国家经济与社会发展银行（BNDES）管理，根据项目评估结果，按阶段进行资金拨付。此外，确保雨林地区原住民和传统社区的生计与生态保护相结合，亚马孙基金资助了多个针对原住民领地的生态保护项目，包括提供可持续生计的支持，以及帮助他们参与森林管理，支持农民采用可持续的耕作技术，以减少对森林的依赖。

3.生态补偿与碳交易机制

亚马孙基金与全球碳市场紧密结合，通过生态补偿和碳交易机制，激励企业和国家参与雨林保护。通过减少毁林和增加森林碳储存量，巴西可以在全球碳交易市场上出售碳信用，获得资金支持。亚马孙基金是REDD+（减少毁林和森林退化导致的排放）机制的重要组成部分，REDD+机制为发展中国家减少森林砍伐提供了经济激励。巴西通过减少毁林，减少了二氧化碳排放，并将这些减少的排放量转化为碳信用，在国际市场上出售。同时，亚马孙基金也推动了生态产品的市场化，通过“生态系统服务支付”机制，鼓励土地所有者、社区和企业参与森林保护。

4.政府监管与执行机制

亚马孙基金的管理由巴西国家经济与社会发展银行（BNDES）进行，并通过技术委员会和监督委员会的双重监督确保资金的有效使用和项目的透明性。亚马孙基金的项目实行严格的监控与审核机制，所有资金使用和项目实施情况都需要定期向监督委员会报告。BNDES通过其监管体系，对各个项目进行审查，并发布年度报告，向公众和捐助方披露资金使用情况和项目进展。为了加强对毁林活动的监控，亚马孙基金资助了巴西国家空间研究所（INPE）的卫星监测系统，通过卫星实时监控亚马孙雨林的毁林情况。这一系统极大地提高了政府对非法采伐活动的反应速度，帮助执法部门更快地打击破坏活动。

5.社区参与和公众监督机制

亚马孙基金强调公众和社区在森林保护中的参与，特别是当地原住民和传统社区的参与，他们不仅是雨林的居民，也是重要的生态管理者。亚马孙基金通过资助多个支持原住民领地的生态保护项目，帮助他们参与森林管理，减少毁林行为，维护生物多样性。原住民社区参与森林管理不仅提高了项目的有效性，也提升了他们的生计和文化保护水平。亚马孙基金通过公开的项目评估、资金使用报告和年度审计，确保公众能够监督基金的运行。BNDES发布的年度报告详细列出项目进展和资金使用情况，这一透明度机制使得社会和国际捐助方能够监督资金的使用，确保项目的生态效益最大化。

7.1.2.3 具体成效

1.生态系统恢复效果显著

亚马孙基金的核心目标是减少亚马孙地区的森林砍伐，保护生态系统的完整性。自亚马孙基金成立以来，亚马孙地区的毁林率大幅下降，2004—2012年，巴西亚马孙地区的毁林率下降了83%，避免了48亿吨二氧化碳的排放，这些成果直接影响了捐助方对亚马孙基金的资助力度和资金释放速度。且从2004年到2020年，亚马孙地区减少了约150 000平方公里的森林砍伐，相当于整个尼泊尔的国土面积。亚马孙基金通过资助多个森林恢复项目，有效修复了大量退化森林。截至2020年，亚马孙基金支持的项目恢复了超过7 000平方公里的退化土地，重新种植了超过3 500万棵树木。这些项目不仅恢复了森林植被，还重建了湿地和河岸生态系统。亚马孙基金通过划定保护区，加强对雨林的管理，基金支持了亚马孙地区多个生物圈保护区和国家公园的管理工作，保护了超过5 000万公顷的森林，这些区域内的生态系统得到了有效维护。

2.气候变化得到有效减缓

亚马孙基金在减少二氧化碳排放和缓解全球气候变化方面发挥了重要作用，特别是在碳汇保护和减缓温室气体排放方面取得了显著成效。亚马孙雨林是全球最大的碳汇之一，通过减少毁林，亚马孙基金有效减少了大量二氧化碳的排放。根据REDD+机制的计算，2006年至2015年间，巴西通过减少毁林减少了35亿吨二氧化碳排放。这相当于全球交通行业一年的二氧化碳排放总量。且通过保护亚马孙雨林的原始森林，基金确保了亚马孙地区碳汇功能的持续发挥。据估算，亚马孙雨林的碳储存量达到了860亿吨，通过减少毁林，这些碳储存在全球气候变化中发挥了至关重要的作用。

3.生物多样性得到明显提升

亚马孙基金在生物多样性保护方面也取得了巨大成效，亚马孙地区是全球生物多样性最丰富的地方之一，保护该区域的物种栖息地至关重要。亚马孙雨林栖息着全球大约10%的已知物种，保护这些物种的栖息地是基金的重要目标，通过设立和管理保护区，基金帮助保护了超过300种濒危动植物的栖息地。同时亚马孙基金支持了50多个原住民社区的生态保护项目，管理了500万公顷的森林，这些地区保护了大量的珍稀物种，并通过原住民的传统知识加强了生态保护。基金帮助维护了亚马孙雨林内的多个生物多样性热点区域，包括生物圈保护区、国家公园、野生动植物保护区等，保护了当地丰富的生态系统和物种基因库。

7.1.2.4 经验总结

1.形成国际合作与多元化资金支持机制

亚马孙基金成功吸引了大量国际捐助，特别是挪威、德国等国通过REDD+机制提供资金支持。这种国际合作为巴西提供了长期、稳定的资金来源，使其能够持续推进雨林保护和生态补偿项目。巴西通过广泛的国际合作获得了多方资助，这一模式显示了国际合作在生态产品价值实现中的重要性。其他国家可以通过参与全球环境治理框架（如REDD+、绿色气候基金等），在生态保护和气候变化应对方面争取国际资金支持。亚马孙基金所采取的“基于成果支付”的机制，不仅保障了资金的透明使用，还激励了地方政府和相关方积极推进生态保护。

2.具有严格的项目评估与透明管理

亚马孙基金通过多层次的项目评估机制，确保了资金分配到高效、具有生态效益的项目上。资金管理的透明度通过发布年度报告和接受公众监督，提升了项目的可信度和实施效果。亚马孙基金的项目选择和资金分配以严格的技术评估为基础，确保资金流向生态效益明显的项目，使得公共资源得到高效利用。同时，亚马孙基金组织定期发布项目进展和资金使用的报告，向公众和国际社会公开资金使用情况，这种透明化的管理模式也增强了信任与项目实施效果。

3.加强技术创新驱动与环境监管能力

亚马孙基金通过技术创新，尤其是卫星监测技术，有效提高了雨林保护的监管效率。通过利用卫星遥感、无人机监控、人工智能分析等技术创新模式，进行实时监测，巴西政府能够快速发现并应对非法采伐和森林破坏活动，大幅提升了生态保护项目的效率和效果。其他国家可以借鉴这种经验，利用现代科技加强对生态资源的实时监测和管理，提高执法效率，减少生态破坏。此外，亚马孙基金在保护雨林的过程中注重加强环境监管和执法，通过技术手段和资金支持提高了政府的执法能力。这表明，环境监管和执法是实现生态保护的关键步骤，其他国家在设计和实施生态保护政策时，必须重视执法体系的完善。

7.2 市场驱动型生态产品价值实现模式

在市场驱动型模式中，生态产品的价值通过市场机制实现，生态产品被视为一种商品或服务，通过市场交易来实现其价值。典型的市场化手段包括碳排放交易、生态旅游和绿色金融等。

7.2.1 哥斯达黎加的生态旅游

7.2.1.1 案例背景

1.生物多样性面临多重危机

在20世纪中期，哥斯达黎加经历了大规模的森林砍伐，为了满足农业扩张和畜牧业发展的需求，大面积的森林被清除用于咖啡、香蕉等商品作物的种植和牧场的扩展。到20世纪70年代，哥斯达黎加的森林覆盖率从20世纪初的75%下降到不足30%。这不仅导致了生物多样性的丧失，还引发了水土流失、河流污染等一系列环境问题。哥斯达黎加拥有全球5%的生物多样性，但生态系统的持续退化对该国的生态安全构成了严重威胁。随着自然资源的迅速消耗和生物多样性的减少，哥斯达黎加面临着生物多样性保护的紧迫任务，迫于这一严峻的环境压力，哥斯达黎加意识到必须采取积极措施来保护其丰富的自然资源。

2.经济转型面临较大威胁

20世纪初至中期，哥斯达黎加的经济结构高度依赖农业，特别是咖啡、香蕉等主要出口商品。然而，过度依赖单一产业使得该国经济非常脆弱，尤其是在全球市场波动时，面临巨大风险。随着农产品价格波动和全球需求的下降，哥斯达黎加意识到，单纯依赖传统农业无法长期支撑国家的经济增长，也无法为日益增长的人口提供足够的就业机会和收入来源。为了摆脱对农业经济的过度依赖，哥斯达黎加开始寻找新的经济增长点。生态旅游作为一种将经济发展与自然保护相结合的模式，逐渐成为哥斯达黎加政府和私营部门关注的焦点。通过开发生态旅游，该国不仅能够吸引国际游客，还能够创造新的就业机会，推动地方经济发展。因此，旅游业被视为推动经济多元化和提升国民收入的可行选择，同时也能为国家带来外汇收入。

7.2.1.2 实现机制

1.政策支持与法律框架的建立

哥斯达黎加政府为了促进生态旅游的繁荣并保障其长期可持续性，制定并实施了一系列具有前瞻性和包容性的政策和法规，为生态旅游的茁壮成长铺设了坚实的制度基石。首先，政府出台了一系列鼓励生态旅游投资的政策，包括税收优惠、资金补贴和贷款便利等，以降低企业进入生态旅游市场的门槛，激发市场活力。这些政策不仅吸引了国内外资本的流入，还促进了本地旅游企业的成长和壮大，为生态旅游的多元化发展提供了强大动力。其次，政府制定了严格的生态旅游市场行为规范，确保旅游活动的合法性和合规性。通过明确旅游服务标准、价格透明度和消费者权益保护等措施，政府有效遏制了市场中的不正当竞争和欺诈行为，提升了生态旅游市场的整体信誉度，增强了游客的信任感和满意度。此外，哥斯达黎加政府还特别注重生态环境保护和当地社区权益的维护，出台了一系列生态环境保护法规，对生态旅游开发中的环境影响评估、生态资源利用和生态保护措施等进行了明确规定，确保旅游活动在不对生态环境造成破坏的前提下进行。

2.生态产品的市场化开发

为了将哥斯达黎加地区珍贵的生态产品转化为吸引国内外游客的磁石，政府与企业携手并进，共同推动了生态产品的市场化开发进程。政府制定鼓励生态旅游产品开发的政策，提供必要的资金支持和技术指导。在政府引导下，企业能够明确市场方向，有针对性地开发符合游客需求的生态旅游产品。而企业依托哥斯达黎加的自然资源和生态环境，精心设计了丰富多样的生态旅游产品，不仅涵盖了传统的自然风光观赏、野生动植物探索等领域，还融入了当地文化体验、生态教育等创新元素，满足了游客对于深度游和体验游的需求。通过合理的定价策略和精准的营销策略，将生态旅游产品推向市场，吸引了大量国内外游客的关注和青睐。同时，在市场化开发过程中，政府和企业不断探索如生态旅游度假村、生态农场体验、生态徒步旅行等新的旅游模式和服务方式，为游客提供了更加丰富多样的选择。

3.生态补偿机制的引入

为了保护脆弱的生态环境和确保当地社区从生态旅游中受益，哥斯达黎加创新性地引入了生态补偿机制。即通过向游客收取一定费用，这些资金被专门用于生态环境的保护和修复工作，以及支持当地社区的经济和社会发展。这种“谁受益，谁补偿”的原则，确保了生态旅游活动对环境的负面影响得到有效缓解，同时也为当地社区带来了实实在在的经济利益。生态补偿机制能够激励游客在享受自然美景的同时，更加珍惜和尊重生态环境；能够为当地社区提供重要的经济来源，改善社区居民的生活条件，提高他们的生活质量；还能够促进生态旅游与社区发展的良性互动，使得政府、企业和社区之间形成紧密的合作关系，共同推动生态旅游的可持续发展。

4.社区参与和能力建设

政府和企业注重与社区的紧密沟通和协作，通过定期召开座谈会、工作坊等形式，邀请社区居民参与生态旅游的规划和开发讨论，充分听取他们的意见和建议。这种开放和包容的态度，不仅让社区居民感受到自己的价值和重要性，也确保了生态旅游项目更加符合当地的实际需求和社区利益。同时，政府和企业还大力加强对社区的能力建设，提供大量资源投入，为社区居民提供培训和技术支持。通过生态旅游管理、客户服务、市场营销等培训，帮助社区居民掌握必要的技能和知识，更好地参与生态旅游的运营和发展。哥斯达黎加生态旅游的社区参与和能力建设的模式，使得社区居民成为生态旅游的积极参与者和受益者，为社区带来了更多发展机会和就业岗位，推动了社区的经济发展和社会进步。

5.技术创新与环境监控

哥斯达黎加生态旅游模式引入技术创新。一方面，通过GPS定位、语音识别等技术，为游客提供个性化的游览路线规划、景点介绍和服务指南，极大地提升了游客的旅游体验。另一方面，虚拟现实（VR）和增强现实（AR）技术的运用，让游客能够在不破坏生态环境的前提下，近距离观赏珍稀动植物、体验独特的自然景观，进一步丰富了生态旅游的内涵。同时，哥斯达黎加通过安装环境监测设备，如气象站、水质监测仪、生态监测摄像头等，政府和企业能够实时掌握生态环境的变化情况，及时发现并处理潜在的环境问题。这些监控设备不仅有助于保护生态环境免受污染和破坏，还为生态旅游的可持续发展提供了科学依据和决策支持。技术创新与环境监控的深度融合，为哥斯达黎加生态旅游的持续发展提供了有力保障，确保了生态旅游活动的可持续性和生态环境的长期稳定性。

7.2.1.3 具体成效

1.生态功能得到恢复和优化

根据哥斯达黎加政府和相关机构的努力，生态旅游的发展促进了生态功能的恢复和优化。通过实施严格的环保法规和标准，以及开展生态补偿和森林保护项目，哥斯达黎加成功保护了其丰富的自然资源。截至2021年，哥斯达黎加的森林覆盖率已超过52%，这得益于该国对森林保护的大量投入和生态旅游的推动。国家林业融资基金用于向土地所有者支付保护森林、水域和重新造林的费用，进一步促进了生态功能的恢复。且哥斯达黎加建立起国家保护区系统，包括50多个野生动物保护区、32个国家公园、10多个森林保护区以及一些生物保护区，有效保护了生物多样性，生态旅游的发展也促进了对这些保护区的管理和维护，确保了生态功能的持续优化。

2.创造就业机会与经济收入

生态旅游为哥斯达黎加创造了大量的就业机会和经济收入，推动了当地经济的多元化发展。根据哥斯达黎加旅游协会公布的数据显示，生态旅游的发展带动了餐饮、住宿、交通等相关行业的发展，为当地居民提供了大量的就业机会，特别是在农村地区，生态旅游成为当地居民的重要收入来源。2019年，哥斯达黎加旅游业创汇40亿美元，创造21.9万个直接就业岗位。随着生态旅游的不断发展，经济收入不断提升，这一数字还在持续增长，预计到2027年，哥斯达黎加将吸引380万人次的国际游客，旅游业有望为其带来49亿美元的外汇收入。

3.推进可持续发展的实现

哥斯达黎加的生态旅游模式注重可持续发展的实现，通过平衡经济发展与环境保护的关系，推动了经济、社会和环境的协调发展。哥斯达黎加政府制定了将自然资源、环境保护和有序开发相结合的战略，旨在提升旅游行业竞争力的同时，降低对环境和社会的影响。此外，哥斯达黎加政府还通过环境服务支付计划，激励游客自愿通过购买补偿券来抵消旅行交通产生的碳排放。这一计划由国家森林融资基金具体执行，相关资金用于加强森林保护，有针对性地处理气体排放问题，促进了经济的绿色复苏和发展。

7.2.1.4 经验总结

1.生态产品的市场化实现

哥斯达黎加生态旅游模式成功地将丰富的生态产品推向市场，实现了其经济价值。在产品定位上，该国明确以自然景观和生物多样性为核心，打造独具特色的生态旅游品牌。市场策略方面，哥斯达黎加注重国际市场的开拓，通过参加国际旅游展会、加强与国际旅游组织的合作等方式，提升生态旅游的知名度和影响力。在销售渠道上，该国充分利用互联网和社交媒体平台，开展线上营销和预订服务，为游客提供便捷、高效的旅游体验。这些举措不仅促进了生态旅游的快速发展，还为当地创造了显著的经济收入。

2.强有力的政策支持

哥斯达黎加政府为生态旅游模式提供了强有力的政策支持。在政策法规方面，该国制定了一系列促进生态旅游发展的法律法规，如《旅游法》《环境保护法》等，为生态旅游的规范化、法制化提供了保障。在税收优惠方面，政府对生态旅游企业给予税收减免等优惠政策，降低了企业的经营成本，提高了其市场竞争力。此外，政府还加大了对基础设施建设的投入，如改善交通、通信等条件，为游客提供更加便利的旅游环境，这些政策支持为哥斯达黎加生态旅游模式的成功奠定了坚实基础。

3.完善的保护区管理体系

哥斯达黎加在生态旅游模式中建立了完善的保护区管理体系。在生态保护方面，该国注重自然资源的保护和恢复，设立了多个国家公园、自然保护区等，对珍稀物种和生态系统进行重点保护。在资源利用方面，哥斯达黎加坚持可持续利用原则，合理规划旅游活动，避免对自然环境造成破坏。同时，该国还积极履行社会责任，加强生态旅游的宣传和教育，提高游客和当地居民的环保意识。这些做法确保了生态旅游活动在保护自然环境的前提下进行，实现了生态保护与经济发展的双赢。

7.2.2 澳大利亚碳排放交易

7.2.2.1 案例背景

1.气候变化日益严峻

澳大利亚作为一个工业化国家，其经济发展过程中伴随着大量的碳排放。随着全球气候变化问题的日益严峻，减少温室气体排放、保护生态环境已成为国际社会的普遍共识。澳大利亚政府深刻认识到，作为地球村的一员，它有责任也有义务通过实际行动来应对气候变化。因此，建立碳排放交易体系，通过经济手段促使企业减少碳排放，成为澳大利亚政府应对气候变化挑战的重要举措。

2.化石能源产业衰退

澳大利亚作为全球煤炭、石油等化石燃料的重要出口国，其能源产业一直是国家经济的重要支柱。然而，随着全球对气候变化问题的关注度不断提高，以及各国纷纷制定减排目标和政策，化石燃料的需求正面临前所未有的挑战。碳排放交易体系的建立，意味着排放温室气体的成本将显著增加，导致化石能源的市场价格上升，降低其市场竞争力。长期来看，这将导致化石能源产业的需求持续下降，对澳大利亚的出口收入、就业市场以及经济增长产生负面影响。

7.2.2.2 实现机制

1.政策支持

澳大利亚政府通过制定排放总量控制碳排放权交易、清洁能源发展等一系列政策，明确了碳市场的目标、原则和实施路径，为碳排放交易提供了有力的支持，为市场参与者提供了清晰的指导和预期。政府设定了年度碳排放总量，作为碳市场运行的基础，这一政策确保了市场交易的合法性和有效性，同时也为企业提供了明确的减排目标。政府允许碳排放权在市场上进行交易，为企业提供了灵活的排放管理手段，企业可以根据自身情况购买或出售碳排放权，以实现减排目标和经济效益的双重提升。此外，政府还鼓励清洁能源的发展和碳减排技术的创新，通过提供财政补贴、税收优惠等激励措施，推动企业加大研发投入，提升减排技术水平。

2.排放总量控制与配额分配

在澳大利亚的碳排放交易体系中，排放总量控制与配额分配是核心环节。年度碳排放总量的设定是这一体系的基础，澳大利亚政府会根据国家的减排目标和各行业的实际排放情况，精心制定出每年的碳排放总量。这一总量不仅为碳市场的运行提供了明确的框架，还确保了市场交易的合法性和有效性，使得碳市场能够稳定、有序地发展。在设定了年度碳排放总量后，政府会将这些总量基于企业的历史排放数据、生产规模、行业特点等多种因素进行综合考虑，以配额的形式分配给各个企业，从而确保分配的公平性和合理性。配额分配制度既能够照顾到企业的实际情况，又能够激励企业积极采取减排措施，降低碳排放，从而实现环境和经济的双重效益。

3.碳排放权交易

在澳大利亚的碳排放交易机制中，碳排放权的交易至关重要，当企业发现自身无法在政府分配的配额内有效控制排放时，它们需要从碳市场中购买额外的碳排放权，以确保合规运营。这一机制能够有效地激励企业积极采取优化生产工艺、提升能源效率等减排措施，降低碳排放，从而减少购买排放权的成本支出。此外，企业还有另一种选择，即购买碳信用来增加其碳排放额度。碳信用主要来源于两个渠道：一是其他企业的排放权剩余，这些剩余配额通过市场流转被需要的企业所购买；二是通过投资清洁能源项目，如风能、太阳能等可再生能源的开发利用，所获得的碳减排量也可以转化为碳信用进行交易。碳排放交易机制不仅促进了碳排放权的合理流动和高效配置，还极大地鼓励了清洁能源的发展和碳减排技术的创新，为澳大利亚实现低碳经济转型和可持续发展目标注入了强劲动力。

4.监督机制与市场自律

在澳大利亚碳排放交易体系中，监督机制与市场自律是确保市场稳健运行的两大支柱。政府层面，澳大利亚设立了全面而严格的监督机制，旨在保障碳交易市场的透明度与合法性，通过实施定期审计、强化信息公开、对违规行为进行严厉处罚等措施，对市场进行持续有效的监管，从而有力防范了市场操纵和欺诈行为，确保了碳交易市场的公正性和公信力。同时，市场自律机制也不可或缺，所有市场参与者必须严格遵守市场规则，秉持公平交易的原则，坚决抵制恶意炒作、囤积居奇等不良行为。这种自律机制不仅促进了碳排放权的合理流通与高效配置，还维护了市场的稳定与健康发展，为澳大利亚碳排放交易体系的长期稳定运行提供了坚实的保障。政府监督机制与市场自律机制的有机结合，共同构建了一个既规范又活跃的碳交易市场环境。

7.2.2.3 具体成效

1.显著减少碳排放量

从减排成果的角度来看，澳大利亚政府的官方数据有力地证明了碳市场的运行在推动企业减少温室气体排放方面的显著效果。在一个政策实施周期内，澳大利亚成功地削减了数百万吨的二氧化碳排放，这一成就无疑为实现其长远的气候目标奠定了坚实的基础，并做出了积极的贡献。从减排比例的角度审视，碳市场的实施对澳大利亚温室气体排放量的减少起到了至关重要的作用。据权威估计，得益于碳市场的有效运行，澳大利亚在预定时间内实现了温室气体排放量的显著下降，减排比例大致在5%～10%。这一显著的减排成果不仅展示了澳大利亚在应对气候变化方面的决心和行动力，同时也为全球气候变化的缓解工作提供了有力的支持。

2.推动清洁能源产业发展

澳大利亚碳排放交易的推进，极大地促进了碳市场的建立和完善，为清洁能源产业注入了强大的经济激励，从而吸引了巨额投资涌入该领域。据澳大利亚清洁能源理事会（Australian Clean Energy Council）等权威机构发布的数据，自碳市场正式启动以来，清洁能源领域的投资额度实现了显著增长，这一增长趋势直接推动了风能、太阳能等可再生能源项目的快速发展。在碳市场的推动下，澳大利亚的风能、太阳能等可再生能源的装机容量实现了快速增长。根据澳大利亚能源市场运营商（AEMO）的数据，近年来，澳大利亚的风能和太阳能装机容量持续增长，占可再生能源总装机容量的比例也在逐年提升。此外，碳市场的建立还激发了澳大利亚清洁能源技术的创新和进步，在市场竞争的驱动下，企业纷纷加大研发力度，推出更加高效、环保的清洁能源技术，以降低清洁能源的成本并提高其市场竞争力。

3.为企业提供灵活的排放管理手段

碳市场的建立为企业提供了更为灵活的排放管理手段，使得企业能够根据自身实际情况量身定制减排计划。据澳大利亚碳排放交易市场官方数据显示，自市场运行以来，已有大量企业踊跃参与，通过购买或出售碳排放权来有效管理其排放义务，这一数字在近年来持续增长，彰显了企业对碳市场机制的积极认可和响应。而且在碳市场框架下，企业可以根据市场价格信号灵活调整其减排策略，当碳排放权价格较高时，企业可能会选择加大减排力度，以降低购买碳排放权的成本。此外，碳市场的运行还促进了企业间的良性竞争和合作，能够促使企业不断加大研发投入，提升减排技术水平，以在市场竞争中占据有利地位。

7.2.2.4 经验总结

1.明确的政策导向与制度建设

澳大利亚碳排放交易的成功得益于政府明确的政策导向和完善的制度建设，政府通过精心设定年度碳排放总量，为碳市场确立了明确的总量控制目标，确保市场交易的合法性和有效性，为企业提供清晰的减排预期，有助于企业制定合理的减排计划和策略。政府制定的配额分配规则也充分考虑了企业的实际情况和减排潜力，通过公平、合理的分配方式，能够激发企业参与碳市场的积极性。在制度建设方面，政府建立了严格的监督机制，对碳市场进行全方位、多层次的监管，以确保市场的透明度和公正性，防止市场操纵和欺诈行为的发生，维护市场的秩序和稳定。此外，政府还通过经济激励措施，如税收优惠、补贴政策等，鼓励企业积极参与碳市场，加大减排力度，降低企业的减排成本，提高企业的经济效益，从而推动企业的积极参与和市场的繁荣发展。

2.灵活的市场机制与多元化的交易方式

灵活的市场机制与多元化的交易方式是澳大利亚碳排放交易体系的核心优势之一，在澳大利亚碳排放交易体系中，市场机制的设计充分考虑了企业的实际情况和减排需求。企业可以根据自身的排放情况、减排潜力以及经济利益，灵活选择购买或出售碳排放权，赋予了企业更多的自主权，激发了企业参与碳市场的积极性，从而推动了碳排放权的合理流动和高效配置。此外，澳大利亚碳排放交易体系还提供了多元化的交易方式，包括碳排放权的直接交易、碳信用的购买等。企业可以根据自身需求，选择最适合自己的交易方式。这种多元化的交易方式不仅满足了企业的不同需求，还提高了市场的活跃度和流动性，吸引了更多的市场参与者。

3.政府监督与市场自律的有机结合

政府监督与市场自律的有机结合是澳大利亚碳排放交易体系稳健运行和持续发展的重要保障。政府通过设立严格的监督机制，对碳市场进行了全面而有效的监管，包括定期审计、信息公开、违规处罚等多个方面，旨在确保市场的透明度、公正性和合法性。政府还对市场参与者的行为进行规范，防止市场操纵、欺诈等不正当行为的发生。同时，市场自律机制不可或缺，市场自律机制的产生能够维护市场的秩序和稳定，促进碳排放权的合理流动和高效配置。政府监督与市场自律的有机结合，为澳大利亚碳排放交易的长期运行提供了坚实的保障，也为其他国家和地区建立碳排放交易体系提供了有益的借鉴和参考。

7.3 社会共治型生态产品价值实现模式

社会共治模式强调政府、市场和社区的协作，通过多方参与实现生态产品的价值。这种模式通常涉及社区主导的资源管理，特别是在自然资源依赖性较强的地区，社会共治能够有效保护生态系统，并通过社区的直接参与确保生态产品的长期可持续性。

7.3.1 肯尼亚社区主导管理

7.3.1.1 案例背景

1.生态环境和气候严重恶化

肯尼亚正面临一系列严峻的生态环境挑战，对生物多样性、森林覆盖以及农业生产等方面产生了极大的损害。过度放牧和非法狩猎等活动正严重威胁着肯尼亚的野生动物数量，如桑布鲁地区，过度放牧导致的土地退化已经对野生大象等动物的生活环境构成了严重威胁。且非法狩猎活动也屡禁不止，导致一些珍稀野生动物数量锐减，生物多样性受到严重破坏。随着人口增长和农业扩张，肯尼亚的森林砍伐现象日益严重，有数据显示，肯尼亚的森林覆盖率在过去几十年中持续下降，导致了严重的土地退化和水土流失，加剧了气候变化的负面影响。此外，据肯尼亚气象数据和相关研究显示，肯尼亚近年来干旱、洪水等极端天气事件频发，严重影响了农业生产，给肯尼亚的农民和农业经济带来了巨大的损失。

2.生态经济效益遭受巨大损失

肯尼亚的经济结构以服务业为主导，农业和制造业占比较低，根据肯尼亚国家统计局和中商产业研究院的数据，肯尼亚一二三产业占GDP的比重分别为21.2%、17.7%和61.1%。这种经济结构使得肯尼亚经济在面临自然灾害和全球经济波动等外部冲击时，具有较大的脆弱性。此外，肯尼亚先令兑美元的不稳定也加剧了经济压力。例如，2023年肯尼亚先令兑美元贬值超过25%，导致进口成本增加，商业活动放缓。非洲开发银行的报告显示，2024年肯尼亚经济增长率将为5.4%，低于东非地区的其他国家，表明肯尼亚经济面临来自周边国家的激烈竞争和内部挑战。

7.3.1.2 实现机制

1.社区土地所有制

在马赛马拉国家保护区，社区对保护区的土地享有所有权和管理权，社区作为保护区土地的所有者，有权决定土地的使用方式和保护措施。社区通过制定和执行如限制开发、禁止非法狩猎、保护野生动植物等一系列保护规则，有效维护保护区的生态平衡和生物多样性。同时，社区还积极参与保护区的规划和管理，它们与肯尼亚政府、野生生物保护局等相关机构保持密切合作，共同制订保护区的保护计划和管理策略。社区成员还担任护林员、导游等职务，直接参与到保护区的日常管理和生态旅游的接待工作中，这种参与方式不仅提高了保护区的管理效率，还为生态旅游的开展提供了有力保障。此外，社区通过生态旅游等可持续利用方式，将保护区的自然资源转化为经济收益，为社区居民提供了就业机会和收入来源，提高社区居民的整体生活水平。

2. 生态旅游项目合作

在马赛马拉国家保护区，社区与旅游企业建立紧密的合作关系，旨在共同开发生态旅游项目，实现资源共享和优势互补。这种合作模式不仅有助于推动生态旅游的可持续发展，还能为社区带来经济收益，同时保护自然资源和文化遗产。在合作中，旅游企业负责提供必要的资金投入，用于生态旅游项目的开发、运营和维护，利用其市场渠道和营销网络，为生态旅游项目提供广泛的市场推广和销售支持，确保项目能够吸引更多的游客。而社区作为保护区的直接管理者和受益者，依托其丰富的自然资源和独特的文化遗产，为生态旅游项目提供所需的自然资源。社区还将其独特的文化传统和风俗习惯融入生态旅游项目中，为游客提供独特的文化体验，产业的融合既能够丰富生态旅游项目，同时也能够提升项目的吸引力和竞争力。

3. 生态旅游收入分享制

为保护作为肯尼亚著名生态旅游目的地的马赛马拉国家保护区，确保当地社区从生态旅游中受益，社区主导的管理模式引入了生态旅游收入分享机制。这一机制旨在通过公平、透明的方式分配生态旅游收入，激励社区积极参与生态保护，同时促进社区内部的公平与和谐。通过门票销售、导游服务、住宿餐饮等多方面获取生态旅游的主要收入，在扣除必要的运营成本后，按照预定的比例进入分配。根据肯尼亚政府和相关法律的规定，以及社区与旅游企业之间的合作协议，生态旅游收入会按照双方协商确定的比例分配给社区。在分配过程中，会充分考虑社区对生态保护的贡献、投入的成本以及未来的发展需求等因素，确保分配的公平性和合理性。社区所获得的生态旅游收入在经过社区成员的广泛讨论和决策后，用于生态保护、社区发展、基础设施建设以及居民福利等方面，以确保资金的有效利用和最大化效益。

4.政府和非政府组织共同支持

在马赛马拉国家保护区的社区主导管理模式中，政府和非政府组织（NGO）的支持与引导作用不可或缺，它们为这一模式的成功实施和持续发展奠定了坚实的基础。政府机构通过制定一系列相关政策，对保护区的管理和运营进行规范，确保社区在生态保护和经济发展中的权益。同时，政府机构还负责用于保护区的基础设施建设和生态保护工作的资金投入。在改善保护区环境条件的同时，还提升了社区的生态旅游接待能力，为社区带来了更多的经济收益。非政府组织则利用自身的专业优势，在技术支持、培训和教育项目方面发挥作用，通过提供生态保护和管理方面的技术支持，帮助社区制定科学合理的生态保护计划和管理制度；定期开展培训活动，提高社区居民的生态保护意识和管理能力；组织教育项目，向社区居民普及生态保护知识，培养他们的环保意识和责任感。

7.3.1.3　具体成效

通过社区参与，肯尼亚马赛马拉保护区内的野生动物得到了有效保护，旅游收入成为当地经济的重要支柱。社区在生态产品的保护与开发中占据了核心地位，其参与有效保障了生态产品的可持续性。

1.生态保护成效显著

根据肯尼亚野生动物服务局的官方数据，自实施社区主导管理模式以来，马赛马拉保护区的野生动物数量呈现出显著的增加趋势。在常见物种数量不断增加的同时，大象、犀牛等珍稀物种的数量也实现了稳步增长。在社区主导的管理模式下，马赛马拉保护区的生态保护工作得到了全面加强，生态保护区面积的扩大，为野生动物提供了更加广阔的栖息地和繁衍空间，显著提升了保护区内的物种多样性，明显改善了生态环境质量，维护了生态平衡，还促进了野生动物种群的恢复和增长。此外，马赛马拉保护区还注重生态教育与宣传，提高社区居民和游客的生态保护意识。引导更多人了解生态保护的重要性，并积极参与到生态保护行动中。

2.经济收益增加

生态旅游已成为马赛马拉保护区的重要经济来源，为当地社区带来了显著的经济收益。根据马赛马拉保护区管理局的统计数据，生态旅游收入占保护区总收入的70%以上，这充分说明了生态旅游在保护区经济发展中的重要地位。在社区主导的管理模式下，马赛马拉保护区积极推动生态旅游的发展，通过提供优质的旅游服务吸引游客前来观光，为保护区带来了可观的经济收入，在保证保护区日常运营和管理外，还为社区居民带来直接生活福利。社区居民通过参与生态旅游服务，明显提高了居民的生活水平，部分社区成员通过参与生态旅游服务，年收入增加了近30%。同时，生态旅游的发展还带动了周边产业的繁荣，如手工艺品销售、农产品销售等，也为社区居民提供了更多的就业机会和收入来源，进一步促进了当地经济的繁荣和发展。

3.社区凝聚力增强

社区主导的管理模式在马赛马拉保护区实施后，显著促进了社区内部的团结和协作，这一变化得到了多项数据的支持。根据肯尼亚野生动物服务局和马赛马拉保护区管理局的联合调研数据显示，自实施社区主导管理模式以来，居民对保护区管理的满意度提升了近30个百分点。这一显著的提升直接反映了居民对保护区认同感和归属感的增强，社区居民开始更加积极地参与到保护区的生态保护、旅游服务、社区发展等各项事务中，形成了良好的社区氛围。在社区主导的管理模式下，社区成员不仅参与保护区的日常管理和决策，还共同制订保护计划，参与巡逻和监测工作。据保护区管理局统计，社区居民参与保护区事务的积极性提高了约40%，这进一步增强了社区的凝聚力。同时，通过定期的环保教育活动和宣传，社区居民的生态环境保护意识也得到了显著提升，自发组织的环保活动次数增加了近50%。

4. 可持续发展能力提升

根据联合国环境规划署（UNEP）的评估报告，马赛马拉保护区在实施社区主导管理模式后，生态环境质量明显提升，野生动物种群数量也有所增加。同时，经济发展也取得了显著成效，特别是生态旅游产业的蓬勃发展。据统计，生态旅游产业的收入占保护区总收入的70%以上，为保护区提供了持续的经济支持。生态旅游的发展不仅为保护区带来了可观的门票收入和旅游服务费，还带动了周边产业的发展，如餐饮、住宿、手工艺品销售等，丰富了就业机会和收入来源。据马赛马拉保护区管理局统计，生态旅游产业的发展使得社区居民的年收入提高了近20%，部分社区成员通过参与生态旅游服务，年收入甚至增加了30%以上。此外，社区主导的管理模式还注重生态保护与经济发展的长期规划，通过合理利用资源，避免了生态环境的过度开发和破坏。

7.3.1.4 经验总结

1. 生态保护与经济收益并重

肯尼亚马赛马拉国家保护区在社区主导的管理模式下，展现出了生态保护与经济收益并重的卓越理念。在保护区内生态环境得到妥善保护，才能带来可持续的经济收益。保护区通过加强巡逻和监测工作，确保野生动物和植物得到充分的保护；不断扩大生态保护区面积，为更多的物种提供栖息地；加强生物多样性保护，维护生态系统的平衡和稳定。这些措施的实施，使得保护区的生态环境质量得到了显著提升，野生动物种群数量明显增加，植被覆盖率也大幅提高。在生态保护的基础上，保护区积极发展生态旅游等产业，实现了经济收益与生态保护的良性循环，不仅为保护区带来了可观的门票收入和旅游服务费，还促进了周边产业的发展，如餐饮、住宿、手工艺品销售等。这些经济收益为保护区的生态保护工作提供了资金保障，使得保护区能够持续、有效地开展生态保护工作。这种生态保护与经济收益并重的理念，确保了保护区的可持续发展。

2.社区参与和自主管理相结合

肯尼亚马赛马拉国家保护区在社区主导的管理模式下，强调社区参与和自主管理的相结合，保护区积极与当地社区合作，鼓励社区居民参与到保护区的管理和发展中。通过共同制订保护计划、参与巡逻和监测工作、开展环保教育活动等，社区居民对保护区的认同感和归属感得到了大大增强。同时，保护区还注重培养社区居民的自主管理能力，让他们能够更好地参与到保护区的日常管理和决策中。通过培训和教育，社区居民逐渐掌握了生态保护和管理的基本知识和技能，他们开始积极参与保护区的巡逻、监测、宣传等工作，为保护区的生态保护贡献自己的力量。这种社区参与和自主管理相结合的方式，不仅提高了保护区的管理效率，还促进了社区的凝聚力和可持续发展能力。

7.3.2 澳大利亚流域管理委员会

7.3.2.1 案例背景

1.水资源匮乏

澳大利亚是一个水资源相对短缺的国家，这一状况主要由其特殊的自然地理条件和气候变化所决定。根据澳大利亚政府和相关权威机构如澳大利亚气象局的数据，澳大利亚大部分地区属于干旱或半干旱气候，年降水量极低，且时空分布不均。特别是在一些内陆地区，水资源短缺问题尤为严峻，经常出现长时间的干旱现象。这种水资源匮乏的状况对农业、工业和城市供水都造成了巨大的压力。农业方面，灌溉用水不足导致农作物减产；工业方面，水资源短缺限制了某些高耗水行业的发展；城市供水方面，居民日常生活用水和公共设施用水需求难以得到充分满足。

2.土地退化严重

澳大利亚的土地退化问题也十分突出，这主要是气候变化、过度放牧、不合理的土地利用方式等多种因素导致的。土地退化不仅影响了农业生产和生态环境，还加剧了水资源短缺的问题。根据澳大利亚土地保护局和相关研究机构的数据，土地退化导致土壤肥力下降、植被破坏和水土流失等现象，严重威胁了农业生产的稳定性和生态环境的可持续性。为了应对土地退化带来的挑战，澳大利亚政府需要通过流域管理委员会等机制，加强土地和水资源的综合管理。澳大利亚政府通过推动可持续的土地利用方式，如轮牧、休耕和植被恢复等，旨在减缓土地退化的速度并恢复生态系统的健康。

3. 生态经济受损

水资源匮乏和土地退化严重损害了澳大利亚的生态经济。生态经济是指依赖自然资源和生态系统提供的服务和产品来维持和发展的经济。在澳大利亚，水资源和土地是生态经济的重要组成部分，对农业、渔业、旅游业等产业具有至关重要的影响。然而，由于水资源短缺和土地退化严重，这些依赖自然资源和生态系统的产业受到了严重的影响。农业方面，灌溉用水不足和土壤肥力下降导致农作物减产和品质下降，影响了农民的收入和农业经济的稳定性；渔业方面，水资源短缺和河流生态系统受损导致渔业资源减少，影响了渔业的可持续发展；旅游业方面，自然景观的破坏和生态环境的恶化降低了旅游资源的吸引力，影响了旅游业的收入和发展。

7.3.2.2 实现机制

1. 多方参与，共同决策

多方参与，共同决策是澳大利亚流域管理委员会模式的核心特征之一。该委员会由政府、社区、农民、科研机构和企业等多方组成，确保了各方利益的均衡代表，这种组成方式不仅体现了民主原则，还确保了决策的全面性和科学性。在澳大利亚的流域管理委员会中，每个利益相关方都拥有发言权，可以共同参与制定流域管理的战略和措施。例如，政府代表可以提出政策导向和法规要求，确保流域管理符合国家利益和法律法规；社区代表可以反映居民的需求和关切，确保流域管理贴近民生；农民代表可以分享实际的农业生产经验和问题，为流域管理提供实践基础；科研机构代表可以提供科学数据和技术支持，确保流域管理决策的科学性和准确性；企业代表则可以提供资金和资源支持，推动流域管理的实施和持续发展。

2.政府激励，促进可持续管理

政府激励，促进可持续管理是澳大利亚流域管理委员会模式中的重要一环。政府通过一系列激励措施，鼓励农民采用可持续的土地管理和农业实践，以实现流域的可持续发展。具体的政府激励措施包括补贴和税收优惠等。政府向农民提供补贴，以降低他们采用可持续土地管理和农业实践的成本。这些补贴可能包括直接的经济支持、技术援助或提供必要的设备和服务。此外，政府还通过税收优惠政策，鼓励农民投资可持续农业项目，如节水灌溉、有机农业和土壤保护等。政府的积极引导和支持还为流域管理委员会的工作提供了有力的政策保障，为流域管理提供了明确的指导和规范。政府制定的政策和法规不仅确保了流域管理的合法性和有效性，还为农民提供了稳定的预期和信心，使他们更愿意参与流域管理委员会的工作，并遵守相关的规定和要求。

3.社区参与，增强管理实效

在澳大利亚流域管理委员会的架构下，社区不仅是受益者，更是积极的参与者与决策者，其角色至关重要且不可替代。社区深度融入管理委员会的运作之中，通过直接参与水资源与土地的管理及决策，不仅显著增强了管理的实际效果与针对性，还极大地推动了管理的民主化进程。社区参与的核心优势在于其能够确保管理决策紧密贴合基层实际，社区成员作为流域的直接使用者与守护者，能够将自身的经验、知识与需求带入管理委员会，为流域管理提供宝贵的第一手信息与即时反馈。这些信息与反馈如同指南针，引导管理措施更加精准地解决问题，提高管理效率与效果。此外，社区参与还极大地促进了管理决策的透明化与民主化。当社区成员直接参与到决策过程中，他们能够亲眼见证决策的制定与执行，从而增强对管理过程的信任与理解。这种参与模式打破了传统管理中可能存在的信息不对称与隔阂，使得管理决策更加公开、公正与合理。

4.科研支持，提升管理水平

在澳大利亚流域管理委员会的运作体系中，科研机构扮演着至关重要的角色，为流域管理提供了坚实的科学基础与技术指导。科研机构通过一系列的专业活动，如监测流域生态健康状况、评估土地利用对生态系统服务功能的影响，以及为流域管理实践提供科学依据和技术方案，显著提升了管理的整体水平。科研机构利用先进的监测技术和方法，定期对流域的生态健康进行全面体检，包括水质监测、生物多样性调查、土壤侵蚀评估等，确保管理委员会能够及时掌握流域环境的最新动态，为制定和调整管理策略提供科学依据。通过深入分析土地利用变化对生态产品的影响，科学模型预测不同管理方案下的生态效应，帮助管理委员会在保护与发展的天平上找到最佳平衡点，实现生态、经济和社会效益的和谐统一。此外，科研机构还为流域管理委员会提供定制化的技术指导与培训，将科研成果转化为实际应用，如推广节水灌溉技术、土壤改良技术、生态修复方法等，直接提升流域管理的专业性和效率。

7.3.2.3 具体成效

通过流域管理委员会，澳大利亚成功恢复了大量退化的流域生态系统，减少了水资源浪费，并促进了农业的可持续发展。多方合作的机制确保了流域生态产品的长期保护和合理利用。

1.生态环境改善

通过实施综合管理和科学决策，澳大利亚流域管理委员会在生态环境改善方面取得了令人瞩目的成效。据澳大利亚环境与能源部发布的数据显示，流域内的水质得到了显著提升，污染物排放量较往年减少了约30%，这一改善有效保护了水生生物的多样性，使得流域内的生态系统更加稳定和健康。同时，在土壤保护方面，管理委员会采取了一系列有效措施，如减少土壤侵蚀、改善土壤结构等，这些措施的实施使得土地的肥力和生产力提高了约20%，为农业的可持续发展提供了有力保障。此外，流域管理委员会还高度重视生物多样性的保护，根据澳大利亚生物多样性保护国家战略，通过恢复湿地生态系统、保护濒危物种等多种途径，有效维护了流域内的生物多样性。据统计，近五年来，流域内濒危物种的数量增加了约15%，这充分证明了管理委员会在生物多样性保护方面的努力取得了积极成果。这些举措共同促进了流域生态环境的持续改善，为澳大利亚的可持续发展贡献了重要力量。

2.资源高效利用

在资源高效利用方面，澳大利亚展现出了卓越的管理智慧和实践成果。特别是在水资源管理上，澳大利亚政府及各级管理机构通过实施科学的水资源分配策略，显著提高了水资源的利用效率。据澳大利亚水资源理事会发布的数据显示，近十年来，通过合理分配和调度，澳大利亚的水资源利用率提高了约25%，有效减少了水资源的浪费，这一举措在保障农业灌溉、工业生产和居民日常用水需求方面发挥了关键作用。同时，在土地资源优化方面，澳大利亚也取得了显著成效。根据澳大利亚联邦政府的土地资源管理政策，各地根据土地类型和生态功能，实施了差异化的土地利用策略。这种策略不仅促进了土地资源的可持续利用，还提高了土地的经济效益和生态效益。据统计，实施差异化土地利用策略后，澳大利亚的土地资源利用率提高了约20%，土地退化现象得到了有效控制，土地生态系统也得到了逐步恢复。

3.社区福祉提升

在社区福祉提升方面，澳大利亚流域管理委员会的工作取得了显著成效，直接惠及流域内广大居民，在提高居民生活质量的同时，还增加了经济效益。据澳大利亚统计局数据显示，随着流域生态环境的改善，如清洁水源的保障和优美环境的维护，流域内居民的生活质量得到了明显提升。居民们能够享受到更加健康、宜居的生活环境，这不仅提高了他们的幸福感，也促进了身心健康。澳大利亚农业与资源经济科学局（ABARES）的报告表示，流域管理使得农业产量稳步提高，农产品质量得到保障，从而增加了农民的经济收入。优美的自然环境和丰富的生态资源也吸引了大量游客前来观光旅游，带动了旅游业的发展，为当地居民提供了更多的就业机会和收入来源。据统计，流域内旅游业年收入较管理前增长了约20%，为当地居民带来了可观的经济收益。

4. 可持续发展推动

澳大利亚联邦及各州政府高度重视流域管理的长远规划，通过制定明确的管理目标和策略，为流域的可持续发展奠定了坚实基础。这些规划不仅注重当前问题的解决，更着眼于未来，确保流域资源的可持续利用和生态环境的长期保护。据澳大利亚环境与能源部发布的数据，自实施长远规划以来，流域内的水资源利用率提高了约30%，生态环境质量也显著改善，为流域的可持续发展提供了有力保障。同时，澳大利亚各级政府和流域管理委员会积极开展教育和宣传活动，提高公众对流域保护的认识和参与度；还举办讲座、研讨会、展览等，并通过媒体、网络等渠道广泛传播流域保护的知识和理念。据澳大利亚统计局数据显示，近年来，流域内居民对流域保护的知晓率提高了约50%，参与度也大幅提升，形成了良好的生态保护氛围。这种氛围的营造，不仅增强了公众的环保意识，还促进了流域保护工作的顺利开展。

7.3.2.4　经验总结

1. 多方协作促进生态产品价值实现

澳大利亚流域管理委员会模式在全球范围内树立了一个典范，它生动展现了政府、社区与企业之间多方协作的巨大潜力及其对生态产品价值实现的至关重要性。在该模式下，政府作为政策制定者和监管者，应发挥引领作用，为流域管理提供法律框架、政策导向和资金支持；社区作为生态环境的直接受益者和守护者，其参与和监督是不可或缺的；企业则凭借其在技术、资金和管理上的优势，成为推动流域可持续发展的重要力量。三者之间通过有效的沟通机制和合作平台，实现资源共享、优势互补，共同制订和执行流域管理计划，极大地提升了流域管理的效率，确保了生态产品的可持续供给和长期保护，促进了经济与环境的协调发展，实现了生态效益与经济效益的双赢。澳大利亚流域管理委员会模式通过多方协作，还增强了社会各界的环保意识和责任感，形成了全社会共同参与流域保护的良好氛围。

2.社会共治推动生态系统可持续管理

澳大利亚流域管理委员会模式，以其独特的社会共治理念，为全球流域管理树立了新的标杆。这一模式的核心理念在于政府、社区与企业三者并非孤立存在，而是应紧密相连，共同参与流域管理的全过程，从而形成一个协同治理、互利共赢的良好局面。在该模式下，政府不再是单一的管理者和决策者，而是成为流域管理的引导者和协调者。政府通过制定相关法律法规，为流域管理提供法律保障；同时，积极搭建参与平台，鼓励社区和企业参与到流域管理中，共同为生态系统的可持续管理贡献力量。社区作为流域管理的直接受益者和重要参与者，得到了充分的重视。社区居民不仅积极参与流域保护的各项活动，还通过监督政府和企业行为，确保流域管理的公正性和有效性。这种广泛的社区参与，不仅增强了居民的环保意识和责任感，还提高了流域管理的民主性和透明度。企业则在社会共治中发挥了其独特的技术和资金优势。企业通过引进先进技术和管理经验，为流域管理提供了有力的支持；同时，企业也积极参与流域保护的公益活动，展现了其社会责任感和担当精神。

3.利益相关者广泛参与同科学技术支持相结合

澳大利亚流域管理委员会模式之所以能够在全球范围内脱颖而出，成为流域管理的典范，很大程度上归功于其独特的双重驱动力——利益相关者的广泛参与和科学技术的有力支持。在该模式下，澳大利亚流域管理委员会积极构建了一个包容性极强的决策和执行框架，确保政府、社区、企业等各方利益相关者都能在其中找到自己的位置，发挥各自的作用。这种广泛的参与不仅使得管理政策更加全面、可行，而且增强了政策的执行力和社会的认同感。与此同时，澳大利亚流域管理委员会模式还高度重视科学技术的支持作用。在流域管理这一复杂而艰巨的任务中，科学技术是不可或缺的重要工具。该模式积极引入遥感技术、地理信息系统、大数据分析等现代信息技术手段，对流域进行精细化、动态化的监测和管理。这些新技术和新方法的应用，不仅提高了流域管理的精准性和效率，还为决策者提供了更加科学、可靠的依据，有助于制定更加合理、有效的管理策略。

7.4 案例启示与经验借鉴

7.4.1 政府主导是生态产品价值实现的重要推动力

政府在生态产品价值实现中的主导作用至关重要，这一点在国内外多个成功案例中得到了充分体现。哥斯达黎加通过政府主导的PES（支付生态系统服务）机制，成功推动了生态产品的保护与合理利用。该机制通过政府向生态保护者支付费用，以激励其继续保护生态环境，从而实现了生态产品价值的可持续利用。美国湿地银行是政府主导下的生态产品价值实现典范。政府通过设立湿地银行，对湿地资源进行统一管理和保护，同时允许湿地信用的交易，从而实现了湿地资源的经济价值与生态价值的双重提升。巴西政府设立的亚马孙基金，旨在保护亚马孙地区的生态环境和生物多样性。政府通过资金投入和政策支持，激励当地社区和居民参与生态保护，实现了生态产品的保护与合理利用。在中国，政府主导的作用同样显著。以江苏省江阴市的“三进三退”护长江促生态项目为例，政府通过政策制定、资金支持和法律保障，成功推动了长江岸线的生态修复和绿色发展。该项目不仅改善了生态环境，还促进了生态产品价值的增值外溢，实现了经济与生态的双赢。此外，自然资源部发布的《生态产品价值实现典型案例》也强调了政府在生态产品价值实现中的主导作用，包括规划引领、资金投入、政策扶持等方面。因此，政府应制定明确的生态保护政策，为生态产品的保护与利用提供指导，通过设立专项资金，用于支持生态保护项目和生态产品价值实现，并完善相关法律法规，为生态产品的保护与利用提供法律保障。

7.4.2 市场机制能够有效推动生态产品价值的转化

市场机制在生态产品价值实现中发挥着重要作用。通过市场化手段，生态产品的价值可以通过交易和服务转化为经济收益，从而激励社会各界参与生态保护。欧盟通过建立碳排放交易体系，成功将碳排放权转化为可交易的商品，从而实现了生态产品的市场化价值。该体系通过设定碳排放上限和交易价格，激励企业减少碳排放，推动了低碳经济的发展。哥斯达黎加通过发展生态旅游，成功将自然风光和生态资源转化为经济收益。政府通过规划和管理，保护了生态环境，同时促进了当地经济的发展。在中国，市场机制也在生态产品价值实现中发挥着积极作用。例如，重庆市通过设置森林覆盖率这一约束性考核指标，并搭建生态产品直接交易的平台，成功打通了绿水青山向金山银山的转化通道。此外，地票制度、碳排放权交易等市场机制也在不断探索和完善，为生态产品价值的转化提供了有力支持。因此，政府应允许生态产品通过市场化手段进行交易，从而实现其经济价值，通过建立合理的价格机制，反映生态产品的稀缺性和价值，同时设立激励机制，鼓励企业和个人参与生态保护和市场交易。

7.4.3 社会共治确保生态产品的长期可持续性

社会共治模式通过调动多方利益相关者的积极性，确保了生态产品的长期保护与可持续利用。在肯尼亚的社区生态保护和澳大利亚的流域管理委员会中，这种模式得到了成功应用，肯尼亚通过社区生态保护模式，成功实现了生态产品的长期保护与可持续利用，政府、社区和居民共同参与生态保护，形成了多方合作的共治模式。而澳大利亚通过设立流域管理委员会，实现了对流域资源的统一管理和保护，同样该委员会也由政府、企业、社区和专家等多方组成，共同制定和执行生态保护政策。通过利益共享和多方合作，生态产品的价值不仅得以实现，还增强了各方的责任感和参与度。在中国，社会共治模式也在逐渐兴起，在生态保护和修复项目中，政府、企业、社会组织和公众等多方力量共同参与，形成了合力，通过签订生态保护协议、开展生态补偿等方式，各方利益得到协调，生态产品的长期可持续性得到了保障。因此，政府应鼓励多方利益相关者参与生态保护，形成共治模式，建立利益共享机制，确保各方在生态保护中获得合理收益，形成完善的合作机制，促进各方在生态保护中的协作与配合。

7.4.4 国际合作是推动全球生态产品保护的重要手段

生态产品的价值实现往往超越国家边界，需要全球合作来共同推动。巴西的亚马孙基金和挪威的气候与森林倡议等国际合作机制就是典型例证，这些机制通过多国协作，共同保护具有全球意义的生态服务，如碳汇、生物多样性等。巴西亚马孙基金通过与国际社会的合作，接受了来自多个国家和组织的资金支持和技术援助，成功保护了亚马孙地区的生态环境和生物多样性。挪威通过气候与森林倡议，与多个国家合作开展生态保护项目，旨在减少森林砍伐和温室气体排放，保护全球生态环境。在国际合作中，各国可以共享生态保护经验和技术，共同应对全球性生态问题。同时，通过资金援助、技术支持等方式，可以帮助发展中国家提高生态保护能力，实现生态产品的可持续利用。这种国际合作不仅有助于保护全球生态环境，还能促进各国之间的经济和社会发展。因此，政府应积极参与全球生态保护合作，共同应对全球性生态问题，发展中国家应向发达国家寻求资金援助与合作，以提高发展中国家的生态保护能力，同时各国还应共享生态保护技术和经验，促进全球生态保护水平的提升。通过国际合作的方式，对生态产品特别是碳汇、生物多样性等具有全球意义的生态服务进行长期保护。

8 北京生态沟域产品价值空间分布及影响因素分析

8.1 数据来源及变量选取

8.1.1 数据来源

本章选取2017—2021年间的空间面板数据进行分析，部分数据来自第5章的生态沟域生态产品总价值计算结果，部分数据来自北京市生态环境局、北京市气象局、北京市人民政府网等官方网站，以及《北京市统计年鉴》《北京市区域统计年鉴》等资料。

8.1.2 变量选取及描述性统计

该研究的被解释变量是北京市生态沟域生态产品总价值（y），该价值由生态沟域的生态物质产品价值、生态调节服务价值和生态文化服务价值构成。为了深入分析北京市生态沟域生态产品价值的空间分布和影响因素，该研究选取人均GDP（元/人）、常住人口密度（人/平方公里）、生态旅游收入（万元）、第三产业占比（%）、道路密度（公里/平方公里）和降水量（毫米）等6个变量作为被解释变量。根据国家统计局等权威机构的数据显示，经济发展水平与生态环境保护和生态产品价值实现密切相关。人均GDP作为衡量地区经济发展水平的关键指标，其增长往往伴随着人们对生态环境质量的更高追求。同时，人均GDP的提升也为生态产品的开发与保护提供了更为充裕的资金支持，从而在一定程度上能够推动生态环境的持续改善和生态产品价值的不断提升。理论上来说，人口密度对生态环境压力存在影响，过高的人口密度可能导致生态资源的过度开发和环境污染，从而影响生态产品的价值实现。而从产业结构的视角来看，休闲农业和乡村旅游等生态服务业的蓬勃发展，不仅能够直接反映出生态产品价值的实现程度，也是推动生态沟域可持续发展的重要动力。此外，道路密度对生态环境有双重影响。一方面，便捷的交通有助于提升生态产品的可达性和吸引力；另一方面，过度的道路建设也可能导致生态破碎和环境污染。因此，合理控制道路密度对于实现生态产品价值至关重要。

从理论上讲，人均GDP与生态产品总价值之间的关系受到众多因素的影响。一方面，随着人均GDP的提升，人们对生态环境和生态产品的需求也会增加，从而更加注重生活质量和生态环境的保护；另一方面，如果在经济发展过程中，过度追求经济增长而忽视生态环境保护，就可能导致生态破坏和环境污染，从而降低生态产品的价值。常住人口密度越高，对生态资源的需求就会越大，从而可能导致生态资源的过度开发和利用，因此常住人口密度与生态产品价值呈负相关关系。生态旅游收入与生态产品价值存在相互影响相互促进的关系，生态旅游收入能够为生态保护提供经济激励，用于保护和恢复生态环境，从而提升生态产品的价值。同时生态旅游所提供的经济激励有助于形成良性循环，即生态旅游的发展促进生态保护，而生态保护又进一步推动生态旅游的发展。生态旅游业可以包含在第三产业中，因此第三产业的占比也对生态产品价值产生正向影响。此外，道路密度通常被认定为与生态产品价值有负相关关系，道路的建设通常会导致自然环境的改变和破坏，同时道路交通产生的噪声和空气污染对周边的生态环境产生影响，降低生态产品的质量和吸引力，从而对生态产品价值产生负面影响，如表8–1所示。

表8–1　变量选取及描述性统计分析

Table 8–1　Variable selection and descriptive statistical analysis

变量类别	变量名称	变量定义或单位	均值	标准差	预期方向
被解释变量	生态沟域生态产品总价值	由生态沟域地区的物质产品、调节服务和文化服务价值组成。单位：亿元	32.64	14.62	
解释变量	人均 GDP	单位：元 / 人	64 801.79	13 129.57	正 / 负
	常住人口密度	常住人口密度（人 / 平方公里）= 常住人口总数 / 土地面积	511.70	489.03	负
	生态旅游收入	休闲农业和乡村旅游的全部经济收入，包括门票、住宿、餐饮、交通等。单位：万元	36 924.41	23 985.90	正

续 表

变量类别	变量名称	变量定义或单位	均值	标准差	预期方向
解释变量	第三产业占比	第三产业占比 = 第三产业增加值 / GDP 总量 ×100%	0.62	0.10	正
	道路密度	道路密度（公里 / 平方公里）= 道路总长度 / 土地面积	1.16	0.39	负
	降水量	年总降水量，单位：mm	583.93	40.68	正 / 负

对生态沟域所涉及的7个区分别做描述性分析，结果如表8-2所示，通过对比可以看出，怀柔、密云、延庆这三个区的生态产品价值平均水平较高，均在40亿元以上，而门头沟和昌平地区的生态产品价值平均水平仅在20亿元左右，各个区域间的生态产品价值差距较大。从人均GDP均值来看，昌平区年人均GDP均值还不足5万元，而怀柔区的人均GDP均值高达9万元。从生态旅游收入来看，密云区生态旅游收入均值达8万元以上，而门头沟地区的生态旅游收入均值仅超过6000元。总体来看，各个指标在各个区域之间存在较大差距，总体方差较大。

表8-2 各区域的描述性统计分析

Table 8-2 Descriptive statistical analysis of each region

地区	变量	均值	标准差	最小值	最大值
门头沟	生态沟域生态产品总价值	21.32	5.64	17.69	31.02
	人均 GDP	64 740.78	2 654.04	60 935.67	67 449.49
	常住人口密度	257.07	15.99	236.21	273.51
	生态旅游收入	6 918.14	1 564.21	4 834.40	8 650.70
	第三产业占比	0.65	0.09	0.53	0.73
	道路密度	0.68	0.01	0.68	0.69
房山	生态沟域生态产品总价值	31.91	13.67	21.68	51.00
	人均 GDP	61 697.04	3 376.62	57 136.33	64 983.97
	常住人口密度	623.67	37.92	575.52	659.96
	生态旅游收入	14 765.46	6 107.92	8 034.90	22 802.40
	第三产业占比	0.50	0.10	0.40	0.61
	道路密度	1.58	0.01	1.57	1.58

续 表

地区	变量	均值	标准差	最小值	最大值
昌平	生态沟域生态产品总价值	24.44	3.11	21.89	29.22
	人均 GDP	49 675.68	5 346.63	43 656.07	57 925.11
	常住人口密度	1 629.48	62.91	1 545.22	1 689.62
	生态旅游收入	39 309.64	8 396.74	27 608.30	47 980.10
	第三产业占比	0.66	0.03	0.62	0.70
	道路密度	1.39	0.05	1.34	1.43
怀柔	生态沟域生态产品总价值	40.03	15.59	28.73	63.68
	人均 GDP	90 851.60	5 848.65	82 352.94	98 253.97
	常住人口密度	201.24	6.73	192.20	207.74
	生态旅游收入	37 176.40	4 769.65	29 376.50	41 878.10
	第三产业占比	0.53	0.09	0.41	0.60
	道路密度	0.79	0.01	0.79	0.80
平谷	生态沟域生态产品总价值	22.54	9.18	15.57	33.37
	人均 GDP	67 841.99	9 069.09	58 314.09	81 969.37
	常住人口密度	471.19	10.87	456.64	481.95
	生态旅游收入	44 330.62	12 299.25	31 104.70	60 237.80
	第三产业占比	0.64	0.09	0.52	0.74
	道路密度	1.75	0.01	1.75	1.79
密云	生态沟域生态产品总价值	45.24	15.59	33.98	69.92
	人均 GDP	63 528.02	3 754.04	57 907.45	67 628.09
	常住人口密度	230.82	6.01	222.92	236.83
	生态旅游收入	82 508.30	10 725.28	64 088.10	91 842.80
	第三产业占比	0.64	0.08	0.55	0.71
	道路密度	0.96	0.02	0.94	0.96
延庆	生态沟域生态产品总价值	43.01	15.63	31.68	66.52
	人均 GDP	55 277.44	3 798.80	49 102.17	58 298.51
	常住人口密度	168.43	5.05	161.91	173.44
	生态旅游收入	33 462.28	7 974.36	20 384.50	39 838.80
	第三产业占比	0.69	0.07	0.60	0.76
	道路密度	0.96	0.04	0.92	0.99

对生态沟域7个区2017—2021年的各个变量分别进行描述性分析，结果如表8-3所示，通过对比可以看出，生态沟域生态产品总价值的均值呈现逐年上升的趋势，且该变量的标准差也呈现逐年上升趋势，说明生态沟域所涉及的7个区发展不平衡的趋势逐年增大。

表8-3 按时间分组的描述性统计分析

Table 8-3 Descriptive statistical analysis grouped by time

年份	变量	均值	标准差	最小值	最大值
2017	生态沟域生态产品总价值	24.46	7.07	15.57	33.98
	人均 GDP	58 829.36	12 139.87	43 656.07	82 352.94
	常住人口密度	484.38	492.23	161.91	1 545.22
	生态旅游收入	44 747.24	26 724.71	8 650.70	91 842.80
	第三产业占比	0.52	0.09	0.40	0.64
	道路密度	1.15	0.42	0.68	1.75
2018	生态沟域生态产品总价值	24.95	7.29	15.80	34.90
	人均 GDP	63 661.78	13 209.93	46 718.16	89 498.80
	常住人口密度	498.28	506.69	165.42	1 589.88
	生态旅游收入	40 311.80	24 521.83	7 018.50	83 768.20
	第三产业占比	0.54	0.08	0.40	0.64
	道路密度	1.14	0.41	0.68	1.75
2019	生态沟域生态产品总价值	25.56	7.43	16.19	35.79
	人均 GDP	66 468.58	13 556.05	49 316.63	93 653.40
	常住人口密度	512.58	521.57	167.93	1 633.79
	生态旅游收入	38 059.56	25 899.78	5 947.70	85 560.60
	第三产业占比	0.65	0.07	0.54	0.72
	道路密度	1.15	0.41	0.68	1.75
2020	生态沟域生态产品总价值	39.22	12.42	21.54	51.77
	人均 GDP	64 560.59	13 039.88	50 762.45	90 498.87
	常住人口密度	531.46	539.44	173.44	1 688.87
	生态旅游收入	26 490.20	19 541.96	4 834.40	64 088.10
	第三产业占比	0.68	0.06	0.59	0.74
	道路密度	1.17	0.41	0.68	1.75

续 表

年份	变量	均值	标准差	最小值	最大值
2021	生态沟域生态产品总价值	49.02	18.15	29.22	69.92
	人均 GDP	70 488.65	14 730.82	57 925.11	98 253.97
	常住人口密度	531.80	539.58	173.44	1 689.62
	生态旅游收入	35 013.23	25 968.88	8 139.40	87 281.80
	第三产业占比	0.68	0.07	0.58	0.76
	道路密度	1.17	0.41	0.69	1.76

8.2 研究方法与模型设定

在探究人均GDP、常住人口密度、生态旅游收入、第三产业占比以及道路密度等社会经济因素与生态沟域生态产品价值量之间的关系时，考虑到地理空间上的相互依赖性和异质性，传统回归模型可能无法充分捕捉这种空间效应。因此，本研究选取空间自回归模型（Spatial Autoregressive Model，SAR）和空间误差模型（Spatial Error Model，SEM）作为主要分析方法，以更准确地揭示各因素与生态服务价值量之间的内在联系。

1. 空间自回归模型（SAR）

空间自回归模型通过引入空间权重矩阵，将地理位置相邻地区的观测值纳入模型，以捕捉空间上的直接依赖性。该模型的基本形式为：

$$y = \rho Wy + x\beta + \epsilon \tag{8-1}$$

其中，y是生态服务价值量的向量；W是空间权重矩阵；ρ是空间自回归系数，反映了相邻地区生态服务价值量的相互影响；x是包含人均GDP、常住人口密度等解释变量的矩阵；β是相应的系数向量；ϵ是随机误差项。

2. 空间误差模型（SEM）

空间误差模型则假设误差项之间存在空间相关性，即地区的观测值不仅受到自身解释变量的影响，还受到相邻地区误差项的冲击。其模型表达式为：

$$y = x\beta + \mu$$
$$\mu = \lambda W\mu + \epsilon \tag{8-2}$$

其中，μ是空间相关误差项，λ是空间误差系数，反映了误差项之间的空间依赖性，其余符号含义与SAR模型相同。

8.3 实证结果分析

8.3.1 空间自回归模型

根据表8–4空间自回归模型结果可以看出，人均GDP系数为–0.601，且在显著性水平10%显著，表明人均GDP对生态沟域生态产品价值量呈现显著负向相关系，即人均GDP每增加一个单位，生态沟域生态产品价值量则随之减少0.601个单位。常住人口密度系数为–0.230，且在显著性水平1%显著，表明常住人口密度对生态沟域生态产品价值量呈现显著负向相关系，即常住人口密度每增加一个单位，生态沟域生态产品价值量则随之减少0.230个单位。生态旅游收入系数为0.297，且在显著性水平1%显著，表明生态旅游收入对生态沟域生态产品价值量呈现显著正向相关系，即生态旅游收入每增加一个单位，生态沟域生态产品价值量则随之增加0.297个单位。第三产业占比系数为–1.588，且在显著性水平5%显著，表明第三产业占比对生态沟域生态产品价值量呈现显著负向相关系，即第三产业占比每增加一个单位，生态沟域生态产品价值量则随之减少0.230个单位。道路密度系数为–0.219，且在显著性水平10%显著，表明道路密度对生态沟域生态产品价值量呈现显著负向相关系，即道路密度每增加一个单位，生态沟域生态产品价值量则随之减少0.219个单位。

表8-4 空间自回归模型结果

Table 8-4 Results of spatial autoregressive model

变量	Main	直接效应	间接效应	总效应
人均 GDP	−0.601* (−1.88)	−0.640* (−1.90)	0.199* (1.77)	−0.441 (−1.59)
常住人口密度	−0.230*** (−4.01)	−0.257*** (−4.34)	0.0904** (2.25)	−0.167*** (−3.32)
生态旅游收入	0.297*** (7.53)	0.339*** (5.55)	−0.125** (−1.97)	0.215*** (7.10)
第三产业占比	−1.588** (−2.27)	−1.718** (−2.48)	0.551** (2.26)	−1.167* (−1.91)
道路密度	−0.219* (−1.84)	−0.239* (−1.96)	0.0816 (1.55)	−0.158* (−1.73)
降水量	−0.106 (−0.80)	−0.117 (−0.82)	0.0445 (0.73)	−0.0723 (−0.80)
Spatial	−0.406**			
rho	(−2.47)			
Variance				
sigma2_e	0.0207*** (3.99)			
N	35			
R^2	0.71			

注：* $p < 0.1$，** $p < 0.05$，*** $p < 0.01$；括号内为t值。

8.3.2 空间误差模型

根据表8-5空间误差模型结果可以看出，人均GDP系数为−1.022，且在显著性水平1%显著，表明人均GDP对生态沟域的生态产品价值量呈现显著负向相关系，即人均GDP每增加一个单位，生态服务价值量则随之减少1.022个单位。常住人口密度系数为−0.265，且在显著性水平1%显著，表明常住人口密度对生态沟域的生态产品价值量呈现显著负向相关系，即常住人口密度每增加一个单位，生态产品价值量则随之减少0.265个单位。生态旅游收入系数为0.249，且在显著性水平1%显著，表明生态旅游收入对生态沟域的生态产品价值量呈现显著正向相关系，即生态旅游收入每增加一个单位，生态沟域生态产品价值量则随之增加0.249个单位。第三产业占比系数为-2.356，且在显著性水平1%显著，表明第三产业占比对生态沟域的生态产品价值量呈现显著负向相关系，即第三产业占比每增加一个单位，生态沟域的生态产品价值量则随之减少2.356个单位。道路密度系数为-0.340，且在显著性水平1%显著，表明道路密度对生态沟域的生态产品价值量呈现显著负向相关系，即道路密度每增加一个单位，生态沟域生态产品价值量则随之减少0.340个单位。

表8-5 空间误差模型结果

Table 8-5 Results of spatial error model

变量	lny
人均GDP	-1.022*** (-2.92)
常住人口密度	-0.265*** (-4.10)
生态旅游收入	0.249*** (5.94)
第三产业占比	-2.356*** (-2.72)
道路密度	-0.340** (-2.41)
降水量	-0.0768 (-0.59)
Spatial	
lambda	-0.292 (-1.04)
Variance	
sigma2_e	0.0238*** (3.93)
N	35
R^2	0.004

注：* $p < 0.1$，** $p < 0.05$，*** $p < 0.01$；括号内为t值。

8.4 研究结论及启示

8.4.1 研究结论

（1）人均GDP与生态服务价值量之间呈现出的负向关联，深刻揭示了经济发展与生态保护之间的潜在冲突。当人均GDP增长迅速时，往往伴随着对生态资源的加速开发和利用，这种过度开发很可能超越生态系统的自我恢复能力，进而引发生态环境的退化与破坏。森林砍伐、水源污染、生物多样性丧失等问题随之而来，直接导致了生态服务价值量的显著降低。因此，如何在追求经济增长的同时，有效避免生态资源的过度消耗，成为亟待解决的重要课题。

（2）常住人口密度与生态服务价值量的负向关系，则进一步凸显了人口集聚对生态环境的压力。在人口密集的区域，由于生活、生产和消费活动的集中，环境污染、资源过度消耗等问题突出。空气质量的下降、水体污染、垃圾围城等现象，不仅影响了居民的生活质量，也对生态系统的服务功能构成了严重威胁。因此，合理规划人口分布，减轻人口密集区域的环境负担，对于维护和提升生态服务价值具有重要意义。

（3）生态旅游收入与生态服务价值量的正向关系，为我们提供了一条可持续发展的路径。生态旅游强调在享受自然美景的同时，尊重和保护生态环境，通过科学合理的旅游开发和管理，不仅能够促进当地经济的发展，还能有效提升生态服务价值。游客在体验自然风光和文化遗产的过程中，也能增强环保意识，形成生态保护与经济发展的良性循环。

（4）第三产业占比与生态服务价值量的负向关系，提醒我们注意服务业发展中的环境问题。虽然第三产业通常被认为是相对环保的产业，但其中也不乏高污染、高能耗的行业，如某些化工、印染、餐饮等服务业。这些行业的发展如果缺乏有效的环保监管和污染治理措施，同样会对生态环境造成不可忽视的负面影响。因此，在推动第三产业发展的同时，必须注重环保标准的制定和执行，确保服务业的绿色发展。

（5）道路密度与生态服务价值量的负向关系，则揭示了基础设施建设与生态保护之间的矛盾。道路作为连接城乡、促进经济发展的重要基础设施，其建设往往伴随着对自然生态的破坏和生态用地的减少。因此，在规划和建设道路时，应充分考虑生态环境因素，采取生态友好的设计和施工方式，最大限度地减少对生态环境的负面影响，同时加强生态修复和补偿措施，以维护和提升生态服务价值。

8.4.2 实证分析启示

1.促进经济与生态和谐共生

平衡经济发展与生态保护，在制定经济发展规划时，应充分融入生态环境保护的理念，确保经济活动不会对自然资源造成过度开发和利用。采用科学合理的规划方法，综合考虑环境承载能力、资源可持续利用以及生态系统的整体健康，从而制定出既能促进经济增长又能保护生态环境的双赢策略。

2.优化人口结构与布局

为了减轻人口密集区域对生态环境的压力，我们应利用政策手段引导和控制人口增长，同时优化人口分布，包括推动城乡协调发展，鼓励人口向生态压力较小的地区流动，以及通过教育和培训提高居民的环保意识和技能。通过这些措施，我们可以有效减少因人口过度集中而导致的生态破坏，实现人口与生态的和谐共存。

3.大力发展生态旅游业

生态旅游作为一种新兴的旅游形式，不仅能够促进当地经济的发展，还能提高居民对生态环境保护的意识。应加大对生态旅游的投入和支持力度，推动其产业的发展，建设生态旅游景点、提供优质的生态旅游服务、加强生态旅游宣传和教育等，提高当地居民对生态环境保护的意识，同时促进生态服务价值的提升，实现经济与生态的良性循环。

4. 对第三产业结构进行优化

第三产业作为经济的重要组成部分，其发展状况对生态环境有着重要影响。为了减少对生态环境的负面影响，应引导和支持低污染、高效益的第三产业发展，如信息技术、文化创意产业等。同时，对于高污染行业，我们应加强监管和治理，推动第三产业的绿色转型，降低对生态环境的破坏，从而实现经济与生态的协同发展。

5. 合理规划道路建设

道路建设可能对生态环境造成破坏，在规划道路建设时，应充分考虑生态环境保护的因素，确保道路线路的合理性和环保性，采用环保材料和技术、减少施工对生态环境的干扰、加强道路周边的绿化和生态恢复工作等。最大限度地减少道路建设对生态环境的破坏，同时提高生态服务价值，为经济的可持续发展提供有力保障。

9　北京生态沟域生态产品价值实现机制

构建北京生态沟域生态产品价值实现机制是积极落实习近平生态文明思想的重要举措，也是沟域积极践行“两山”理念的有效实践。机制的有效构建为实现路径提供了保障，使其具有可操作性和针对性，也明确了生态沟域实现生态产品价值的路线，最终实现生态沟域的生态保护和经济腾飞这一目标。

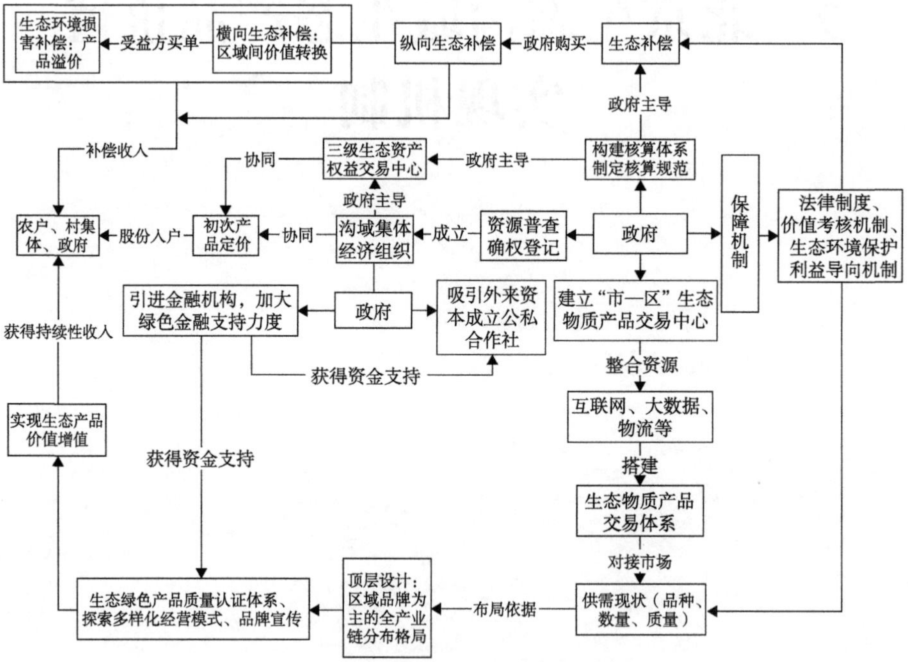

图9-1　北京生态沟域生态产品价值实现机制

Figure 9-1　Mechanism of realizing the value of ecological products in the Beijing ecological ditch area

9.1 建立沟域生态产品监测确权交易机制

9.1.1 推进沟域生态产品普查和自然资源的确权登记

一是推动建立生态沟域生态产品动态监测制度。沟域各区政府带头成立专门的生态资源普查部门，利用专业技术和实地走访考察等手段，建立生态沟域内网格化的生态资源监测方式，并对各区、各镇、各村的自然资源存量与增量进行科学统计，建立自然资源监测数据库；同时开展生态沟域内生态产品种类、数量、质量和分布情况等信息的调查，建立各区、各镇、各村的三级区域生态产品目录清单[49]。

二是明确生态沟域内产品产权。沟域内部仍存在部分生态调节产品产权不明确的情况，例如沟域内跨区域流动的河流、森林等性质的生态调节产品，产权不明确的问题影响了产权主体的生态保护与生态产品的供给行为，最终影响了沟域内生态产品的可持续性供给。因此，要持续推进北京生态沟域自然资源确权登记相关工作，通过明晰产权主体、厘清使用权和所有权权属边界、丰富使用权类型等具体手段，构建当地自然资源产权的交易转让制度，以此为依据明确生态产品权属。

9.1.2 推动建立沟域内三级集体经济组织

成立沟域区、镇、村三级集体经济组织。在政府推动产权明晰的基础上，个体对生态产品的开发经营存在分散化、盲目性、过度性等特点，同时归属村集体和政府的部分生态产品也缺少经营主体。因此，为了推进自然资源节约化、生产的规模化，同时也为了确保沟域内生态产品的高质量可持续性供给，要在所有权主体自愿的情况下，加入沟域集体经济组织，政府和沟域集体经济组织整合所辖行政区的生态资产，并依据北京生态沟域核算体系，对核算过的并且可参与交易的生态产品进行资产化定价，界定为可交易的生态资产。沟域内的集体经济组织将生态资产进行整合分配，以股份的形式分配到集体经济组织、村民或者政府手中，实现了生态资产在内部的有效交易。此时，沟域集体经济组织作为一个载体，整合优化了生态资产，使得沟域内的生态资源成为可供交易的生态资产，资金变为可收入的股金，村民变为股民[50]。同时为了保障该经济架构的长久进行，政府应该联合相关研究机构，有效地推出沟域居民股权交易合约结构化的相关政策，使沟域内的居民股权在山区就可实现价值化流转，从而在沟域内部初步实现生态产品的价值。

9.1.3 推动沟域内生态产品的价值增值

一是在明确沟域内生态产品价值量的基础上，借助相关手段实现生态产品的价值增值。在完成对沟域内生态资产的初次定价后，政府和沟域三级集体经济组织应积极完善沟域内基础设施的建设，为实现生态产品的有效交易提供设施保障[51]；同时提高沟域内生态资产的存量和增量，提高生态环境质量等具体措施，为吸引外来社会资本的进入创造条件，进而增加沟域内生态产品的经营主体。外来社会资本的进入通过集体经济组织购买沟域内生态产品的股权或者债券，进而实现生态资产的再次增值。

二是政府要推动建立各级公私合作社，将公私合作社作为沟域内生态产品经营的主体，依据不同产品类型实施差异化的经营模式，进行相关的盈利活动。此时沟域集体经济组织充当代表人的角色，负责统筹沟域内生态资产的所有权，推动生态产品的高质量可持续供给。第一，由合作社充当中间代理人，购买沟域内生态产品的股权，然后利用市场交易行为来获取相关利润；合作社的持股人需要抽取相应的利润比例，从而形成它们的财产性收入，最终实现了生态产品的价值增值。第二，政府引进农商行、农行等金融机构，为不同沟域的生态产品做成相应的信用额度。该额度的大小，对应着向银行获取支持性贷款的多少，为沟域内生态产品的可持续性供给、开发提供了资金支持。第三，沟域内的集体经济组织仅充当为村民二次分配股权收益的角色。金融机构的进入丰富了沟域生态产品价值增值的方式。第四，政府建立沟域生态资产质量责任追溯机制、优化政府管理机制，从而完善利润分配。

9.2 完善沟域生态产品生态保护补偿机制

9.2.1 完善沟域内生态产品纵向生态保护补偿机制

一是进行重点区域的精准补偿。以生态产品价值核算结果、自然保护区面积、生态公园、河流等要素为考察体系，中央对沟域内生态功能区设置或者提高转移支付分配系数，结合财政状况，中央和市政府增加财政转移规模，对基础设施和公共服务设施倾斜，加大对生态沟域的转移支付资金，合理分区重点补偿[52]。二是要积极引入社会资本，成立市场化的沟域产业发展基金。根据沟域不同自然资源的保护成效、保护治理和机会成本等因素，确立沟域生态系统保护补偿的动态目标，介入沟域不同生态系统的修复维护工作，维护好生态产品价值的存量与增量，做好补偿资金的分配工作。

9.2.2 完善沟域内生态产品横向生态保护补偿机制

一是开展沟域内各区间生态系统生态补偿机制，实现沟域内国土空间开发格局的优势互补。在沟域生态产品价值核算的基础上，开展区域间的生态保护合作，明确生态供给方要从受益方获得与核算结果一致的价值补偿标准，实现生态产品供给与经济价值的流动与转化。例如生态沟域各区间的森林覆盖率和碳汇交易指标等因素[53]。二是建立沟域内外异地开发和补偿机制，鼓励享受生态产品福利的区域——受益地，到沟域内生态产品的供给地发展相关生态产业，通过一系列考察研究，结合各地产品资源优势，打造与供给地资源环境条件相协调的友好型产业集群，从而推动区域间生态产品价值实现，形成生态产品收益区与生态产品供给区之间的生态产品价值交换新机制。

9.2.3 建立沟域内生态环境损害赔偿机制

为了有效管控沟域内生态效益的外溢，要进行外部性内部化机制。沟域内政府采取行政、经济、司法等手段，进行监督、收费和评估以健全生态环境损害赔偿制度。政府通过生态价值核算结果，对沟域内生态环境造成破坏的个人或者主体索取罚款或者征收税费，同时对沟域内生态环境保护的供给方进行补偿，从而有效推动大量受损的自然资源与资产修复。

9.3 完善沟域生态产品经营开发机制

9.3.1 构建沟域生态物质产品交易体系

一是由政府推动建立沟域内“区、镇、村三级生态物质产品交易中心”，交易中心由政府出面选取专业工作人员，然后再派区、镇和村组织代表，参与生态物质产品交易中心的工作。二是交易中心的搭建要借助互联网、大数据、物流等平台资源，打造一套精准对接的生态物质产品交易体系，打造出全国生态资产及生态产品动态监测中心。三是建立包括生态产品生产质量追溯、生产加工流程公开透明、产品标准认证等一系列技术体系，打造出全过程监管体系，从而加强对产业链生产行为、经营行为的约束[54]。四是进行线上线下媒介宣传，打造沟域共用品牌，提高沟域生态产品附加值。

9.3.2 拓宽沟域内生态产品经营模式

在坚持沟域生态保护的原则下，结合沟域特色，探索出适合沟域生态产品经营开发的模式。一是延长生态产业链条，沟域不仅提供初级或者简单加工的生态产品，也可以引进相关产业，充分利用北京的人才、设施和产业优势，促进产业融合发展，朝精加工方向发展。二是深度挖掘生态产品的文化内涵与产品价值，从提升生态产品质量、改进品种等方面考虑。三是加大媒介宣传推广，推进线上线下共同开展，定位沟域高质量绿色发展之路，从而提高生态产品的附加值。四是引进相关金融机构，创新绿色金融产品，例如绿色信贷、产品保险等，为沟域生态产业发展提供资金支持。

9.4 完善沟域生态产品价值实现保障机制

9.4.1 完善生态产品价值实现法律保障制度

为了更有效地保障沟域内生态产品价值的逐步实现，有必要建立专项法律法规。结合沟域各区生态产品开发类型，政府要进行生态产品价值实现中不同过程的专项法律建设，争取把分散于环境与资源保护的单行法规、法律条文及保障功能集中于专项法，对沟域内生态产品的供需主体以及所拥有的权责利，进行明确划分，同时确立价值评估机制与核算方法，建立市场交易的法律法规，例如生态补偿标准制定法、生态产品交易法、生态环境保护法、绿色金融权益保护法等相关法规条例。

9.4.2 完善生态产品价值实现考核机制

一是以生态沟域内各区为考核单元，构建差异化的生态产品价值考核体系。实行生态产品差异化的价值核算指标与核算方法，提高各区生态产品的供给类型、供给数量和供给质量，推动生态产品的多元化发展[55]。二是建立沟域内各主体生态产品价值年度核算制度，将核算指标与结果纳入生态文明建设绩效和领导干部绩效考核等评价中，督促各区负责人始终坚持以提高生态环境质量为核心，以提供优质生态产品为目标，担负起实现生态沟域生态产品经济价值的重要责任。

9.4.3 建立沟域生态环境保护的利益导向机制

一是加快建立沟域生态环境保护的利益导向机制，完善沟域内生态产品保护与激励制度。沟域内各区政府通过加强对生态环境保护行为的激励，来建立常态化的生态产品动态检测制度[56]。二是搭建开放共享的生态产品信息平台，精准化、实时性地掌握生态产品的保护与开发情况，明确生态产品数量、质量、功能等生态区域分布情况。三是建立多元化的补偿机制，对沟域内生态产品进行税收支持、产业化支持、市场交易型补贴，来调动保护生态的积极性，强化生态保护的正面导向，推进沟域生态与经济的并序发展。

10　北京生态沟域生态产品价值实现路径

要以人与自然和谐相处、共同发展的理念建设好生态沟域，在履行好守山护林保水应尽之责时，要不断增强绿水青山的生态效益、经济效益和社会效益[57]。生态沟域内生态产品价值的有效实现要结合不同产品类型的特点，要遵循各类生态产品的价值实现规律，充分发挥好政府的主导和市场的资源配置作用，政府采取有力的路径引导并促进生态产品价值的实现，市场则积极调节生态资源要素的配置，以生态产品创造的经济价值来守护青山绿水，更有效地推进生态保护[58]。

10.1 生态沟域生态物质产品价值实现路径

10.1.1 加快确立生态沟域内生态物质产品市场交易平台

生态沟域内部基本以行政区域划分主体，且各区域对于生态产品的挖掘、开发和价值实现方式均保持一定的相对独立性，导致相当一部分生态产品的发展较为盲目化、零散化，缺少统一的价值衡量及市场交易平台，因此需要搭建统一的生态沟域生态物质产品交易平台[59]。

主要从参与主体和价值实现方式两个角度搭建生态沟域内生态物质产品交易平台[60]。明晰沟域内生态产品的保护者与受益者、需求者与供给者，从而形成市场交易过程中的买卖双方，形成市场交易平台的初步框架；构建沟域内生态物质产品的市场化交易机制，对生态产品福利的受益者收取费用，补贴给供给者，搭建起沟域内生态产品经济利益与生态效益的转化桥梁；最后，政府主体通过引入多元化交易方式，来提高生态产品的交易活跃度，打造多样化的生态物质产品交易市场[61]。

10.1.1.1　构建具有沟域特色的生态农产品认证体系

认证制度的建立有助于强化生态农业生产者、加工企业等生产者的质量意识，也有助于增强消费者对农产品质量的信任。但是对于生态沟域内的生态农产品，仅仅是遵循“生态农产品”认证制度是不够的，沟域内生态农产品价值的实现需要提高产品的竞争力、吸引力，因此沟域内农产品走特色化认证体系之路势在必行。

一是要挖掘沟域内生态农产品的独特优势，并且用到具体的指标来衡量，让消费者切实地体验到，并得到他们的支持与信赖。比如沟域内生态农产品的感官品质、营养品质、加工品质、文化品质和稀缺品质等。因此对于沟域内部来说，明确各区所在地农产品优势和劣势，将优势作为特色来发展，借助科技、包装手段等提高农产品品质。

二是要明确沟域内生态农产品的定位和目标群体。鉴于生态物质产品不同于市面广泛流通的农产品，要结合它自身的生产成本、生产效率等综合定价，进行一二三产融合来提高生态产品溢价水平。生态沟域涉及门头沟区、昌平区、平谷区等八个郊区的山区，几乎占据了北京市三分之二的面积，虽然平原区交叉存在，但是基本上以山地为主，因此沟域内开展大面积的种植是受限的，部分农产品相对来说就成了一种稀缺资源。北京城区存在巨大的消费市场、收入水平涉及多层次，且城市中高收入群体在全国来说处于领先水平，因此沟域内生态农产品可以走差异化生态农产品之路，以高品质生态产品为主，拓展高端消费市场，最终实现沟域内生态农产品经济价值。

三是沟域内开展学习果品专业种植技术的培训活动，争取形成一套系统化、精细化的种植管理体系，推动生态农产品认证，打造本地特色农产品名录。例如享誉京城的昌平苹果，是中国国家地理标志产品。昌平区依据特有的文化优势和优越的自然条件，数十年坚持培育名果佳品，成功打造了“昌平苹果”这一金字招牌。

10.1.1.2 多层次打造沟域内生态农产品品牌

凭借生态沟域得天独厚的优质环境条件，再加上专业化的人才队伍积极探索打造沟域生态农产品品牌之路，从而可以优化沟域内农业产业生产结构，提高生态农产品供给质量和效率；有助于催生沟域内新生产业业态、创造新的发展模式、拓展经济领域，从而实现品牌富农、强农，带动沟域内乡村产业兴旺。

一是要坚持品牌的核心是质量，借助生态农产品认证体系的确立，实现沟域内特色生态农产品的质量保证，吸引生态高质量农产品的需求者，留住目标客户群体，形成品牌的长期吸引力。

二是要以区域品牌为主体，开展品牌联动营销。联动营销是指两个以上的品牌方进行战略联盟，将各自拥有的市场资源进行交换或者联合，扩大彼此的市场份额，提升品牌价值空间。

三是要做好品牌营销宣传，提高沟域内生态农产品品牌知名度。打造高品质的特色农产品形象，充分利用产销对接会、品牌推介会等传统宣传媒介，积极借助网络媒体、新闻报道、网上农展等多种新形式，扩大沟域生态农产品的传播力，让更多的潜在消费者购买沟域内生态农产品。同时也可借助市场销售来宣传农产品，例如开展产品直接派送、社区销售、网上直播销售等模式，力争让生态农产品走进千家万户。

10.1.2 积极发挥沟域内政府的主导作用

政府的主导作用保证着沟域内生态农产品价值的实现。可以在政策支撑与市场监管两个方面给予支持。在生态农产品的供应者方面，政府可以出台相应的支持政策，例如对农户的无污染种植补贴或者税收减免等政策，相关惠农、支农、强农政策的出台会对生态农产品的优质供给形成引导作用。同时政府要拓展生态物质产品供应主体，一是培育数字化营销多元主体，助力生态沟域生态产品价值实现。统筹规划，全方位布局生态沟域各产品主体。

开展各沟域产品营销，打造“一沟一品”，整体增加生态沟域产品吸引力。二是打造生态沟域生态农产品供需平台。利用数字化技术等收集消费者反馈和需求数据，明确其对沟域生态农产品品质、口味、种类的需求，整合供给端生态农产品，并依据消费者群体划分与定位明确各类产品生产与加工方向。创造性地推出“农户+企业+供需平台”发展模式。利用企业的专业技术为农户种植提供生产指导、专业化管理与品牌打造包装，助力生态沟域生态农产品的专业化发展，提升沟域产品竞争力。

市场本身具有趋利导向，而政府作为市场秩序的维护者，要保证市场监管到位，营造健康的市场环境。生态产品的开发与经营不仅涉及经济利益，而且影响北京市居民的生态环境问题，因此，需要政府对生态农产品进行合理开发与监管，在保护生态环境的前提下，实现生态产品价值化的目标。

10.1.3 推进生态物质产品产业化进程

生态产业化运行的三大主体，即经济、生态和社会。将沟域内的生态要素转变为生产要素，就要解决好生态要素高效配置的问题，前提就是将自然资源的开发利用权利转向项目开发主体，由它们统筹规划，合理配置。要用产业的发展理念来有效率地保护生态环境。同时政府要积极搭建招商引资平台，给予愿意参与生态产品开发建设的企业政策支持，完善交通道路、厂房、生产设备等基础设施，物流体系平台的搭建要统筹生态沟域各区，不再以行政区域为限制，而是以路线和产品运输便利性为先。问计于企、问需于企，搭建高效沟通办事平台，为企业提供高效、便捷的服务，促进沟域内生态产业化发展进程。

10.1.3.1 沟域内各区建立生态农业专业合作社

建立生态农业专业合作社，要探索“基地+合作社+农户+企业+科研院所”等多样的运营模式。积极鼓励沟域内农户、社会各界及城乡资本融入合作社的开发经营，培育沟域内生态产业化经营主体，壮大生态产业的发展队伍。开发生态产品和发展生态产业，将以前无偿的生态服务开发成为有价值的生态产品。因此，一是要鼓励生态沟域各区引进设备先进化、管理专业化和具备稳定市场开拓能力的龙头企业，参与沟域内生态农产品的品种探索、种植与销售等。二是沟域内的农民可以以承包经营权等生态资产入股，组建股份合作社等农业新型经营主体，壮大生态产业化的经营主体队伍。三是要积极探索与北京众多科研院所的合作，建立健全沟域内生态农产品供给与销售的支持体系。四是可以进一步带领群众发展集乡村旅游、农业观光、生态康养、休闲度假、花卉种植、中药材种植等为一体的生态产业，通过搭建市场交易平台，将沟域内的生态产品转变为切切实实的经济价值。

10.1.3.2 构建生态农产品产业化链条

生态农产品的增值依赖于生态产业化价值链的增加，产业链的搭建有利于提升沟域内生态农业竞争力，通过提供多样化的生态农产品，提高沟域内特色产业的附加值，高效地实现生态农产品的价值，最终实现农民多环节的增收。

对于生态农产品产业化链条的发展要进行统筹规划。第一，沟域内各区要科学规划，明确以重大生态产业项目为抓手，积极培育优质生态产品产业集群，打造完整产业链条。第二，发展沟域内生态产品初加工和精深加工产业，构建生态沟域农产品产业化链条。例如，在农业资源区位优势明显的沟域，以打造高标准绿色产品综合性示范基地为目标。引进相关基础设施，内外结合推进特色农产品加工业的发展，建立以龙头企业带动全域企业的产业发展圈，提高生态农产品的附加值、产业之间的融合度；同时进行“三品一标”的科学认证，为消费者的购买提供可参考性依据，进而提高沟域内部农产品的可信度。第三，从运输和贮藏两方面构建沟域内生态农产品物流输送网络。鼓励龙头快递业入驻，搭建专门的农产品外销路线；同时推进各沟域建设大型智能化贮藏基地，并根据区域距离进行远近分流，确保农产品尽快、及时地送到顾客手中；建立加工场地直销模式，提高农产品销售运转速度。第四，搭建起康养农业、乡村旅游、农产品采摘等聚合生产、加工一体化的生态产业链经营模式。第五，构建沟域农产品循环发展产业链，提高资源利用率。以废弃物资源再利用和处理无害化为核心，完善生态沟域各生产主体循环产业链条，打造“渣做肥、枝生菌、秸秆出菇、桃枝变宝”等模式。例如，丫髻山沟域桃树面积广阔，每年产出大量桃子，但是修剪的桃枝并没有当作废弃物丢弃，而是将其加工成特色文化产品等，提升资源利用率。

10.1.4 培育新型生态产业经营主体，发展绿色产业

借助打造生态沟域现代生态产品产业体系和经营体系的方式，培育沟域新型生态产业经营主体。一是积极引进有意向发展资源节约型、生态友好型项目的企业在生态沟域落地，将其培育为参与沟域生态产业经营的主体。二是沟域内部利用科技、经济和信息化手段，引导沟域内外民众参与开展生态旅游、精品民宿、森林康养等新兴业态发展，同时对其开展定期定点培训，为生态沟域生态产业经营培养后备人才。三是培育生态产业技术型主体，鼓励和支持原有的林菌、林禽、林药等立体复合种养经营模式，并由政府出头为其提供固定扶持，联系相关科研院所，采取一对一或者一对多帮扶活动，维持技术专业性新型经营主体，通过对沟域林地的有效开发，提高林地的经济效益。

10.2 生态沟域生态调节产品价值实现路径

10.2.1 探索沟域生态补偿的市场化之路

一是构建生态沟域排污权交易机制。沟域内在排污权交易制度的实践，主要是大气污染和水污染领域，排污权的实施加大了经济效益差、污染严重

的企业的成本，并逐步被经济效益高、污染少的企业所取代，排污权交易的出现有效地控制与削减了大气污染的主要因素二氧化硫的排放。

沟域排污权的建立主要从以下几方面来实施。第一，积极培育可持续的排污权交易市场。政府出台并完善排污权管理工作的指导意见，制定科学、公正和合理的市场交易规则，统一制定初始排污权分配的指导性办法，规定排污权指标的核定办法，明确排污权有偿使用与交易的约束机制与处罚措施[62]。制定对生态产业的税收交易激励政策，通过个人所得税改革、深化增值税改革等一系列税收优惠政策，护航沟域内绿色生态产业的发展，减税降费让企业更加愿意投入生态行业、让农民的钱袋子更鼓、让百姓的菜篮子更优，促进生态产业的市场化交易之路。第二，引入排污权的交易技术体系。引进相关技术人才，搭建起沟域内污染源基础信息的追踪平台、污染指标的有偿分配管理平台。总之，从技术手段保障污染权的交易分配机制。排污权交易制度有利于促进企业提高生产技术、减少污染物的排放，促进企业转型升级，同时也实现了沟域内生态调节产品的经济价值[63]。

二是搭建沟域林业碳汇交易市场。沟域通过开展碳汇交易有利于促进生态产品价值的实现。以森林碳汇市场为例，其主要参与者包括政府、企业和林农工作者，政府制定温室气体排放的限制标准，企业是森林碳汇的主要购买者，由政府授权或者出售给企业有限配额的排放许可证，在分配的碳配额无法满足排放量时，企业就要在碳交易市场上购买排放配额，同时如果低于下限，企业可以在市场上出售多余的配额。碳交易市场通过设定碳排放价格，建立利益调节机制，促进森林“释氧固碳”这一生态产品实现生态价值向经济价值的转换[64]。

具体实施方案如下：第一，要加强组织机构建设，在沟域内部成立碳汇监测中心和碳汇基金专项，开展政府部门同科研院所的合作，测量沟域内森林资源的碳储量和碳汇量，加强人才队伍建设，逐步完善森林碳汇计量、监测和评估的科学体系；政府发挥主导作用，构建碳交易市场体系，同时衡量政策施行的成本和收益[65]。第二，构建沟域内森林碳汇的增值和适应机制。

推进沟域内森林经营的信息化、标准化建设，科学经营森林，加强森林抚育力度，维护好现有的森林资源，积极探索森林经营模式，同时进行低产低效林分改造，逐步优化树种结构，提高林分质量，最终提高森林面积蓄积量和生态价值。第三，加强北京市林业碳汇宣传工作，政府要发挥引领作用，开展林业碳汇知识的宣传工作，让群众了解林业碳汇、补偿的措施手段，提高居民等主体的环保意识[66]。

10.2.2 推进横向生态补偿，解决地区差异

推进沟域内的横向生态补偿，建立“成本共担、效益共享、合作共治”的机制，运用经济杠杆进行环境治理和生态保护[67]。同时也要强化激励约束，将横向生态补偿工作纳入对各地区高质量发展综合绩效考核内容。

一是要建立沟域生态保护横向转移支付体系。北京市生态沟域涉及八个行政区，各区的自然和社会经济发展情况有所不同，因此在生态产品福利的享用上，存在一定的不平衡性，也是由生态资源本身具有的公共属性所带来的。普遍存在如下状况：生态资源丰富的地区，往往经济发展动力不足；与此同时，经济发展良好、城市化率高的地区，人口和建筑相对趋向密集化，生态资源也相对匮乏。因此，为了沟域内部生态资源的可循环、可持续性供给，用生态产业带来的经济收入可以反哺资源的保护，也为了保障北京市城区的优质生态环境，推进沟域内外横向生态补偿十分有必要。横向生态补偿的推进，解决了同级区域之间的资源不公平问题，由享受优质生态环境的受益者向放弃污染性高效益企业的供给者提供经济性补偿，从而为供给者提供生态保护的动力，由此推进沟域内外的良性互动，最终保障了生态产品价值的实现。

二是要明确补偿主体和客体。沟域所在区在保护生态环境工作中，从政策、设施、资金投入等方面做出了大量工作，因此，沟域所在区是沟域生态补偿不可或缺的依托，沟域横向补偿的客体应当为昌平区、平谷区、门头沟区等北京山区部分。沟域生态产品受益区主要是北京城区，沟域生态产品

的直接受益者也是北京城区，因此，沟域横向生态保护补偿主体应为北京城区。

三是建立沟域生态补偿基金。基金主要由北京山区和北京中心城区部分共同出资建立生态补偿基金，沟域各区出资比重或可依据水权分配比重或水环境质量评估鉴定结果，通过科学评估和核算约定各区缴纳基金份额[68]。沟域水资源保护基金，一方面应保证足够比例用于沟域产水区的生态环境保护，另一方面应设置一定比例金额，用于补偿水生态环境保护方面成绩显著的区域。同时，由北京环保、水利等部门统筹协调构建统一标准的水环境监测评价系统，作为水资源保护基金的参照依据，同样也能作为生态补偿、环境处罚的重要依据。

10.2.3　推进纵向生态补偿，促进区域内部协调发展

生态沟域要推进纵向生态补偿。一是精准选择补偿对象，按照生态沟域生态系统功能的重要性、保护修复成本等因素考虑，明确沟域内生态补偿对象，突出区域内差异性和针对性，将补偿资金聚焦并落实到生态保护行为主体。需要政府相关部门联合工作，对沟域内各区的生态产品价值、保护成本进行调查和核算，划分为不同程度生态功能区，对沟域内生态功能区转移支付实施差异化补偿，对于有限的资金使用要保障优先紧急次序。二是优化补偿标准，建立受偿者竞标或资源参与的灵活实施机制，综合考虑补偿对象的成本和受益，避免补偿不足或者过度补偿的现象。三是多样化纵向补偿资金到位形式，要结合区域不同情况，建立灵活的纵向补偿资金发放和分配制度，补偿方式在现金和食物补偿的基础上，配合教育、医疗、人才等多种补偿措施，提升生态沟域地综合生态补偿效果，在高效利用生态受益区资源要素的同时，更为实际地帮扶到生态产品供给区。四是强化纵向补偿激励约束，建立补偿资金与破坏生态环境相关产业逆向关联机制。不再将生态补偿参与主体限制在上下级政府之间，而是加入企业等社会主体，这种举措不仅可以减轻政府资金压力，也可以在社会上形成保护生态环境的良好风尚。对

在生态保护区破坏生态环境的产业减少补偿资金规模，放弃那些不利于生态保护的项目，其实质是更好地保护和发展生产力，只不过其成果不是生产出可直接以经济效益为计量的工业品和农产品，而是更好地实现生态产品的生态价值、社会价值和经济价值。五是要政府建立包括专项投入和保障性投入的双轨制补偿机制。按照事权归属，在沟域各区完善资金投入的长效保障机制，支持生态沟域各区日常运行、基础设施建设、生态保护、矿点生态治理等方面的工作；对释氧固碳、生物多样性保护等生态产品，需要从顶层设计研究市场化交易和专项补偿机制，以此达到改善当前纵向生态补偿效果的目的。

10.2.4　建立生态沟域生态补偿资金利用绩效评估机制

生态沟域生态补偿资金利用绩效评估机制的构建，有助于促进资金的合理利用以及提高供给能力，需要建立生态产品供给和价值实现的正向激励与反向倒扣的双重约束，实现奖优罚劣，是综合性生态补偿的重要环节。主要从以下四个方面切入。

一是要建立生态沟域生态产品价值量化核算方法，核算生态沟域生态产品供给增量，科学合理制定补偿标准，为沟域补偿资金的分配、具体使用提供数值依据。二是要建立沟域生态产品供给能力与资金利用挂钩的绩效评价考核体系，针对生态沟域生态补偿中补偿主体、补偿受益现状，建立“补偿指标、激励指标、惩罚指标”组成的考核体系，动态考评管理生态沟域生态产品供给增量与生态补偿资金利用情况。三是要建立沟域生态补偿资金利用效率激励与约束机制。引导沟域内居民积极参与生态环境保护与生态产品的持续供给，建立共同参与的检测和评价考核机制，如果生态沟域生态环境质量提升、生态产品供给持续增长，则享受生态补偿的力度加大；如果出现下降的情况，则需接受相应的惩罚措施。四是生态沟域所涉区域政府要制定生态补偿资金有效落实政策，由北京市政府和出资方参与监督落实情况，要让生态补偿资金真正运用到生态保护中，而不是由各级政府层层随意应急划拨，导致无法到达具体生态供给者的手里，因此要构建补偿资金直达生态保护地“最后一公里”的机制，设置监管主体，对资金使用效率情况进行定量和定性评价，与绩效考核挂钩。

10.3 生态沟域生态文化产品价值实现路径

生态沟域作为首都的重要生态屏障和水源保护地，最重要的任务就是保护好生态环境，适度发展以旅游为重要支撑的第三产业。因此生态沟域要统筹规划，以坚持生态保护为前提，结合各区自身发展优势，科学合理布局，促进生态沟域生态文化产品价值的实现。

10.3.1 制定生态沟域生态旅游发展规划与规范

政府要发挥主导作用，对生态沟域各区发展生态旅游进行统筹规划与布局。生态沟域拥有优美的自然风光，开展生态旅游业是明知之举。在生态产品价值量高的山区，引进节能、高效的绿色深加工技术，开展文旅康养服务业，走生态经济发展之路，同时可以借助当地的人文资源，挖掘其历史与红色文化价值，开展文旅、餐饮和民宿等产业，发展多种产业融合模式，延伸文化资源产业链条。

借鉴国内外发展生态旅游的成功经验，研究制定生态旅游建设标准，制定北京市统一标准和规范。游客旅游过程需要明确的管理制度和人员进行约束和监督，坚决杜绝游客的生态破坏行为，从立法、制定规则等层面构建生态沟域生态旅游管理体系，让游客享受美好自然风光的同时，避免破坏生态环境，实施最严格的生态环境保护措施。

10.3.2 管控生态沟域生态旅游开发空间和环境容量

依据相关自然旅游景区生态红线保护要求，将生态沟域生态旅游空间管控分为一、二、三级保护区，根据不同级别实施生态沟域生态旅游开发空间管制；将景区空间分为禁止建设区、限制建设区和试验建设区，实施严格的空间保护利用管控措施[69]。同时，对景区空间的旅游环境容量阈值进行测算，建立以互联网、信息技术等科技手段为基础的景区环境容量调控系统，避免景区超负荷接待游客，对满负荷的生态旅游景区在旅游淡季安排充分恢复和休息。

10.3.3 提高生态沟域旅游业基础设施建设

提高生态沟域旅游业市场基础建设，优化营商环境，培育市场主体。生态旅游是实现生态沟域生态产品价值的关键手段。生态沟域生态旅游为国内和国外游客提供高端旅游体验，一是需要营造市场化、法制化、国际化营商环境。对国有、民营、外资等各种所有制企业产权和自主经营权进行依法平等保护，保障生态沟域生态旅游市场主体公平竞争的法制环境，鼓励企业创新发展，并保障其知识产权，形成公平、稳定、持续向好的营商环境。同时，引进国内战略型投资企业，发挥其在研发、品牌培育、渠道建设等方面的优势，带动生态沟域生态旅游产业发展。

二是整合优势资源，搭建生态沟域生态旅游市场平台，全面提升沟域内生态旅游服务能力。引导社会主体参与生态沟域生态旅游产业的发展。一方面，鼓励国内、市内等社会资本加入生态沟域生态旅游资源开发、景区营运和产业项目建设，推行绿色旅游产品和绿色旅游企业认证制度，开展特许经营等准入、管理和退出机制；另一方面，引导生态沟域内居民参与生态旅游产业建设，提供经营服务等，同时参与生态沟域生态环境保护工作。探索建立沟域生态旅游生态补偿机制，完善生态保护与生态旅游受益分配激励约束机制，实现政府、企业、居民和游客共享生态沟域生态旅游目的地的建设成果。

三是要合理规划景区设施建设，有序地开展旅游服务业。提高生态沟域基础设施水平，同时关于保护游客安全与生态环境的规范也要及时跟进，生态景区森林茂密，道路崎岖，基础设施的建设必不可少。引进相关监测技术，包括温度、湿度和天气等情况进行及时监测，提前告知景区游客，妥善安排行程；对旅游服务区的人数进行数据统计，确保人数空间容量对生态环境不会造成危害。首先，引进数据信息技术处理，对各区旅游景观进行统计分析，包括旅游硬件设施、宣传力度和游客目标群体等，对游客旅游体验感进行调查分析，明确景区发展的优势与不足；其次，加大对生态沟域乡村民宿、乡村旅游等基础设施的建设，例如山区道路沿侧搭建保护栏和警示牌，定期维修与检查娱乐设施安全情况；最后，搭建医疗急救站点，山区村庄分布分散，乡村民宿也一般分布在环境更为清静优美的地方，但是医疗设施存在欠缺，因此可以搭建医疗信息网，根据景区分布距离和密集度，科学建立卫生诊所点，专门设立医疗急救分队，确保及时出诊，保障游客身体健康。

10.3.4 推动生态沟域产业融合

生态沟域生态旅游产业是当地生态文化产品的重要表现形式，同时与生态物质产品和生态调节产品联系紧密。生态旅游产业的高质量发展，一方面能够带动沟域绿色有机农产品种植业和加工业等相关产业的发展，另一方面沟域其他产业的发展对当地生态旅游产业同样具有促进作用。在生态沟域地区大力培育生态旅游的文化创意、生态研学、旅游装备制造等关联产业，形成具有市场影响力和竞争力的生态产业体系，并积极推动生态旅游产业与农牧业、林业、工业、文化产业等产业融合发展，在当地形成围绕生态旅游产业的新业态。

10.4 本章小结

本章在上述研究的基础上，从三类生态产品的角度各自提出生态产品价值实现的具体路径。在生态物质产品方面，主要实施市场化路径，积极搭建市场交易平台，政府则发挥好监管与推动作用；在生态调节产品方面，主要发挥政府的主导作用，探索多样化的生态补偿之路，构建起产品福利享受者与供给者的利益连接平台；在生态文化产品方面，政府要积极推动制定生态旅游发展规划与规范，管控好生态旅游发展空间，推动多产业融合发展，助推文化产业提质升级。

11 政策建议

在生态产品价值评估方面，目前中国的自然资源资产分为全民所有和集体所有两种形式。然而，在实际管理中，国家直接行使所有权、地方政府代行所有权以及集体行使所有权的边界尚未完全明确。这种模糊性给生态产品的开发利用和价值评估带来了诸多挑战，亟须通过完善政策和制度加以规范。生态产品在开发利用环节上存在一定的“主体盲区”，同时生态资源本身具有的特性更是给生态产品价值评估带来一定的难度。因此。有必要由政府带头，建立并完善生态产品价值开发的相关制度，保障沟域内生态产品价值的有效实现。

11.1 加强生态沟域间协同保护和共建共享

沟域生态产品价值的实现要充分发挥北京市各级政府的带头引领作用，建立市内各级人民政府的联系和纽带，呼吁各区积极参与沟域生态建设，共同保障好生态产品的供给水平，并充分实现其价值。

一是开展生态沟域内各区相互影响与合作，在互补的基础上，以共建为前提，构建生态沟域有机共同体，形成增值的高级协同效应。建立由北京市政府主导，各行政区执行的“自上而下”的推进机制，保障生态沟域生态产品价值的实现。二是要实行全方位生态沟域生态环境保护机制，设立生态环境协同保护机制、搭建生态沟域生态环境监管一体化平台、健全沟域生态环境协同保护标准和考核办法等。三是构建区域间生态补偿、生态产品供应和环境治理等长效运行机制，更好地推动生态产品价值的实现。四是要采取指定区域试点工作，摸着石头过河，开启沟域生态保护基金、水权交易和碳交易等主要工作，编制生态沟域生态产品价值实现规划、起草文件和建立合作平台等。

11.2 推进生态沟域生态补偿提标扩面

一是搭建公正透明的政府服务平台，构建生态沟域多元化生态补偿机制。鼓励个人、企业等社会型资本参与生态产品的保护、开发、交易和补偿。二是可以通过构建跨地区横向财政转移体系、开展多维度和途径的市场交易方式、实行人才援助、资金补偿等措施来加强生态沟域生态补偿力度，构建沟域生态补偿体系。三是持续提升生态沟域公共服务水平，完善生态补偿渠道。

利用提升各区医疗、基础设施、教育等政府公共服务水平的方式，例如，为生态沟域的村民提供护林员、安全巡视员等公益岗位，提高当地的就业率，提升最低工资水平，多渠道对生态沟域内部供给主体给予补偿。

11.3 建立健全生态沟域生态产品价值实现制度保障

一是确立自然资源和生态资产产权制度。严格遵循国家和北京市等相关政策文件的要求，坚持保护优先、集约利用等基本原则，以沟域内部自然资源的统一调查监测和确权登记为基础，明确自然资源资产现存数量，推进本市自然资源资产法制化登记，明确自然资源产权主体的权责，从而构建科学、规范和有效的自然资源资产产权体系。

二是完善生态沟域生态产品有偿使用制度。实行生态沟域资源税从价计征改革，扩大资源税征收范围，探索征收污染物和废气排放、碳排放和清洁能源使用等生态补偿税；实行生态产品价格科学定价和改革，例如对水资源的定价实施阶梯化的方式。

三是推进生态沟域生态立法相关工作。立法工作的实施，有助于为政府的工作提供法律依据，也在法律层面强化了政府的监督约束功能。生态产品在产权确定、开发利用、市场交易等环节，都需要有效的法律法规提供支撑，因此，北京沟域内的管理立法工作有一定的必要性。

四是加强对生态产业的监管。从产业链的上下游着手，在产业链上游方面，监管生态产品的初步开发是否符合科学、有效的开发，要坚决抵制沟域内以破坏生态环境为代价的产品挖掘方式；监督生态产品在定价与销售过程中的价值量的匹配问题，合理保障消费者与供给者的合法权益，营造公平公正的交易氛围，为双方公平契约的达成提供保障；监督沟域内生态产品价值实现后，收入资金的利用问题，是否将资金应用在可持续性的生态保护与开发运营两个方面，是否应用到有效的生态环境建设中。总之，要对北京生态沟域内生态产品交易的全过程进行有效的监督管理。

11.4 构建生态产品价值实现的人才和资金保障体系

一是树立引进和培养相结合的人才保障意识。加强对沟域内生态产业的人才队伍建设。尽管北京市人才密集，但在生态产业实践方面，专业人才是比较欠缺的。因此，需要积极发挥政府的引领作用，设立“生态技术人才”等岗位，鼓励优秀的青年学者参与沟域的生态建设。

二是根据需要招募各类专业人才，沟域内各区政府联合北京高校，组织定期专业性授课等活动，提高专业人才队伍的知识储备量；同时调整专业人才结构，高效地提高工作效率，力争在数量规模、结构层次上达到生态产业运行的标准。市政府制定人才引进政策，采“引、育、留、用”等措施，积极引进人才、培育人才、留下人才、用好人才，为地方生态产品价值实现提供人力资源储备。

三是北京市政府提供了一些财政支持政策和投资政策，给予生态文明建设的支持。生态沟域内部自然资源的监测、评估核算和环境的保护与修复，这都是需要资金进行保障的。因此，市政府可以制定硬性监测指标，明确资金在各政府单位的流向情况，考核区域资金利用效果。根据生态沟域的情况确立资金保障体系，依据生态沟域生态建设的情况给予针对性的资金支持，依据生态核算进展规划资金的使用，提高资金使用效率。对于资金缺口大的地区加大财政拨付力度，重点支持好资源富集的生态沟域的生态建设。

四是制定北京生态沟域专项绿色金融制度，来保障生态产业的有效发展。金融结构的绿色金融服务，可以为沟域内的生态实体经济提供资金支持，同时借助相关手段引导资金流向生态产品价值开发和保护产业中，从而为有意向参与生态产业的主体解决资金问题。政府要积极吸引优质企业落户沟域，不断拓宽资金渠道，促进投融资多元化，通过开发绿色信贷产品和健全财税扶持体系等，例如减免税费、生态产品资产证券化等，为沟域内生态产品价值实现提供资金保障；成立沟域生态金融委员会机构，编制相关统计报表等并进行公开，对以区政府为个体对资金的处理情况进行监督管理。北京生态沟域内生态产品价值实现的资金问题，不应仅仅由政府承担，虽然短期内能满足生态产品价值的实现，但就长期发展来说，资金是远远不够的，应该通过社会渠道纳入更多的社会良性资本，方能为沟域内生态产品价值的可持续实现提供支持。

参考文献

[1] OSBORN F. Our plundered planet[M]. Boston: Little, Brown and Company, 1948.

[2] LEOPOLD A. Thinking like a mountain[M]//LEOPOLDA. A Sand Country Almanc. Oxford University Press, 2020.

[3] EHRLICH C E, CLEARY R E. Cytoplasmic progesterone and estradiol receptors in normal, hyperplastic, and endometria: therapeutic implications[J]. Obstetrics and Gynecology, 1981, 141(6): 539-546.

[4] SEGERSON K, TIETENBERG T. The structure of penalties in environmental enforcement: an economic analysis[J]. Environmental Economics and Management, 1992, 23(2): 179-200.

[5] DAILY G C. Introduction: what are ecosystem services[J]. Nature's services: Societal dependence on natural ecosystems, 1997, 1(1).

[6] COSTANZA R, D'ARGE R, DE GROOT R, et al. The value of the world's ecosystem services and natural capital[J]. Nature, 1997, 387(6630): 253-260.

[7] WALLACE K J. Classification of ecosystem services: problems and solutions[J]. Biological conservation, 2007, 139(3-4): 235-246.

[8] TENGBERG M. Beginnings and early history of date palm garden cultivation in the Middle East[J]. Journal of Arid Environments, 2012, 86: 139-147.

[9] SMITH J, SCHERR S J. Capturing the value of forest carbon for local livelihoods[J]. World development, 2003, 31(12): 2143-2160.

[10] MAYRAND K, PAQUIN M. Payments for environmental services: a survey and assessment of current schemes[R]. Commission for

Environmental Cooperation of North Amorica，2004.
[11] MACDONALD G K，BRAUMAN K A，SUN S，et al. Rethinking agricultural trade relationships in an era of globalization[J]. BioScience，2015，65（3）：275-289.
[12] SINARE H，GORDON L J，KAUTSKY E E. Assessment of ecosystem services and benefits in village landscapes：a case study from Burkina Faso[J]. Ecosystem services，2016，21：141-152.
[13] 杨再，洪子燕.黄土高原的种草种树和生态产品转化[J].人民黄河，1986（2）：50-53.
[14] 任耀武，袁国宝.初论“生态产品”[J].生态学杂志，1992（6）：50-52.
[15] 王寿兵，胡聃，杨建新.综合产品环境审计工具：生命周期清单分析[J].环境科学，2000（3）：27-30.
[16] 杨筠.生态建设与区域经济发展研究[D].成都：四川大学，2005.
[17] 曹清尧.充分发挥林业在社会主义新农村建设中的重要作用[N].人民政协报，2006-05-29（A01）.
[18] 刘慧娟，程莹，耿文馨，等.长白山区生态保护修复实施现状、存在的问题及对策建议[J].吉林林业科技，2024，53（1）：38-41.
[19] 杨庆育.论生态产品[J].探索，2014（3）：54-60.
[20] 黄如良.生态产品价值评估问题探讨[J].中国人口·资源与环境，2015，25（3）：26-33.
[21] 李庆.增加生态产品供给，培育绿色发展新动能[J].生态经济，2018，34（8）：209-211，225.
[22] 张林波，虞慧怡，李岱青，等.生态产品内涵与其价值实现途径[J].农业机械学报，2019，50（6）：173-183.
[23] 李芳芳，杨赫.生态产品市场化价值研究[J].青海金融，2022（7）：4-10.
[24] 周宏春.生态文明建设的重大理念与实践探索[J].林业经济评论，2016，7（1）：1-10.

[25] 陶健，鲍身玉，于秀琴.生态资源价值认知及其核算体系构建：以雄安新区整体性治理中的应用为例[J].行政论坛，2019，26(3)：80-86.
[26] 李周.中国农业绿色发展：制度演化与实践行动[J].求索，2022(5)：97-105.
[27] 廖福霖.生态产品价值实现[J].绿色中国，2017(13)：50-53.
[28] 徐泉斌，傅瓦利，孙璐，等.三峡库区消落带土壤抗蚀性研究[J].水土保持研究，2009，16(5)：13-18.
[29] 朱颖，吕洁华.国内森林生态系统服务价值评估方法与指标研究综述[J].林业经济，2015，37(8)：74-84.
[30] 苏爱菊.乡村生态产品供给研究：以福建省晋江市为例[D].福州：福建农林大学，2018.
[31] 季凯文.在"绿水青山"中铸就"金山银山"：生态产品价值实现的"抚州模式"[J].当代江西，2020(1)：38-39.
[32] 丘水林，靳乐山.生态产品价值实现的政策缺陷及国际经验启示[J].经济体制改革，2019(3)：157-162.
[33] 李忠，刘峥延.推动生态产品价值实现机制落地见效[J].中国经贸导刊，2021(11)：41-44.
[34] 沈辉，李宁.生态产品的内涵阐释及其价值实现[J].改革，2021(9)：145-155.
[35] 王茂安，夏胜银，何忠伟.北京生态沟域建设模式研究[J].科技和产业，2021，21(10)：286-290.
[36] 张燕，章临婧.生态产品权益类交易视角下抚州生态产品价值实现研究[J].中国林业经济，2022(4)：11-16.
[37] 王宾.共同富裕视角下乡村生态产品价值实现：基本逻辑与路径选择[J].中国农村经济，2022(6)：129-143.
[38] 夏胜银，何忠伟.新形势下北京生态沟域发展布局及建设构想[J].科技和产业，2019，19(12)：75-80.

[39] 张凤，尹丽颖.北京市怀柔区沟域经济转型发展新思路[J].北京农业，2015（21）：184-186.

[40] 穆松林.北京山区生态经济发展区域选择及模式：以沟域为视角[J].生态经济，2016，32（7）：116-120.

[41] 黄云婷.喀斯特石漠化治理混农林生态资产优化盘活与生态产品供给能力提升策略[D].贵阳：贵州师范大学，2024.

[42] 金铂皓，冯建美，黄锐，等.生态产品价值实现：内涵、路径和现实困境[J].中国国土资源经济，2021，34（3）：11-16，62.

[43] 邓娇娇，常璐，张月，等.福州市生态系统生产总值核算[J].应用生态学报，2021，32（11）：3835-3844.

[44] 易小燕，黄显雷，尹昌斌，等.福建省农业资源价值测算及生态价值实现路径分析[J].中国工程科学，2019，21（5）：137-143.

[45] 李卓琳.山西稷山枣树林生态价值核算研究[D].北京：中国地质大学，2014.

[46] 高艳妮，张林波，李凯，等.生态系统价值核算指标体系研究[J].环境科学研究，2019，32（1）：58-65.

[47] 刘胜涛，高鹏，刘潘伟，等.泰山森林生态系统服务功能及其价值评估[J].生态学报，2017（10）：3302-3310.

[48] 国家林业局.森林生态系统服务功能评估规范：LY/T 1721—2008[S].北京：中国标准出版社，2008：5.

[49] 田野.基于生态系统价值的区域生态产品市场化交易研究[D].武汉：华中师范大学，2015.

[50] 于少东，蒋洪昉，薛正旗.北京生态文明沟域建设的理论思考[J].中国农业资源与区划，2015（1）：92-95.

[51] 畅婉琪.河北省生态服务价值对经济增长的影响研究[D].保定：河北大学，2021.

[52] 蓝曼.新时代自然资源价值构成及价值核算研究[D].武汉：武汉大学，

2021.
[53] 李梦.贵州省土地利用与景观格局变化及生态系统服务价值核算研究[D].南京：南京林业大学，2019.
[54] 赵海燕.安徽省生态系统服务价值核算及其影响因子研究[D].合肥：合肥工业大学，2019.
[55] 李胜男.迁西县农田生态系统服务价值核算研究[D].北京：中国地质大学（北京），2015.
[56] 芦海燕.基于生态系统核算的流域生态补偿研究[D].兰州：兰州大学，2019.
[57] 张颖，杨桂红.生态价值评价和生态产品价值实现的经济理论、方法探析[J].生态经济，2021，37(12)：152-157.
[58] 杨世成，吴永常.乡村生态产品价值实现：定位、困境与路径研究[J].中国国土资源经济，2002，35(11)：48-55.
[59] 陈清，张文明.生态产品价值实现路径与对策研究[J].宏观经济研究，2020(12)：133-141.
[60] 丁艳.生态产品价值实现的路径探索[J].新疆社科论坛，2022(1)：36-41.
[61] 张丽佳，周妍.建立健全生态产品价值实现机制的路径探索[J].生态学报，2021，41(19)：7893-7899.
[62] 芦海燕.基于生态系统核算的流域生态补偿研究[D].兰州：兰州大学，2019.
[63] 杨玉文，李严，李梓铭.东北边疆地区生态产品兴边富民实现路径研究[J].黑龙江民族丛刊，2022(2)：66-73.
[64] 詹琉璐，杨建州.生态产品价值及实现路径的经济学思考[J].经济问题，2022(7)：19-26.
[65] 李梓雯，龚容，彭蓉，等.自然资源生态产品价值实现的模式研究：以六安市林业产业发展规划为例[J].林产工业，2022，59(6)：65-68.

[66] 杨世成，吴永常.乡村生态产品价值实现：定位、困境与路径研究[J].中国国土资源经济，2022，35（11）：48-55.

[67] 冯洁.浅谈国家体系治理视角下实现生态价值的路径[J].河南农业，2020（14）：41-42.

[68] 肖文海，蒋海舲.资源富集生态功能区可持续脱贫研究：以生态价值实现为依托[J].江西社会科学，2019，39（12）：53-59.

[69] 苏爱菊.乡村生态产品供给研究[D].福州：福建农林大学，2018.

[70] 温丹.鄱阳湖南矶湿地生态资产价值核算研究[D].南昌：江西农业大学，2019.

[71] 苟廷佳.三江源生态产品价值实现研究[D].西宁：青海师范大学，2021.

[72] 李凡，颜晗冰，吕果，等.生态产品价值实现机制的前提研究：以南京市高淳区生态系统生产总值（GEP）核算为例[J].环境保护，2021，49（12）：51-58.

[73] 吕指臣，胡鞍钢.中国建设绿色低碳循环发展的现代化经济体系：实现路径与现实意义[J].北京工业大学学报（社会科学版），2021，21（6）：35-43.

[74] 王玲玲，张艳国."绿色发展"内涵探微[J].社会主义研究，2012（5）：143-146.

[75] 孙贤斌，孙良萍，赵怀琼，等.六安市绿色发展指标体系构建及评价[J].皖西学院学报，2020，36（4）：1–6.

[76] 王玉庆.我国实现绿色发展的关键问题[J].经济研究参考，2013（1）：70-72.

[77] 王玉庆，陈妍.关于促进我国绿色经济发展的思考[J].中国市场，2013（3）：33-35.

[78] 谭韧，张贵祥.生态涵养区绿色发展评估与路径研究：以河北省张家口市为例[J].城市，2020（6）：18-26.

[79] 徐栋坤.北京市生态涵养区绿色发展评价研究[D].北京：北京林业大学，

2020.
[80] 杜倩倩，于博，李宗洋.北京市绿色发展指标体系设计与实证评价：以怀柔绿色发展进程评价为例[J].安徽农业科学，2018，46(29)：215-220.